The Principles of Representative Government

ISBN – 13: 9780521458917

This simplified Chinese translation for the People's Republic of China (excluding Hong Kong, Macau and Taiwan) is published by arrangement with the Press Syndicate of the University of Cambridge, Cambridge, United Kingdom.

© Cambridge University Press and China Social Sciences Press

This simplified Chinese translation is authorized for sale in the People's Republic of China (excluding Hong Kong, Macau and Taiwan) only. Unauthorised export of this simplified Chinese translation is a violation of the Copyright Act. No part of this publication may be reproduced or distributed by any means, or stored in a database or retrieval system, without the prior written permission of Cambridge University Press and China Social Sciences Press.

Copies of this book sold without a Cambridge University Press sticker on the cover are unauthorized and illegal.

本书封面贴有 Cambridge University Press 防伪标签，无标签者不得销售。

代议制政府的原则

[法]伯纳德·曼宁 著
Bernard Manin
史春玉 译

Principes du Gouvernement
Représentatif

中国社会科学出版社

图字号：01-2018-7668

图书在版编目（CIP）数据

代议制政府的原则／（法）伯纳德·曼宁著；史春玉译 .—北京：中国社会科学出版社，2019.12

ISBN 978-7-5203-4293-3

Ⅰ.①代… Ⅱ.①伯… ②史… Ⅲ.①议会制—研究 Ⅳ.①D034.3

中国版本图书馆 CIP 数据核字（2019）第 068452 号

出 版 人	赵剑英
责任编辑	赵　丽
责任校对	闫　萃
责任印制	王　超

出　　版	中国社会科学出版社
社　　址	北京鼓楼西大街甲 158 号
邮　　编	100720
网　　址	http://www.csspw.cn
发 行 部	010-84083685
门 市 部	010-84029450
经　　销	新华书店及其他书店
印　　刷	北京明恒达印务有限公司
装　　订	廊坊市广阳区广增装订厂
版　　次	2019 年 12 月第 1 版
印　　次	2019 年 12 月第 1 次印刷
开　　本	710×1000　1/16
印　　张	15.75
插　　页	2
字　　数	220 千字
定　　价	59.00 元

凡购买中国社会科学出版社图书，如有质量问题请与本社营销中心联系调换
电话：010-84083683

版权所有　侵权必究

序

当代民主起源于一种政府形式，其创立者是反对民主的。习俗用"代议制民主"来命名当下的民主体制。这个表述将代议制民主和直接民主区别开来，使两者都显得是民主的表现形式。然而，今天以代议制民主命名的体制源于三场现代革命，即英国革命、美国革命和法国革命之后逐步在西方建立起来并成为主流的政治制度。起初，这种政制完全没有被视作民主体制或者说是民治政府的一种。

卢梭谴责代议政治的断然之言今天依然著名。他将18世纪的英国政制描述为一种伴以短暂自由点缀的奴役制度。卢梭认为，自由人民自己制定法律和人民选举代表代替他制定法律存在着天壤之别。需要指出的是，代议制的拥护者，尽管他们的政治选择与卢梭的主张相反，也认可民主和他们所拥护的制度——他们称为"代议制政府"或者"共和政府"——之间的根本性区别。对现代代议政治的建立起决定性作用的两个人物，麦迪逊和西耶士（Sieyès），用十分近似的语言强调了代议制政府或者说共和政府和民主制的区别。这种近似性极其耐人寻味，因为这位美国宪法的主要起草者之一和这位《第三等级是什么》的作者之间存在着如此众多和巨大的差异，如他们所受的知识教育、他们的倡议和行动所处的政治环境、他们各自不同的思想等。

麦迪逊经常说，"少数公民聚集起来亲自掌舵政府"的古典城邦"民主"和以代议制为基础的现代共和制是两种相互对立的制度。①他甚至用极其激进的措辞来表达这种对立关系。他指出，代议制在古典共和制里并不是不存在。公民大会并不行使所有的政府职权，某些职能，尤其是行政职能，是委托给执政官来行使的。不过，和执政官一样，公民大会也是个政府机构。根据麦迪逊，古典民主制和现代共和制的真正区别在于"后者未赋予人民实体任何权力（*the total exclusion of the people in their collective capacity from any share in the latter*），而不在于前者未赋予人民代表任何权力。②"

麦迪逊不认为代议制是近似于人民统治的政体，是地广人多的国家因无法召集全国公民共同议政而采取的技术必需，相反，他认为，代议制是一种从本质上区别于但又优于人民统治的政治制度。代议制的作用，他指出，在于"通过一个在公民间甄选后产生的机构来纯化和扩大公共精神，该机构的智慧最能够辨别国家的真正利益，其爱国心和正义感也最不可能使国家利益受损于短期和片面的考虑"③。他接着说，"**在这种体制下，很有可能出现这样的情况，即由人民代表所表达的公共意志比以此为目的而聚集起来的人民自己的意志表达更符合公共利益。**"④

至于西耶士，也反复强调民主制和代议制之间的"巨大差异"：民主制下公民自己制定法律，代议制下公民将自己的权力委托给代

---

① Midison, "Federalist 10", in A. Hamilton, J. Madison, J. Jay, *The Federalist Papers* [1787], éd. C. Rossiter, New American Library, 1961, p. 81, 这些文章被翻译成法语后的文集题名是 *Le Fédéraliste*, Paris. L. G. D. J., 1957。我觉得，某些关键问题的对应法语翻译是不准确的，因此在接下来的文中我将附之以英文原文。读者也可以根据被引用文章的编号来参阅对应法译文卷目。

② Madison, "Federalist 63", in *The Federalist Papers*, *op. cit.*, p. 387, 强调格式是由麦迪逊做出的。

③ Madison, "Federalist 10", in *The Federalist Papers*, *op. cit.*, p. 82.

④ Ibid..

表来行使①。不过，对西耶士而言，代议制的优越性不在于它做出的决策没那么片面和感性，而在于它是最适合人们只顾着生产和分配财富的现代"商业社会"情况的政府形式。在这样的社会里，西耶士说，公民不再拥有必要的闲暇来持续地管理公共事务，因此需要通过选举将政府委托给那些将自己的时间奉献给公共事务管理的公民。代议制于西耶士而言首先是劳动分工原则在政治秩序里的应用，分工原则在他眼里是社会进步的主要特征。他写道："公共利益、社会状况自身的改善，要求我们将政府转化为一种特殊的职业。"② 因此，对于西耶士和麦迪逊而言，代议制政府不是民主制的一种表现形式，这是一种和民主制有本质区别且更可取的政府形式。

然而，需要指出的是，代议制政府的建立者们所做出的某些制度选择后来几乎从未受到质疑。两个世纪以来代议制政府当然有所演变。投票权的逐步扩大和普选制度的确立是最突出的例证③；但另一方面，涉及统治者任命和公共事务管理的诸多制度则一直保持不变。它们依然运行于今天被称之为代议制民主的政治体制里。

这本书首先是为了识别和研究这些恒定不变的制度元素。书中将把它们称作代议制政府的原则。原则一词在这里不是指思想或既抽象又永恒的准则，而是指在历史的特定时刻所创立，且自其创立

---

① *Dire de l' Abbé Sieyès sur la question du veto royal* [7 septembre 1789], Versailles, Baudoin, Imprimeur de l' Assemblée nationale, 1789, p. 12. 同时参阅 Sieyès, *Quelques idées de constitution applicables à la ville de Paris* [juillet 1789], Versailles, Baudoin, Imprimeur de l' Assemblée nationale, 1789, pp. 3 –4。

② Sieyès, *Observations sur le rapport du comité de constitution concernant la nouvelle organisation de la France* [octobre 1789], Versailles, Baudoin, Imprimeur de l' Assemblée nationale, 1789, p. 35. 关于代议制、劳动分工和现代"商业社会"关系的赞美之词，参阅 P. Pasquino, "Emmanuel Sieyès, Benjamin Constant et le Gouvernement des modernes", *Revues française de science politique*, Vol. 37, 2, avril 1987, pp. 214 –228。

③ 就其历史演变情况，尤其是在法国对其象征意涵的细致深入的分析，参见 P. Rosanvallon, *Le Sacre du citoyen*, *Histoire du suffrage universel en France*, Paris, Gallimard, 1992。

▶▶ 代议制政府的原则

之日起,就在各种代议制政府里同时、始终且无处不在的具体的制度安排。在其中一些国家,如英国和美国,这些制度自出现之日起就一直在运行。在另外一些国家,如法国及其他不少国家,它们有时被废除了,但它们是作为整体被撤销的,政府的形式完全被改变了;换句话说,在某些时期,政府不再是代议制了。最后,在为数众多的国家,这些制度安排的任何一项从来都没有被建立过。因此,自17世纪和18世纪被创立起,没有受到持久性挑战的,是代议制政府的整套制度组合安排。这套制度有没有在某个特定时期出现在某个特定国家,也是从整体层面而做出的判断。

根据代议原则而组织起来的政府在18世纪末被认为和民主制存在着根本的区别,今天却被当作民主制的一种表现形式。一项制度竟能产生如此不同的解读,其背后一定隐藏着某个谜语。我们也许可以观察到,"民主"一词的含义自代议制政府创立之后也在变迁①。这是毫无疑问的,但这并不能揭开谜底。民主的意思实际上并没有发生彻底改变,当初的含义和今天的含义存在着部分重叠。这个词用来描述雅典政制的特征,它今天仍被用来指称同样的历史对象。除却这个具体的共同指代词,公民和人民权力机构之间的政治平等的当代含义和18世纪时的含义也保持一致。这些概念在今天构成民主思想的组成部分,从前也是如此。因此,具体说来,难以辨别的是代议制政府的原则和民主思想元素之间的关系。

不过,历史谱系问题并不构成探寻代议制度和民主制之间关系的唯一理由。当代惯例将代议制民主视作民主类别的一种,仔细思考,这反映了对代议政制之特定特征的高度不确定性。在将代议民主和直接民主做区分时,前者被笼统地定义为一种人民实行间接统治的政府,媒介的出现成为两种民主形式的区别标准。但直接政府

---

① 关于这一点,参阅 P. Rosanvallon, "L'histoire du mot démocratie à l'époque moderne"; J. Dunn, "Démocratie: l'état des lieux", in *La Pensée politique. Situations de la démocratie*, Seuil-Gallimard, mai 1993。

和间接政府之间的概念边界是不清晰的。实际上，正如麦迪逊所指出的，在古典直接民主制尤其是雅典政制里，公民大会并不执掌所有权力。一些重要职能由公民大会以外的机构来行使。因此，是该像麦迪逊那样，认为雅典民主含有代议的成分，还是该下结论说公民大会以外的机构职能也是由人民"直接地"行使的？在第二种情况下，副词"直接地"的确切含义又是什么？

另外，间接的这个修饰语，媒介或者中介这些词语，在当代话语中，各自涉及的情形千差万别。实际上这是一些极易混淆的概念。例如，信使被视作中介，他承担的沟通是间接的。但替顾客管理财产和投资的银行家也被称作中介：资金的持有者即顾客间接地把钱借给企业或者通过市场机制借钱的机构。但这两种中介形式及围绕着他们所产生的利益方之间的关系存在着明显的巨大差别。信使对他所携带信息的内容和投递地点没有任何决定权力。相反，银行家则有责任根据自身的判断选择最优的投资安排，而顾客则只对资产的收益情况进行监管。代表的角色和人民对代表行使的权力属于这两种中介类型中的哪一种呢？如果都不属于，那又属于其他什么类型呢？代议制民主的当代解读即人民间接政府或者委托政府并不能回答这个问题。直接民主和代议民主的这种惯常区别方法所提供的信息实际上极其有限。

当代术语的不确定性与贫乏，以及它与18世纪的观点之间的反差，反映我们并不确切知道代议制政府和民主之间的联系是什么，区别又是什么。代议制度也许比我们在习惯性环境下想当然的理解要奇特得多。这本书并不打算辨别代议政治的终极本质或者说意涵，它仅仅意在澄清两个世纪前所创立的这套整体制度的特征和隐藏性影响[①]。具备这些制度的政治体制一般被称作代议制。不过，

[①] 在为数众多的关于代表问题的研究中，有两部著作非常出色，但本书和它们有所区别。G. Leibholz, *Das Wesen der Repräsentation* (1929), Walter de Gruyter, Berlin, 1966, 以及 H. Pitkin, *The Concept of Representation*, University of California Press, Berkeley, 1967.

最后强调，代表并不是本书的关键词。本书只分析这种政治体制的要素和影响，无论它被冠以何名。

自从这种政府形式被建立以来，代议政制有四项原则保持相对稳定：

1. 执政者通过定期性选举产生；
2. 执政者的决策权在一定程度上独立于选民意志；
3. 公民能够表达自己的观点和政治意愿而不受执政者的审查；
4. 公共决策经受公共商讨的审议。

选举制度是代议制政府的核心制度，本书将预之重要篇幅。本书也将分析影响统治者政策和公共决策内容的那些原则，最后一章将研究代议制政府的原则自创立之日起直到今天所采取的各种外化形式。

致　　谢

　　本书的许多想法都源于本人和 Pasquale Pasquino 以及 Adam Przeworski 的对话：我向他们致以特别感谢。这本书并非是我一人思想的结晶，但已难以区分哪些部分是来自我的对话者和朋友。我也感谢 Philippe Breton、Élie Cohen、Jean-Louis Missika、Élisabeth Sahuc 和 Bernard Sève：他们的友谊、意见和批评为完成本书做出了宝贵的贡献。我也向 Laurence Helleu 表示感谢，本书的索引是由她编写的。

目 录

第一章 直接民主与代表：雅典统治者的产生方式………… (1)

第二章 选举的胜利 ……………………………………… (35)
 一 共和传统里的抽签与选举：历史经验 ………… (37)
 二 十七八世纪关于选举制和抽签制的政治理论 ……… (58)
 三 选举的胜利：授权而不是掌权 …………………… (70)

第三章 区别性原则 ……………………………………… (83)
 一 英国 ………………………………………………… (84)
 二 法国 ………………………………………………… (87)
 三 美国 ………………………………………………… (90)

第四章 一种贵族民主制 ………………………………… (117)
 一 选举制贵族特征的纯理论 ………………………… (119)
 二 选举的两面性：模糊性的美德 …………………… (132)
 三 选举与现代自然法原则 …………………………… (138)

第五章 公众评判 ………………………………………… (143)
 一 执政者自主权的尺度 ……………………………… (145)
 二 公共舆论自由 ……………………………………… (148)

三 选举的重复性……………………………………（155）
四 公共审议……………………………………（163）

第六章 代议制政府的变迁……………………………（172）
一 议会制……………………………………（181）
二 政党民主……………………………………（185）
三 公众民主……………………………………（196）
四 摘要表……………………………………（213）

结　语……………………………………………………（214）

后记　公众民主再思考…………………………………（217）

第一章　直接民主与代表：雅典统治者的产生方式

代议制政府未赋予人民大会任何制度角色。这是它和古典城邦民主最显著的区别。不过，分析古典民主最著名的范例即雅典政制时，发现还有另外一个不常被人注意的特征，也将代议制政府和直接民主区别开来。

在雅典民主政制里，公民大会不执掌所有权力。我们知道，一些重要的职能是由选举所产生的执政官履行的。不过，大部分公民大会把不行使的职责交付给通过抽签所产生的公民来行使。无论何种代议政体，自两个世纪前建立以来，从来都没有通过抽签分配哪怕是一丁点儿的政治权力，无论是政权还是治权，是中央权力还是地方权力。代议制在各国总是和选举程序相结合的，有时伴之以世袭制（如在一些君主立宪政体里），但从来没有伴之以抽签制。这种现象是如此恒定和普遍，对此应该予以关注，提出疑问。

单单是物质条件约束并不能对此——例如公民大会的缺席——做出解释。人们通常援引现代国家的规模来解释为何代议制政府没有赋予公民大会任何权力角色。在那些远比古典城邦地广人多的政治单位里，将所有的公民召集在同一个地方进行集体协商和决策是不可能的。因此，统治职能由少数公民而不是全体公民来行使是有必要的。历史表明，正如本书所指出的，召集人民的现实不可操作性并不构成某些代议制度的创立者——如麦迪逊和西耶士——的根本顾虑。虽然，现代国家的规模确实导致公民大会执政在实体层面上的难以操作——这可能在某种程度上是建立纯粹性代议制度的影响因素，但是，现代国家的规模不可能是拒绝抽签制的决定性因素。就算是在人口众多的大国，通过抽签在诸多公民中选出少数人还是存在着技术上的可能性的。无论公民全体规模有多大，通过抽签总能保证从中抽取出任意想要的公民数量。这种方法不是不可操作的，它今天依然经常应用于司法系统，以组成公民陪审团。因此，采用选举制、弃用抽签制所涉及的是一项人为决定，而不是单纯的操作性约束问题。

抽签制的政治用途在今天不再被做任何考虑[①]。抽签制很久以来就不再属于现代社会政治文化的范畴了，在今天看来它是一种古怪的做法。人们也许知道抽签制在古雅典曾被使用，但人们有时关注它，主要是因为对此感到奇怪。主要疑团也许是雅典人如何能够采用这样一种制度程序。答案也许能颠覆习俗观点，后者倾向于认为今天的文化放之四海而皆准。也许更应该自问："我们既自称民主人士，为何却能够不实行抽签制？"

也许有人会反驳说，这个问题并没有告诉人太多信息，因为问题的答案很明显。他们会争论说，抽签会抽到任何人，包括那些没有任何特殊执政能力的人。它因此是一种存在着明显缺陷的统治者所产生的方式，其消失不需要其他任何补充性解释。然而，这个论证的前提论据和结论并不是严丝合缝的。雅典人很少被视作政治上的粗人，他们不可能不知道抽签会抽到任何人，但这并没有妨碍他们持续两个世纪使用抽签制。抽签制会导致将公职分配给一些不称

---

① 不过，近期一些文献研究再次引起了人们对抽签政治用途的兴趣，尤其参见 J. Elster, *Solomonic Judgments. Studies in the Limitations of Rationality*, Cambridge, 1989, pp. 78–92。有学者建议随机抽取公民来选举选区代表（cf. A. Amar, "Chossing Representatives by Lottery Voting", *Yale Law Journal*, 1984, 1993）。但这个建议赋予抽签的作用是有限的：抽签是用来选择选民的，而不是用来选择统治者的。

第一章　直接民主与代表:雅典统治者的产生方式

职的公民,这不是现代社会才发现的事实。和当代社会的看法一样,当时的人已经认为统治者的无能对于雅典而言是一种危险。另外,根据色诺芬的说法,苏格拉底嘲笑过通过抽签来任命执政官的做法,理由是领航员、建筑师或者笛手可不是通过这种方式产生的①。不过,也许更应该追问,面对这些反对抽签制的言论,雅典的民主派们是不是真的无言以对。也许他们发现抽签制有一些非常重要的长处,权衡利弊,他们觉得,这些长处比其缺陷更为重要。也许他们发现了防止抽签抽到无能执政官这一风险的制度安排办法。也即抽签制,产生不称职统治者的风险不一定会必然发生。在对抽签制在雅典的运作方式和民主派们给出的辩护理由做出认真分析之前,我们不能宣告说,这种有缺陷的统治者任命方法是导致其后来消失的根本原因。

总而言之,不管是何种原因导致抽签制消失,有一点无可置辩:雅典民主通过抽签来挑选部分统治者,而代议制则完全没弃之不用,选举是代议制下统治者的唯一产生方式。这种差异很难不对权力的行使和配置方式,甚至对执政人员的特征产生影响。问题在于如何明确地界定这些影响。为了厘清代议制政府和直接民主的主要区别,需要就选举制和抽签制各自的影响后果做出比较。

代议制政府最常见的分析视角是将选举制和权力世袭制进行比较。这种视角在部分程度上是有道理的:选举政府直接取代了世袭政府,近代代议共和制的建立者们抛弃了世袭原则,将选举视作政治合法性的主要来源,这一点当然无可置疑。毫无疑问,代议制度的典型特征是,权力不是世袭的(至少从本质上而言是这样的)。但它的区别性特征表现在——尽管这点很少被人注意到——抽签在政治职位的分配过程中是完全缺席的,而这些职位同样由数量有限的公民来执掌。在世袭制成为代议制政府唯一的比较参照物的情况

---

① Xénophon, *Mémorables*, I, 2, 9.

▶▶ 代议制政府的原则

下，探讨选举制和抽签制的区别也许可以揭开代议制政府至今不为人知的一面。

对雅典抽签制进行研究具有双重意义。不仅仅是因为抽签制是直接民主的区别性特征之一，并且，因为雅典人同时使用选举制和抽签制，他们的制度就成为比较这两种统治者挑选方式的极佳研究对象。另外，新近出版了一本关于雅典民主的重要著作，其内容之丰富、行文之精准让人由衷赞叹，该书就这个问题也带来了一些新的研究发现①。

雅典民主将大部分公民大会（Ekklèsia）不行使的职能委托给由抽签产生的公民②。抽签原则首先被用于任命严格意义上的执政官（Arkhai）。雅典政府有 700 个左右的执政官职位，大约有 600 个职位是通过抽签产生的③。以抽签（Klèros）分配的执政官通常实行

---

① 所涉及的著作是：M. H. Hansen, *The Athenian Democracy in the Age of Demosthenes*, Blackwell, Oxford, 1991（法译本：*La Démocratie athénienne à l'époque de Démosthène*, Paris, Les Belles Lettres, 1993）。这部英文著作是缩略本，作者丹麦文原著的内容要更为丰富（*Det Athenske Demokrati I 4 årh. f. Kr.*, 6 volumes, Copenhague, 1977 – 1981）。汉森的著作主要研究的是前 4 世纪的雅典制度（从前 403—402 年民主制的第二次重建到前 322 年民主制的陨落）。汉森强调说，和前 5 世纪比较，这段时期的相关文献材料更为丰富和详尽，他指出，实际上我们对伯里克利时期雅典民主的运作情况所知有限。针对前 5 世纪的制度史研究（动机是这个时期雅典的强盛及其艺术成就达到了顶峰），以及对从厄菲阿尔特（Ephialtès）改革（前 462 年）到民主制的完全消失（前 322 年）这一时期的整体研究，均是以前 4 世纪的数据材料为基础而展开的。通过时间序列方法，汉森避开使用上述这种他认为不可靠的推论方法（*The Athenian Democracy in the Age of Demosthenes*, op. cit., pp. 19 – 23，法文翻译，pp. 42 – 46.）。但这也没有使他避免在分析公元前 5 世纪的制度特征时行文仓促。本章内容发表之后，汉森的这本著作被翻译成法文，笔者在英文参考页码的后面添加了法语版的相应页码。

② 关于雅典的抽签与选举制度，除了 M. H. Hansen 的著作，还可见：J. W. Headlam, *Election by Lot at Athens*, Cambridge University Press (1891), 1933; E. S. Staveley, *Greek and Roman Voting*, Cornell University Press, 1972; M. Finley, *Democracy Ancient and Modern*, 1973 (*Démocratie antique et démocratie moderne*, Paris, Maspero, 1976); M. Finley, *Politics in the Ancient World*, Cambridge University Press, 1983 (*L'Invention de la politique*, Paris, Flammarion, 1985)。

③ 这个数字不包括 500 人议事会，尽管这个机构在原则上是执政官性质的。议事会官职的任命方法和其他执政官职的任命方法存在着极大的区别，因此有必要对其做另外分析（见下文）。

第一章 直接民主与代表:雅典统治者的产生方式

集体决策制①。任期以一年为限。同一职位每个公民只能任职一届，并且，尽管其一生中可以担任不同的职位，但述职报告的日程安排也不允许公民连续两年担任任何执政官职（在没有做出述职报告之前，公民不能担任新的公共职位）。所有年满30岁的公民（公元前4世纪时大约有两万名），凡是没有被剥夺公民权（*Atimia*）的都有资格担任执政官②。抽签产生的公民在入职之前需要接受审查（*Dokimasia*）。审查内容包括他是否有成为执政官的法定资格，是否善待父母，是否依法纳税和服兵役。但也包括一些政治面貌的审查，一个以拥护寡头制而闻名的公民有可能被排除抽签资格。但审查并不旨在排除不称职的人，往往只是走走形式③。

不过，雅典政制具备制约人民认为是坏的或不称职的执政官的制度。首先，执政官时刻受公民大会和法院的监督，他们不仅在任职期满后需要做述职报告（*Euthynai*），并且，在他们任职期间，任何公民可以在任何时刻提出指控并要求其停职。在公民大会主会期间（*Ekklèsia kyriai*），对执政官的投票甚至是大会议程的必经程序，任何公民都可以对执政官（无论是选举产生还是抽签产生）提出投票审查动议。如果票数达到启动审查程序的要求，执政官将被立即停职并移交至法院，由法院判决其是清白（此时他可重返原职），还是有罪④。

---

① *Klèros* 这个单词是个名词，其相对应的动词是 *Klèroun*（抽签）。通过抽签而获得职位这一事实的动词是 lankhano，用的是不定过去时，有时用一个限定词来加以明确：to kuamo lakhein（以蚕豆抽签获得），或者更古老的限定词，palo lakhein（通过在机器里进行的抽签获得）。

② 公元前4世纪，雅典大约有3万成年公民（大于20岁的公民）。公元前5世纪，成年公民的数量大概是6万（M. H. Hansen, *The Athenian Democracy in the Age of Demosthenes*, op. cit., pp. 55, 93, 232, 313 [Trad. fr., pp. 81, 122, 270, 357.]）。这个数字显然不包括妇女、孩子、外国人和奴隶。今天我们强调雅典规模小，有时有点言过其实。雅典城邦和现代国家比较也许确实不大，但它也不是一个小村庄。

③ M. H. Hansen, *The Athenian Democracy in the Age of Demosthenes*, op. cit., pp. 218-220, 239 [Trad. fr., pp. 255-257, 278.]

④ 公民大会每年举行四十几次，主会期每年举行10次（每次会议叫作 Prytanie）。

▶ **代议制政府的原则**

因为大家都了解这些制度安排,每个公民都事先知道,如果他成为执政官,他需要做述职报告,他将时刻面临被审查的可能性,如果证据对他不利,他将面临惩罚。不过——有一个事实需要特别予以注意——只有自愿者的名字才会被放在抽签机器里,即 *Klèroteria*。抽签并不是在所有超过30岁的公民间进行,涉及的仅仅是那些自愿参与抽签的"候选人"①。一旦将通过抽签选择执政官的做法放在其制度背景下,它就显得不像我们今天所想象的那么简单和粗糙了。自愿制度和风险预防制度的结合实际上对潜在的执政官形成一种自我审查机制,那些自我感觉不能成功胜任某一职位的公民完全可以避免使自己被选择,他们甚至被强烈鼓励这么做。因此,整套制度安排的结果是赋予任何一个自我判断能够称职的公民担任执政官的机会。决定试试其运气的公民几乎是时时刻刻都受到他人的评判,但评判是一种事后性行为,从"候选人"开始履行其职务开始。除了随机性,能否担任公职取决于自愿者对自身及其能力的评估。相反,经选举产生的执政官则是因为他人的评估而使其得以担任公职,因此,这种评估不仅仅像由抽签产生的执政官那样具有事后性,它也具有事前性,即在候选人有机会展示其作为执政官的能力之前就对其做出评估(至少对于那些之前没有担任过执政官的候选人而言是如此)。

不过,和由抽签产生的执政官一样,通过选举产生的执政官也受公民大会的时刻监督。任何年满30岁及以上的公民都可自荐参与选举。不过,由选举产生的执政官和由抽签产生的执政官存在着几个不同之处。首先,尽管选举产生的职位和其他职位一样都是以一年为限,但同一人可以连续几年当选同一职位而没有时间限制。在公元前5世纪,伯里克利(Périclès)连续二十几年被一再选为将

---

① M. H. Hansen, *The Athenian Democracy in the Age of Demosthenes*, op. cit., pp. 97, 230–231, 239 [trad. fr., pp. 127, 269–270, 278]. 甚至有一个动词(*klèrousthai*)来专门指代"毛遂自荐"参与抽签;cf. Aristote, *Constitution d'Athène*, IV, 3; VII, 4; XXVII, 4.

第一章 直接民主与代表:雅典统治者的产生方式

军(可能是 22 次)。公元前 4 世纪最著名的将军福基翁(Phocion)在位 45 年。其次,对于那些能力问题被认为是绝对关键问题的职位,雅典人决定一律通过选举产生:将军(Stratègoi)、高级军事将领(从公元前 5 世纪开始),其他诸如在公元前 4 世纪设立或改革后的主要财政官员(尤其是军务出纳部门的财政官、理论出纳部门的行政官以及财务总监)①。选举产生的都是最重要的官职:领兵作战和管理财政决定城邦命运,这是其他任何官职都不能比的(何况在公元前 5 世纪,雅典基本上都是处于战事状态,和平状态只是例外)。最后,和由抽签产生的官员相比,更容易在由选举产生的官员中发现杰出的人物。

公元前 5 世纪,最有权势的政治人物是那些由选举产生的将军[如地米斯托克利(Thémistocle)、亚里斯泰迪斯(Aristide)、客蒙(Cimon)和伯里克利]。将军和演说家被相提并论(*rhetores kai stratgoi*)。尽管演说家在本质上并不是一种公共职位,演说家的意见在公民大会中却最重要。因其影响力相近,演说家和将军被看作属于同一群体,今天此类群体谓之政治"领袖"。公元前 4 世纪,演说家和将军的近似地位有所变化,演说家的地位更接近于财政官员,后者也是通过选举产生的。伯罗奔尼撒战争期间,有一种社会现象也发生了变化:公元前 5 世纪地位显赫的将军和政治家往往出身于古老的地主贵族家庭(例如,客蒙出身于显赫的腓拉埃乌斯家族,伯里克利则是阿尔克马埃翁家族的近亲),而公元前 4 世纪的政治领袖则通常来自富人家庭或声名显赫的家庭,一般是那些经营手工业和作坊的新贵②。因此,贯穿雅典民主整个历史时期,履行选举公职与隶属政治和社会精英阶层存在着某种关联性。

---

① 理论出纳部门最初的职责是向公民发放公共节日期间购买剧院入场票的票务补贴。在公元前 4 世纪,它的财政分配职权扩展到公共工程和海军事务。

② M. H. Hansen, *The Athenian Democracy in the Age of Demosthenes*, op. cit., pp. 39, 268 – 274 [trad. fr., pp. 63, 309 – 315]。

代议制政府的原则

一般而言，执政官并不行使重要的政治职权，无论其是由选举产生还是由抽签产生；他们主要是行政人员和执法人员[1]。他们预审文件（*probouleuein*，*anakrinein*），召开和主持决策性会议，然后将决策付诸实施（*prostattein*，*epitattein*）。但他们并不执掌最高权力（*to kyrion einai*），他们不负责具有决定性意义的政治决策。这项权力被委托给公民大会和法院了。在这个问题上，执政官和现代议员的区别非常明显。另外，即使那些拥有主席身份的执政官，他们的职责也是安排决策会议的议事议程，根据普通公民的请求行事，将后者提交给他们的动议交给决策会议讨论。

提案权与创制权不是哪个机构的特权，在原则上它属于任何一个愿意行使该权力的公民。雅典人使用一种特殊的称谓来指代那些发起政治动议的人。那些向公民大会提交法令草案、向法院提起诉讼或者向拟定法典者建议一款法律的公民被称作 *ton Athenaion ho boulomenos hois exestin*（所有拥有这项权力且希求这项权力的雅典人），或者简短地称 *ho boulomenos*（希求这项权力的人）。也许应该像字典里翻译的那样，将 *ho boulomenos* 翻译成"任何人"。但应该明白该词汇在民主派人士那里没有任何负面含义。*Ho boulomenos* 实际上是雅典民主的核心特征[2]。它确实可能是任何人，至少在原则上是这样的，也正是这一点让民主派人士引以为豪。埃斯基涅斯（Eschine）回答他的对手说，"你指责我没有一直守在公民大会的席位上；你以为人们看不到你的指责是受了那些完全异于民主制的原则的影响吗？在寡头制里，话语权不属于任何人，而仅仅属于掌握权力的人（*en men tais oligachiais oukh ho boulomenos, all' ho dynasteuon demegorei*）；在民主制里，任何人都可以发言，只要他愿意

---

[1] M. H. Hansen, *The Athenian Democracy in the Age of Demosthenes*, op. cit., pp. 228 – 229 [trad. fr., pp. 266 – 268].

[2] Ibid., pp. 266 – 267 [trad. fr., pp. 306 – 309].

第一章 直接民主与代表:雅典统治者的产生方式

(*en de demokratiais ho boulomenos kai otan auto dokei*)"①。也许,只有极少数人敢于在公民大会发言以提出建议,出席大会的绝大多数人自我局限于倾听和投票②。自我筛选程序在实践中限制了发言人的数量。但任何人,只要他愿意,都拥有平等的机会向他的同胞提出建议,或者更宽泛地,在公民大会上当众(*isègoria*)发言,这是民主制的至高原则之一③。

因此,无论如何,执政官并不垄断政治动议权,他们的权力大体而言是非常有限的。我们可以观察到,也正如汉森(Hansen)所指出的,色诺芬对苏格拉底的解读,部分程度上是盲目主观的,甚至是一种诡辩。苏格拉底认为通过抽签来选择执政官的做法很荒谬,理由是人们不能以此方式来选择一名领航员、建筑师或者笛手。这是他没有看到在民主制度下,执政官恰恰未被看作领航员之类的角色④。不过,这个发现并不能使争论就此休止,因为严格意义上的执政官并不是唯一通过抽签分配的公共职位。大部分历史文献选择仅仅在执政官的任命问题上讨论抽签在雅典民主中的使用情况⑤。然而,在执政官只拥有有限权力、抽签赋予他们的责任要远远小于通过选举产生的执政官的责任这一事实背景下,上述研究倾向部分地误判了抽签的地位和作用。因为有其他并不是由公民大会来行使但比执政官更重要的职能,也是通过抽签来分配的。

---

① Eschine, *Contre Ctesiphon*, III, 220.
② M. H. Hansen, *The Athenian Democracy in the Age of Demosthenes*, op. cit., pp. 143 – 145 [trad. fr., pp. 175 – 176].
③ 思想(也可以称作意识形态)和实践的区别在这里仅是一种粗略但方便的分析手段。通过自我筛选过程来限制发言者实际上至少是被"任何人"这一思想在部分程度上所明确许可的:ho boulomenos 指任何想站出来发表意见的人,而不是指每个人。
④ M. H. Hansen, *The Athenian Democracy in the Age of Demosthenes*, op. cit., p. 236 [trad. fr., p. 274 – 275].
⑤ 汉森的著作也没有超越这一局限:他对抽签与民主之间关系的主要讨论出现在关于执政官的那一章中(M. H. Hansen, *The Athenian Democracy in the Age of Demosthenes*, op. cit., pp. 235 – 237 [trad. fr., pp. 274 – 275])。

> **代议制政府的原则**

议事会（Boulè）的成员通过抽签产生，任期一年，一个公民一生中担任议事会成员的机会不能超过两次。议事会共有500名成员，年龄必须超过30岁。139个设区/镇的区划市在议事会中都拥有一定的席位（席位数量根据区/镇的人口数量按比例分配）。每个区/镇推荐的候选人比其被授予的席位数量要多（不确定在候选人选择过程中是否也使用了抽签）；接下来用抽签的方法在该区/镇提供的候选人中抽出相应的议事员数量。从议事会开始运作的那天起，议事员的报酬在城邦里支取。亚里士多德将参与公民大会、担任法官和执政官的政治活动报酬视作民主制度的基本原则之一。在雅典，上述情况除外，抽签原则也被应用于议事会的运作过程①。

在法律上，议事会和其他大部分机构一样实行合议制。但某些特征使其成为例外。首先，只有议事会自己有权起诉其成员：被起诉的议事员由法院来审判，但前提是议事会必须通过投票来决定该成员是否应该被移交给法庭②。其次，如亚里士多德所言，议事会是"最高"的行政机构（malista kyria），因为公民大会的议案由它准备且由它执行③。执政官的职责与法院相关，而议事会的职责则直接与公民大会相关。议事会讨论、决定提交给公民大会议事日程的议案（probouleumata）。有些议案包含具体的建议且已经成型，

---

① Aristote, *Politique*, VI, 2, 1317b 35 – 38. 报酬是为了鼓励那些因为不愿意影响工作而远离政治活动的人，但也是为了吸引低收入的公民参与政治。公元前5世纪，在雅典支付报酬的职位有执政官、议事会成员、法官和法院陪审团成员（由公民组成）；法官一个工作日的报酬是3个奥博尔（相当于1/2德拉克马）。在这个时期，参与公民大会相反没有任何补贴。公元前4世纪，执政官的报酬可能被取消了，但议事员、法官的报酬仍存在，参加公民大会也有相应的报酬（也是3个奥博尔，cf. M. H. Hansen, *The Athenian Democracy in the Age of Demosthenes*, op. cit., pp. 240 – 242; trad. fr., pp. 280 – 282）。作为比较，公元前5世纪末一个工作日的平均工资是1个德拉克马，参与法院案件审理和公民大会的补贴因此相当于半个工作日的报酬（M. H. Hansen, *The Athenian Democracy in the Age of Demosthenes*, op. cit., pp. 150, 188 – 189 [trad. fr., pp. 181 – 182, 223 – 225]）。

② M. H. Hansen, *The Athenian Democracy in the Age of Demosthenes*, op. cit., p. 258; [trad. fr., p. 299].

③ Aristote, *Politique*, VI, 8, 1322b 12 – 17.

有些则具有开放性，等待公民大会成员就某个特定问题提出建议。似乎大约有一半公民大会投票通过的法令实际上是对议事会所提议的具体措施的核准，另一半来自公民大会上直接做出的提议①。另外，议事会是外交关系的主要责任机构：它接待所有的外邦大使，决定是否将他们引见给公民大会，它首先与这些大使进行谈判，然后才以议案的形式将这些谈判结果提交给人民。议事会也行使重要的军事职责，尤其是海军事务和海上行政事务。最后，它对所有的行政机构实施监管，尤其是财政机构；它也以此身份对其他执政官实施某种程度的监督。通过抽签产生的议事会因此确实是雅典政府的核心政权机构。它的角色也许不能和领航员相比，但它也不是处于从属地位。

不过，为了充分评估抽签在雅典民主中的重要性，还需要考虑另外一个机构，即雅典法官（héliastes）。每年，6000名超过30岁自愿参与的公民通过抽签组成法官队伍。他们的名字一旦被抽中，这些公民举行法官宣誓仪式，表明他们会依照公民大会和议事会的法律和法令进行投票，在法律未予明确的情况下根据自己的正义感来断案，公正地倾听原告和被告的陈词②。从宣誓的那一刻起，这些公民构成一年一届的法庭成员队伍。他们的年龄比参与公民大会的公民的年龄要大，因此他们的经验和智慧被公认是卓越的，他们又做出了庄严的宣誓，这两个因素赋予他们以特殊身份③。平民法庭（dikastèria）的成员是在他们中间选取的，在公元前4世纪，法律委员会的成员（nomothètes）也从中产生。

每个法院工作日，所有希望履职的法官都可以一大早来到法院大门前，当天所需的法官和陪审员（dikastai）在他们中间通过抽

---

① M. H. Hansen, *The Athenian Democracy in the Age of Demosthenes*, op. cit., pp. 138 – 140 [trad. fr., pp. 169 – 171].

② Ibid., p. 182 [trad. fr., pp. 217 – 218].

③ 只要是成人，就可参加公民大会，雅典当时的成人年龄大约是20岁。

▶ **代议制政府的原则**

签产生。这里再次需要注意参与的自愿性特征。因为好几个法庭同时开庭，被挑选的法官经过抽签决定他们出席哪个法庭（至少在公元前4世纪是如此）①。一个法庭可能会有501个、1001个、1501个法官，甚至更多，人数根据法庭所认定的案件的严重程度而决定②。法官每天获得3个奥博尔的补贴（大约相当于半个工作日的报酬）。在法庭担任陪审员的在大多数情况下是贫穷和年老的公民③。

不过，法庭一词可能会导致对这些通过抽签分配的职责的属性产生误解。这里需要对一些细节问题做出分析。法庭在现实中履行的是一些具有决策性质的政治职能。私人纠纷实际上往往是通过仲裁来解决的，法庭只有在当事人一方对仲裁决定提出上诉的情况下才进行干预。另外，不少刑事案件也并非由平民法庭处理［例如，由刑事法庭（Aréopage）来审判杀人案件］。因此，平民法庭最重要的工作任务实际上是审理政治案件④。它们并不是非同寻常的案件，但构成一些机构日常运作的核心监管元素。

首先，违法诉讼就属于这种情况（*graphè para nomôn*）。所有公民有能够发起反对公民大会议案的违法诉讼活动⑤。指控是指名道姓的：它针对提出被控议案的那个人提出。只有创制行为才会被起诉，而一个公民不会因为他所做出的投票而被起诉（这一点再次显

---

① M. H. Hansen, *The Athenian Democracy in the Age of Demosthenes*, op. cit., pp. 181 – 183 [trad. fr., pp. 216 – 218].

② 作为比较，我们知道参与公民大会的公民数量平均是6000人。Cf. M. H. Hansen, *The Athenian Democracy in the Age of Demosthenes*, op. cit., pp. 130 – 132 [trad. fr., pp. 159 – 162].

③ M. H. Hansen, *The Athenian Democracy in the Age of Demosthenes*, op. cit., pp. 183 – 186 [trad. fr., pp. 219 – 221].

④ Ibid., pp. 178 – 180 [trad. fr., pp. 213 – 215].

⑤ 实际上，只有在公元前5世纪时公民大会既对法律（nomoi）也对政令（psèphismata）进行投票，公元前4世纪时关于法律的投票毫无例外地由法律委员会的成员进行。因此，在公元前5世纪，违法诉讼既可以是针对法律，也可以是针对政令，到公元前4世纪，它只适用于政令，另一套稍有区别的程序用来指控法律的违法性：*la graphè nomon mè epitèdeion theinai*。

第一章 直接民主与代表：雅典统治者的产生方式

示了雅典民主制度下创制行为的特殊地位）。特别需要指出的是，在议案被公民大会通过的情况下，即使是全体一致通过，违法诉讼也有可能被提起。当一项已被公民大会通过的政令或法令被指责违法时，它们的法律效力将被立即中止，直到法庭做出裁决。违法诉讼的目的因此是使公民大会的决定受到法庭的监督：公民大会投票通过的所有措施都有可能受到法庭的审查，并有可能被否定，如果有人提出诉讼请求的话。另外，违法诉讼的提起可能是因为形式上的缺陷（例如，议案的提出者已被剥夺了公民权），也可能是内容上的原因（如果被控法律或政令与现存法律相冲突）。到公元前4世纪，内容上的原因扩展到与法律背后基本民主原则的冲突。人们仅凭议案有损人民的利益这一理由就可对其提出指控。在这个意义上，违法诉讼赋予了法庭对公民大会活动的纯粹而又简便易操作的政治监督权[1]。违法诉讼似乎被频繁使用：现存材料文献显示法庭平均每月审理一件此类案件[2]。

当一项提交给公民大会的议案在违法审判中受到法庭的再度审查，法庭的审查区别于公民大会的审查，具有特殊特征，它的法律效力要高于后者。除却法官的数量比公民大会出席公民的数量少、年龄大且做了宣誓等因素，法庭里的程序和公民大会上的程序是有区别的。法庭使用一天的时间来审查被指控的违法的决定，公民大会往往在一场会议上（半天时间）就做出好几项决定。法庭里必须有交互置辩程序，被指控议案的提交者需要对其议案做出辩护，原告需要对其辩护做出反击。并且，当事人双方都具有案件准备时间。相反，只要没有人对议案提出反对意见，公民大会的决定可能是在瞬间且没有辩论的情况下做出的。最后，除却某些例外情况，公民大会里的投票通过举手的方式进行，最终结果是一种粗略的估

---

[1] M. H. Hansen, *The Athenian Democracy in the Age of Demosthenes*, op. cit., pp. 205 - 208 [trad. fr., pp. 241 - 244].

[2] Ibid., pp. 153, 209 [trad. fr., pp. 185, 245].

计，具体的票数并没有被统计（平均6000人的参与者数量使记票时间极其漫长）。相反，法庭的投票总是秘密进行的（压力和贿赂因此就没那么容易），具体票数也会得到统计①。因此，法庭所执行的角色即使纯粹是政治性的，它在规模、组成和运作方式等方面和公民大会有实质性的区别。

关于违法诉讼，如果法官判定原告胜诉，公民大会的决定被取消，议案提出者将被罚款。罚款数目有时是微不足道的，但有时则数目巨大，使提案人终身都是城邦的负债人，因此也就被剥夺了公民权（atimia）。这种可能性惩罚导致一个关键性后果：一方面，如我们所见，任何人（ho boulomenos）都可以向公民大会提交议案，但另一方面每个人都知道这样做会使他面临巨大的风险。同时，有一项制度安排也起到防止人们随意提起指控的作用：如果指控者在法庭做出判决之前撤销诉状，他将被罚1000个德拉克马，且永远被禁止提起其他违法诉讼。另外，和其他公共指控（graphai）一样，如果控方在审判中获得的票数支持不足总票数的五分之一，他将面临被罚款1000个德拉克马的风险，且被剥夺部分公民权②。

法庭也审判检举性案件（eisangeliai）。它具有多种类型。它可能是为了指控管理不善的执政官，在这种情况下，经法庭审理之前案件首先是被提交给了议事会（eisangeliai eis tèn boulèn），也可能是为了指控任何一个犯了政治罪的公民（包括执政官）。在第二种情况下，指控首先是被提交给公民大会（eisangeliai eis to dèmon）。政治犯罪从原则上而言包括三种行为：背叛、腐败（收受钱财并给雅典人民做出坏的建议）和企图颠覆政权（即民主制）。然而，对

---

① M. H. Hansen, *The Athenian Democracy in the Age of Demosthenes*, op. cit., pp. 147–148, 154–155, 209–212 [trad. fr., pp. 178–180, 186–187, 245–248].

② 要估量1000个德拉克马罚款的严重性，需要知道在公元前5世纪末，一个工作日的平均工资是1德拉克马（见前文）。

第一章 直接民主与代表：雅典统治者的产生方式

这三种罪行的解释相当粗浅，导致现实中出现了各种各样的指控。公民大会上的检举一般用来指控军事将军。阿尔基努斯（Arginuses）海战中打了胜仗的几位将军就是通过这个程序被判处死刑的，理由是他们既没有接待战争的幸存者也没有在获取胜利后向死难的战士致敬。多个将军因为战败或者领导了无成效的战役而受到检举。这个程序被经常使用：似乎是五个将军中有一个说不定在哪个时刻就会被告发。

最后，法庭在执政官入职前对其进行事先审查（dokimasia），在其卸任后听取他们的述职报告（euthynai）。

因此，通过抽签组成的平民法庭是一个纯粹的政治机构。在公元前4世纪，还有另一个也是通过抽签产生的机构，即法律委员会，它在雅典政府中也扮演着关键性角色。公元前411年和404年寡头革命后，民主制被再次建立，雅典人决定公民大会不再拥有对法律而仅仅是对政令的投票通过权，立法决定权归属法律委员会。法律（nomoi）与政令（psèphismata）的区别在这个时期得到明确，而在公元前5世纪这两个术语则没有被区别地加以使用。从这个时期开始，法律指书面规范（相反，在公元前5世纪，nomos也可以用来指代一项习俗），其效力高于政令，适用于所有雅典人（政令只适用于个人）。这三个特征在前403—402年通过的一项法典法中得到明确[1]。另一些文献显示法律在这个时期还被赋予了第四个特征：无限期的有效性，政令则特指那些规定的行为一旦完成

---

[1] 对这部法典法最完整的引用可以在安多西德（Andocide）以《论秘密》（§87）为题的演讲中找到："法律：执政官在任何情况下都不得使用非书面法律。任何经议事会或人民投票通过的政令的地位都不能高于法律。任何只针对单一个体的法律都不能被通过。同一法律适用于所有雅典人，除非达到法定6000人数以秘密投票的形式另做规定［公民大会］。"（引自 M. H. Hansen, *The Athenian Democracy in the Age of Demosthenes*, op. cit., p. 170 [trad. fr., pp. 204]）

> 代议制政府的原则

其法律效力将立即丧失的规范①。公元前403—402年，既有法律都被编纂成典，从此刻起，法典内容的任何变化都由法律委员会来决定。

在公元前4世纪，立法活动程序如下：现行法典在每年年初提交给公民大会批准，如果一条现行法律被否决，任何公民都可建议一条新法来取代它。公民大会指定5名公民来为现行法律辩护，双方在法律委员会里展开辩论。另外，在一年中的任何时间，公民都可建议废除一条法律并用新法来取代它；如果他的建议得到公民大会的批准，接下来的程序和第一种情况一样。最后，有6名执政官（thesmothètes）常年对法典进行审查。如果他们发现一条法律已经失效或者有两条法律相互矛盾，他们将之提交给公民大会。如果得到公民大会的核准，法律委员会的审查程序将随之启动。立法活动因此是一种法律修订行为，创制权由公民大会掌握，但最终的决定在经历辩论程序后由法律委员会做出。公民大会一旦决定有法律需要做出修订，它将成立一个法律委员会并决定其成员数量构成，后者取决于被修订的法律的重要性（至少是501人，通常是1001人或1501人，甚至更多）。法律修订日的上午，法律委员会所需成员在6000人法官中通过抽签产生。这好像和平民法庭的情况一样，抽签在这天自愿履职的法官中间进行。因此，在公元前4世纪，立法决策被委托给了一个有别于公民大会、通过抽签产生的机构。

今天在区别代议制民主和直接民主时，我们常常以为直接民主下重要的政治权力是由公民大会来行使的。对雅典制度体系稍作详细考察就会发现这个印象是错误的。执政官以外，议事会、平民法庭和法律委员会这三个有别于公民大会的机构也扮演着主导性政治角色。平民法庭和议事会尤其值得关注。这两者在雅典

---

① M. H. Hansen, *The Athenian Democracy in the Age of Demosthenes*, op. cit., p. 171 [trad. fr., pp. 205]。

第一章 直接民主与代表：雅典统治者的产生方式

民主的整个历史时期都扮演了关键角色。平民法庭的一些政治权力甚至明显被归入最高权力（kyrion）范畴，特别是它对公民大会决定的否决权。

亚里士多德在对公民权做出定义时，他将参与公民大会和参与平民法庭归为同一类政治活动。他指出，平民法庭法官和公民大会成员一样，都是"名副其实的最高权力持有者"（kyriotatoi)①。但与此同时，如我们所知，平民法庭是一个明显区别于公民大会的机构。并且，在观念秩序和代表性问题上，公民大会被视作与人民等同，平民法庭则不然。后者也许是以城邦之名展开活动（尤其是当涉及其政治角色时），因此也即雅典人民的名义（ho dèmos tôn Athènaiôn），因为城邦是一种民主制。但法庭并没有被看作是人民的化身。似乎，任何文献材料都没有显示 dèmos 一词用来指代法庭。当这个词被用来指称一个政府机构时，它总是特指公民大会②。

至于议事会，尽管它也是以城邦和雅典人民的名义行使权力，却也没有被看作是人民的化身。议事会发出的政令（boulès psèphismata；议事会实际上拥有一些有限的自主权）和公民大会投票通过的政令被区别开来，只有后者才被称作是人民的政令（dèmou psèphismata）。此外，当公民大会批准一项由议事会提出的具体的议案时，决定由以下表述引出："它是由议事会和人民

---

① Aristote, *Politique*, III, 1, 1275a 28. 这个观点实际上来自一种复杂的推理。原则上《政治学》所给出的公民概念适用于所有的政权，但亚里士多德补充说他所定义的公民"尤其存在于民主制下"（*Politique*, III, 1275b 5–6）。公民被定义为"参与审判权力和指挥权力"（me-tekhein kriseos kai arkhès）（*Politique*, III, 1, 1275a 23）。亚里士多德说，指挥权既属于严格意义上的执政官也属于公民大会和平民法庭的成员，在第一种情况下其执掌期限有限定，第二种情况则是无限期的。他接着说，"不承认最高权力执掌者的指挥权是荒谬的"（geloion tous kyriotatous aposterein arkhès）（*Politique*, III, 1, 1275a 28–29）。亚里士多德似乎在开始时将狭义执政官的权力和公民大会、平民法庭的权力视为同一种类型，但他接着又将最高权力的执掌资格分配给了公民大会和平民法庭的成员。

② M. H. Hansen, *The Athenian Democracy in the Age of Demosthenes*, op. cit., pp. 154–155 [trad. fr., pp. 186–187].

> 代议制政府的原则

做出的决定……"（*edoxè tè boulè kai tô dèmô*）。相反，如果最终的决定是来自公民大会内部的提案，议事会只是将公开的政令草案列入议事日程，公民大会的决定由以下文字引出："它是由人民做出的决定……"（*edoxè tô dèmô*）①。因此，在雅典民主制下，人民并不亲自行使所有权力，一些重要的权力甚至部分最高权力是委托给人民以外的机构来行使的，它们也被视作权力委托机构。

那么，直接民主一词究竟意味着什么呢？如果坚持说议事会和法院此类机构也是"直接"政府机关，那需要承认这个"直接"性特征是因为它们的产生方式，即抽签，而不是因为它们就是人民或被视作人民。

有段时间，一些历史学家以为雅典抽签制的来源和宗教传统相关。这种解释首先是由甫斯特尔·德·库朗日（Fustel de Coulanges）提出的，后来格洛茨（Glotz）也做出了类似但稍有区别的解释②。库朗日认为，执政官职的抽签任命制度是古代遗产，是古代祭司传统的延续。古代皇室祭司权通过世袭继承，库朗日写道，当古代皇室消失时，人们寻找一种"取代出身，但诸神也不得不承认的选择方式。和许多希腊人民一样，雅典人认为抽签是最好的方式。但重要的是，不要形成一种错误的认识，因为对这种方法的否定而反对雅典民主"。他接着写道："对于古代人而言，抽签不是随机，抽签是神的意志的昭示。"③

对于库朗日和格洛茨而言，抽签的宗教解释为打开该程序的疑

---

① M. H. Hansen, *The Athenian Democracy in the Age of Demosthenes*, op. cit., pp. 255 – 256, 139 [trad. fr., pp. 296 – 297, 169 – 170].

② N. D. Fustel de Coulanges, *La cité antique* [1864], Livre III, ch. 10, Paris, Flammarion, 1984, pp. 210 – 213. Voir aussi N. D. Fustel de Coulanges, *Recherche sur le tirage au sort appliqué à la nomination des archontes athéniens*, Nouvelle Revue historique de droit français et étranger, 1878, 2, pp. 613 sqq.; G. Glotz, *Sortitio*, C. Daremberg, E. Saglio, E. Pottier, *Dictionnaire des antiquités grecques et romaines*, Vol. IV, Paris, 1907, pp. 1401 – 1417; G. Glotz, *La cité grecque* [1928], II, 5 Paris, Albin Michel, 1988, pp. 219 – 224.

③ N. D. Fustel de Coulanges, *La cité antique*, op. cit., pp. 212 – 213.

第一章 直接民主与代表:雅典统治者的产生方式

团提供了一个解决方案。在他们看来这是一个谜,因为和现代政治比较,抽签是奇特的,甚至是荒谬的。格洛茨这样写道:"抽签选任执政官在今天看来是如此荒谬,我们简直难以想象为何如此聪明的人民会发明出并维持了这样一种制度。"① 库朗日和格洛茨难以想象雅典人是基于政治原因——更确切地说,其政治特质今天仍是显而易见的原因——而使用抽签的,因为在政治空间里使用抽签来选任执政官在他们看来是奇怪的,因此他们假定抽签应该是属于另一个世界的,即宗教世界。他们因此下结论说,雅典政治和当代政治是有区别的,这些区别不仅表现在其内容、等级性方面,也表现在它的本体论属性方面。他们认为,雅典政治是神意和人意的混合②。

很明显,雅典抽签制的宗教解释是基于对一些文献的解读结果。它也建立在类比推理的基础之上:确实,不少文化都将抽签视作神意的昭示。但海德拉姆(Headlam)在1891年出版的一部具有开创性意义的著作中对这个观点进行了反驳③。今天的专家因此已经不再认同这个观点④。如汉森写道:"从总体上而言,没有任何一种文献明确地证明抽签选任执政官具有宗教维度或者说宗教渊源。"⑤

---

① G. Glotz, *La cité grecque*, op. cit, p. 223.
② 雅典制度只能与其起源和宗教维度结合起来才能加以理解的观点实际上贯彻在 *La cité antique* 全书。我们注意到库朗日的一个明确目的是进行政治教育:通过"把这些永久性地区别古代人民和现代社会的极端和本质的差异凸显出来",他希望劝止人们效仿古人,在他眼里,这有碍"迈向现代社会"。通过引用贡斯当那句著名的话,库朗日宣称:"我们被古人的自由蒙骗了,正是这个原因使现代人的自由处于危险境地。"(*La cité grecque*, Introduction, op. cit, pp. 1 - 2.)
③ J. W. Headlam, *Election by lot at Athens*, op. cit., pp. 78 - 87.
④ Cf. E. S. Staveley, *Greek and Roman Voting*, op. cit., pp. 34 - 36; M. Filey, *Politics in the Ancient World*, op. cit., pp. 94 - 95.
⑤ M. H. Hansen, *The Athenian Democracy in the Age of Demosthenes*, op. cit., p. 51 [trad. fr., p. 76]. 关于库朗日和格洛茨观点的详细讨论,voir pp. 49 - 52; trad. fr., pp. 74 - 77。

相反，无数的文献将抽签视作民主制的一种特征①。甚至，抽签制被描述为是一种地道的民主选官方式，而选举则是一种寡头制或贵族制。亚里士多德如是写道："我想说，通过抽签分配执政官职是民主制，通过选举分配执政官职是寡头制，之所以是民主制是因为选官不以纳税额为条件，之所以是寡头制是因为选官以纳税额为条件。"② 抽签是民主政治而选举是寡头政治的观点也许显得有些奇特。亚里士多德应该还有其他判断，因为他是在对《政治学》一书中的一个核心概念即混合政体概念（*memigmenè politeia*）进行论证时，引入了这个观点。

亚里士多德认为，通过混合民主制度和贵族制度，人们能够获得一种比单一政体更好的政体。具体说来，抽签、选举和纳税制可以将民主制和寡头制结合起来。亚里士多德甚至建议了几种建立混合政体的方法。例如，可以决定执政官通过选举产生（而不是抽签），不过，所有人都不受纳税额限制而能够成为选民或候选人，或者两者有其一。另一种混合形式是通过抽签来分配公职，但仅仅在根据纳税额划分的公民阶层中间进行。还有一种方法是一些职位通过选举产生而另一些则通过抽签产生③。根据这位哲学家，不同的制度混合使政体在某些方面是寡头制，在其他方面又是民主制。在亚里士多德看来，选举和民主并不是不兼容，但就制度本身而言，它是一种具有寡头和贵族特征的程序，而抽签则在本质上是民主的。

---

① 这其中，参见 Hérodote, *Histoire*, III, 80, 27（discours d'Otanès, partisan de la démocratie, dans le débat sur les constitutions）; Pseudo-Xénophon, *Constitution d'Athènes*, I, 2-3; Xénophon, *Mémorables*, I, 2, 9; Platon, *République*, VIII, 561b, 3-5; *Lois*, VI, 757e 1-758a 2; Isocrate, *Aréopagitique*, VII, 21-22; Aristote, *Politique*, IV, 15, 1300a 32; VI, 2, 1317b 20-22, Aristote, *Rhétorique*, I, 8。

② Aristote, *Politique*, IV, 9, 1294 b 7-9. 关于选举的贵族特征，也请参考 Isocrate, *Panathénaïque*, XII, 153-154：伊索克拉大致认为，先祖们的政体要比当下的政体好，因为当时的执政官通过选举（而不是抽签）产生，这使其在民主特征之外，同时也具备了贵族特征。

③ Aristote, *Politique*, IV, 9, 1294 b 11-14; IV, 15, 1300a 8-1300b5.

第一章 直接民主与代表：雅典统治者的产生方式

为了理解雅典人所建立的抽签制和民主制度之间的联系，首先需要理解雅典民主文化中的一个主要原则：职位轮替原则。民主人士不仅承认被统治者和统治者之间存在角色区分这一事实的存在，他们也承认，这两种职责不能被同一的公民同时履行。民主的基本原则不是人民同时既是被统治者又是统治者，而是所有公民都应该有权力轮流担任这一或那一公共职位。亚里士多德这样定义自由可以采取的两种形式之一，他写道："自由的表现形式之一，是轮流领导和服从（en merei arkhestai kai arkhein）。"① 民主自由因此不在于仅仅是服从自己，也在于在今天服从在未来服从自己的人。

在亚里士多德看来，指挥和服从的轮替甚至构成公民美德和优点②。亚里士多德写道："好公民的优点似乎是有能力好好指挥和好好服从（to dynastai kai arkhein kai arkhestai kalos）。"③ 公民必不可少的这种双重能力通过角色轮流来获得："人们说如果不能好好服从就不能好好指挥，这是有道理的（ouch estin eu arxai mè arkhthenta）。"④ 亚里士多德所引用的这句话成了格言。人们认为它最早出自梭伦（Solon），这成为它在雅典政治文化中占据重要地位的标

---

① Aristote, *Politique*, VI, 2, 1317a 40 – 1317b 2. 欧里皮德斯（Euripide）通过忒修斯（Thésée）之口也表达了同样的观点，认为轮流执政是雅典民主政治的基本特征（*Suppliantes*, v. 406 – 408）。对于亚里士多德而言，民主自由的另一种形式不涉及参与政治权力，而是"按照自己想要的方式生活"（to zèn ôs bouletai tis）（*Politique*, VI, 2, 1317b 11 – 12）。自由被理解为按照自己的意愿生活，它构成民主的原则之一，这一点也得到了修昔底德的肯定，并通过伯里克利之口在著名的阵亡将士葬礼悼词中得以体现（*Guerre du Péloponnèse*, II, 37），也通过尼西亚斯（Nicias; *ibid.*, VII, 69）的话表达了这个观点。这里对本杰明－贡斯当的古典自由与现代自由的区别不做讨论，也不叙述伯里克利的葬礼悼词所引起的众多的学术或思想争论。

② 亚里士多德自己也承认，其公民概念尤其适用于民主制（见注释37）。

③ Aristote, *Politique*, III, 4, 1277 a27.

④ Aristote, *Politique*, III, 4, 1277b 12 – 13. 亚里士多德在《政治学》的好几处重复了同一观点。在另一段话中，他解释说，当所有公民一律平等且被视作一律平等时（民主制下的情况正是如此），指挥和服从的轮流以及双方角色的轮流交换是一种公正的办法（甚至是最完美的办法）[*Politique*, II, 2, 1261a31 – b7]。在《政治学》第七卷，他论述了最完美的政体，他写道："既然所有的政治共同体都由统治者和被统治者构成，那就需要研究是否必须更换统治者和被统治者还是让其终身保持同一身份。（……）确实，如果有些人区别于他人，就像我们所认为的

> 代议制政府的原则

志。"好好指挥"这个说法应该从其本质意义来理解。它意味着：根据本质和本善来执行领导活动。不过，一般说来，将一项任务委托给知道如何完美完成这项任务的人是有理有据的。因此职位轮替建立了领导合法性。委托领导职位的人就是那个处于服从地位的人。

正如一般的看法，职位轮替反映的是一种生活观，即政治活动和担任公职是人类价值的最高表现形式之一。但指挥和服从的轮流也是好政府的一种缔造机制。它旨在生产与某种类型的正义即民主正义相符的政治决策。当领导之人曾经是服从他人之人时，在进行决策时，他们有可能会考虑到决策实施对象的意见。他们能够自我提醒他们的命令将如何影响被统治者，因为自己曾经经历过，他们知道被统治和被迫服从意味着什么。甚至，统治者被劝勉尊重被统治者的意见：行使领导权的人被劝诫不要残暴地对待服从他的人，因为他知道有朝一日他必定服从这些人。公职轮流也许仅仅是一种程序，它并不决定决策和命令的具体内容。但因为它的单纯存在，这个程序实际上产生一种正义，因为它创造了一种情形：统治者在做出决策时有可能会慎重地考虑到被统治者的意见。

（接上页注④）神和英雄与常人的区别一样，拥有极大的过人之处，首先体现在其体格上，接着体现在其灵魂上，以至于统治者相对于被统治者的优越之处变得非常明显而无可置辩，那么显然是统治者永远是统治者、被统治者永远是被统治者是最好的办法。但因为这样的情形很难遇到，这里的情况和印度居民的情况不一样，根据希拉克斯（Scylax），在这个问题上国王有别于他的臣民，显然，因为诸多原因，所有人都有必要以同样的方式轮流承担统治者和被统治者的身份角色（anankaion pantas homoios koinonein tou kata meros arkhein kai arkheisthai）"（*Politique*, VII, 14, 1332 b 12 - 27）。但在最完美政体里，亚里士多德试图调和职位轮替原则和以本性为基础的职位差异要求。有个问题可以实现这种调和：年龄。同样的个体必须得服从统治，当其本性更多地赋予这个角色时，也就是说，当他们还年轻时；而当他们年长时，他们的本性使其适合成为统治者，他们就必须得成为统治者。亚里士多德补充说以年龄为基础的角色轮替满足"注定施行善治的人必须首先被好好统治"（*Politique*, VII, 14, 1333 a 3 - 4）。因此，即使亚里士多德提供了一个符合他自己愿望的政体提议，他仍旧坚持指挥能力在服从过程中得到学习的原则。

第一章 直接民主与代表:雅典统治者的产生方式

2000多年后,在卢梭所提出的理论框架中,正义应该由法的普遍性来保障:如果每个公民,投票通过同时适用于其本人和其他人的普遍性法律,"己所欲者,也予他人"的结果就会出现。在轮番执政程序中,类似的正义效果通过时间性渠道得以实现:统治者在进行决策时,自觉地把自己放在被统治者的位置上,因为他曾经也是一位被统治者,并且任期满后将继续成为被统治者。雅典民主者并不局限于鼓吹正义并劝诫统治者站在被统治者的位置上执政,他们为其能够这样做提供了方法手段和动机理由。

轮番执政在民主人士眼里如此重要,雅典民主制度因此将其上升为一项法律规范。领导关系不仅是可逆的,并且必须是可反转的。这正是上述各种禁令的目的(禁止担任一次以上由抽签选任的同一执政官位,禁止一生中有两次以上担任议事员一职,等等)。因为这些禁令,每年需要几百个新的公民担任执政官和议事员的职位。据统计,有一半超过三十岁的公民一生中至少有一次担任过议事会成员。另外,公民大会和法院的席位在事实上(而不是法律上)也有轮流。出席公民大会的从来都不仅仅是某一群公民(出席人数平均有6000人,在公元前4世纪,雅典成年公民也就3万人),而参与公民大会的不大可能每次都是同样的那些人。公民大会被视作人民,不是因为所有公民都参与其中,而是因为所有公民都可以参与,而参与者总是在更新。至于法庭,一些考古证据证明法官也是经常更换的[①]。

因此,无论是现实中还是在理想中,雅典民主在很大程度上是按照职位轮替的原则被组织起来的。而职位轮替的主要规则使抽签成为一种合理的选官方法:鉴于为数众多的公民终有一天都要担任公职,因此他们履行公职的顺序可以交给随机性。另外,公民人数

[①] M. H. Hansen, *The Athenian Democracy in the Age of Demosthenes*, op. cit., p. 313 [trad. fr., p. 357].

▶▶ **代议制政府的原则**

相对于公职的数量而言并非庞大，职位轮替的当务之急使雅典人选择了抽签而不是选举。实际上，选举可能会进一步减少未来执政官的人数，因为只有那些受其同胞喜爱的人才有可能当选。可以说，雅典人不可能将执政官和议事员的职位仅仅分配给那些其他人认为有足够能力和才能并投票给他们的公民：这种限制将不利于职位轮替。

但对此需要做进一步的分析：选举原则和职位轮替存在着潜在的冲突。选举原则的目的是让公民自由地选择可以委以公职的人。然而，选举自由，也意味着重复选举的自由。公民可以允许同一个人年复一年地担任同一职位。甚至推论说一个人一旦能够赢得他人的选票，同一结果极有可能再次发生。因此，在选举制度下如果要绝对保证职位的轮替，就需要对公民的选择自由做出限制，规定某些公民不能当选，因为他在过去曾经当选过。也许可以这样做，但选举制在这两个原则之间采取了一种折中的做法，由此导致了一些潜在的自相矛盾的后果。相反，强制性职位轮替和抽签制的结合则完全不会产生这种风险：强制推行职位轮替并不会干扰抽签逻辑。雅典人意识到选举原则和职位轮替原则的潜在冲突，这是为什么没有制度禁止选举产生的执政官可以由同一个人连续担任。禁止制度仅仅适用于抽签产生的执政官。在雅典民主制里，抽签选官所表达的首要目标是职位轮替。

其次，职位轮替和抽签制的制度组合也源于对公职职业化的深刻怀疑。大部分执政官、所有的议事员和法官都不是职业工作者，而是和其他人一样的普通公民。雅典人承认某些情况下专门职业能力的必要性，但一般的观点是与此相反的：他们认为所有的公职都可以被非专业人士履行，除非有明确的理由否定这一点。专家缺席政府机关，或者说在任何情况下他们的角色都非常有限，是为了使公共权力掌握在普通公民手里[①]。

---

① E. S. Staveley, *Greek and Roman Voting*, op. cit., p. 55.

第一章 直接民主与代表：雅典统治者的产生方式

雅典人认为如果专业人士入职政府，他们将在政府中产生压倒性影响。雅典人可能在直觉上认为，在一个集体行动组织中，拥有其他人不具备的知识和能力这一事实本身就已构成一种权力来源，它使有能力的人比没有能力的人更具优势，无论他们各自的权力是如何被正式定义的。职业性议事会与执政官和公民大会比较起来会占上风，法院里专家的出现也会减少其他法官的影响力。历史学家经常说抽签制的主要目标是削弱执政官的权力[1]。但这个解释比较含糊且仅符合抽签制的用途之一，即严格意义上的执政官的选择。实际上，抽签对职位或者说对权力的正式界定并不产生影响。执政官的正式权力当然是有限的，但这首先是因为执政官受公民大会和法庭的长期监督。因此，更确切地说，抽签选官保证的是担任执政官职的公民不会因为被授予特殊职能而享有额外权力。另一方面，显然，通过抽签来任命法官并不是要削减法院的正式权力：法院的特征赋予了他们明确的至高无上的权力。这是为什么在分析雅典抽签制时将法院也考虑在内是如此重要。关于法院的具体案例，所有的法官通过抽签产生以及职业人士的完全缺席，其目的在于避免案件审判过程中专家的意见超越普通公民的意见。

最后一点，雅典民主派们认为民主和职业化之间存在着对立关系[2]。民主在于将最高的权力赋予单纯的个人，即普通的公民，雅典人称之为"*hoi idiotai*"。执政官在述职时经常援引他们缺乏职业能力以求其犯下的工作失误被原谅[3]。这种修辞策略的前提显然是听众认为普通公民担任执政官职是正常的且合法的。为了获取公众的好感，甚至一些演说家和政治领袖如德摩斯梯尼（Démosthène），

---

[1] 如 E. S. Staveley, *Greek and Roman Voting*, loc. cit., 以及 M. H. Hansen, *The Athenian Democracy in the Age of Demosthenes*, op. cit., pp. 84, 235–237 [trad. fr., pp. 112, 274–275]。

[2] M. H. Hansen, *The Athenian Democracy in the Age of Demosthenes*, op. cit., p. 308 [trad. fr., pp. 351–352]。

[3] Ibid., p. 308 [trad. fr., p. 352]。

有时，特别是在其政治生涯初期，也自称是"一个普通的人，你们众多人中的一员"(*idiotès kai pollônhumônheis*)①。

通过普罗泰戈拉（Protagoras）之口，柏拉图描述的那个神话很可能是民主思想最重要的元素之一。柏拉图也许对民主没有任何好感，但他将普罗泰戈拉视作敌手，因此需要对后者的观点进行反驳。然而，他好像对伯里克利的这位诡辩家朋友表示出某种尊重。尤其是为了使反驳变得更轻松容易，他赋予普罗泰戈拉的言论和雅典民主的实践是如此的一致，以至于使事实本身被夸张扭曲了。在对话中，苏格拉底对公民大会在关于建造建筑或航船问题和就城邦治理进行协商时的巨大表现差异感到吃惊。在第一种情况下，公民大会邀请建筑师或者造船师参与辩论，如果某人在公众眼里不是技工却擅自发言，听众会嘲笑他并会引发大会骚乱。相反，当涉及城邦的一般事务时，"可以看到人们站起来发言，建筑师、工匠、皮革工、商人和水手，富人和穷人、贵族和平民，都毫无二致，没有人会当面谴责他们是不称职的"。②普罗泰戈拉通过一个神话来做出回应，以为雅典人的民主实践做辩护。他说，宙斯认为政治的美德是其为所有人共享，因为如果它只归属于某些人，像技术职能那样，城邦不可能留存，它们将在冲突中走向分裂，它们的成员四分五裂，而人类也将灭亡③。普罗泰戈拉的神话是对"Isègoria"原则的辩护：关于政府事务，无论谁，任何人，都具备足够的能力使他们的观点至少得到倾听。

抽签另一方面是和平等原则相联系的，但这种关联解读起来很困难。关于两者的联系，当代历史学家们的看法并不一致。部分人，如摩西斯-芬利（Moses Finley），认为抽签对于雅典民主派们

---

① Démosthème, *Prologues*, XII. 在某些版本 Prologue 的对应编号是 XIII。
② Platon, *Protagoras*, 319 d.
③ Ibid. -, 322 c 1 - 323 a 4.

而言，体现了一种宝贵的平等民主精神①。另一些人，如汉森，则称这尤其是那些对民主怀有敌意的时代作者，如柏拉图、亚里士多德或者伊索克拉底（Isocrate）而不是雅典的民主派们将抽签和民主平等理念联系起来的。汉森还强调，这几位作者赋予民主派们的平等理念和雅典民主的实际运作情况并不相符②。

汉森的观点很难让人赞同，从概念层面审视，其论证也很脆弱。为了支撑他的论点，汉森使用了当代两个相互区别的平等概念：一是结果平等，意指个体间对所有事物的获得等份；二是机会平等，意指每个人的起点平等，分配结果则取决于个人禀赋③。汉森进而指出，雅典民主派真正捍卫的平等概念并不是结果平等。他们并不追求所有人对所有事物的获得等份，尽管亚里士多德曾如是说。但抽签也不涉及机会平等，因为权力分配不是以才能为依据的。汉森以此推论抽签制也不能证明是一种结果平等。因为这不是雅典民主派所支持的平等理念，汉森因此得出结论说民主派对抽签制的捍卫并不是出于平等初衷。

这个推断成立的前提是结果平等和机会平等的区别能够概括我们今天所有已知的关于平等的概念。才能在抽签分配机制中不起任何作用，但也不能由此推论说抽签涉及结果平等。抽签所体现的平等理念可能既不是结果平等，也不是现代意义上的机会平等。

实际上，汉森自己也承认，不仅仅是民主制的批评文献对抽签的平等特征进行了特别强调，希罗多德（Herodotus）在《宪法之争》（也许，这里并没有涉及雅典的情况）里——但尤其是德摩斯梯尼（Demosthenes）——对该问题均有论述，后者对民主既没有

---

① M. Finley, "The Freedom of the Citizen in the Greek World", *Talanta*, *Proceedings of the Dutch Archaeological and Historical Society*, Vol. VII, 1975, pp. 9, 13.

② M. H. Hansen, *The Athenian Democracy in the Age of Demosthenes*, op. cit., pp. 81 – 85 [trad. fr., pp. 109 – 113].

③ Ibid., p. 81 [trad. fr., pp. 109 – 110].

▶▶ 代议制政府的原则

敌意，对雅典政治文化也不是一点不了解①。因此，我们似乎应该将抽签视作一种独特的平等程序，问题在于弄清楚抽签涉及的是哪种复杂的平等概念。

希腊文化中有两种类型的平等：算术平等和几何平等。前者指集体成员对分配的事物（财产、荣誉或者权力）获得的份额平等；后者，即几何平等或者说比值平等，是对个体根据一定的标准进行评估或评判之后得出其实际价值，按比例分配与之相称的事物。即两个人，A 和 B，分别分给他们两份任何性质的东西，a 和 b。当 a 和 b 相等时这是算术平等，当个体的实际价值与获得的分配份额价值等同时这是几何平等（$A/B = a/b$）。

柏拉图在《法律篇》中关于算术平等和抽签的关系的那段话值得注意，他并没有简单地将抽签完全否定。《理想国》里柏拉图对民主的尖锐批评并不能完全反映他对民主的态度。《法律篇》中他所建议的政体是君主制和民主制的混合体，或者更确切地说在两种政体之间寻找一个平衡点②。已经有很多分析和评论尝试对柏拉图复杂的政治思想做出梳理。因是题外之话，我们这里不对相关论述做出解读。无论是《法律篇》反映了柏拉图的思想随着时间的变化而发生了演变，还是《对话录》的目的已经和《理想国》的目的有所区别，事实是，在其后期作品中，柏拉图并不局限于批评民主③。他并不热衷于这种政体，但他后期承认给予民主制度和民主

---

① 在宪法辩论中，倡导民主制的奥塔内斯（Otanès）将抽签选官制和政治平等联系起来（此处使用的词是 isonomiè）[Hérodote, Enquête, III, 80, 26]。至于德摩斯梯尼，在一份民事辩护词中，他说通过抽签获得公职对所有人而言是一件共同的平等的事情（koinou kai isou）[Démosthène, Contre Boeotos I, XXXIX, 11]。

② 例如，参见《法律篇》中的《雅典的外国人》那一段，作者的代言人是其为议事会成员任命方法的提议进行辩护："这种选举政体似乎在君主制和民主制之间提供了一条中间道路，政体始终需要保持在这两者之间。"（Lois, VI, 756e 8 - 9）

③ 关于《法律篇》在柏拉图全部政治思想中的地位解读，参阅 R. Morrow, *Plato's Cretan City, A Historical Interpretation of the Laws*, Princeton University Press, Princeton, 1960, 尤其参阅第五章, pp. 153 - 240。

第一章 直接民主与代表:雅典统治者的产生方式

思想某种程度上的存在地位也许是比较谨慎的做法。这种态度尤其体现在他关于抽签制的论述中。一个雅典的外国人（当是借外国人之口——译者）首先将平等区分为两种，"长度、重量和数量"上的平等以及"给予每个人根据其本性所需"的平等。第一种平等，他说，很容易通过抽签来实现，第二种，很神圣但也是真正的平等，需要借助于宙斯①。建邦者应该首先追求真正意义上和严格意义上的平等，即比值平等。外国人补充说，"不过，整个城邦有时不得不采用迂回的方式来表达这种平等，如果它想避免城邦里任何地方的叛乱活动的话：不要忘了公正和宽容从来都是对严格正义的十足扭曲；城邦也需要借助于抽签平等来预防人民不满（duskolias tôn pollôn heneka），这里是借用神意和好运气来指引抽签通往公正的最高境界"②。

亚里士多德对民主的敌意没有柏拉图那么强烈，他也将抽签和算术平等或者说数量平等联系起来③。并且，在他的正义理论部分，亚里士多德就算术平等和几何平等或者说比值平等的区别做出了更为详尽的哲学论述。亚里士多德认为正义的真正含义（即最为普世的含义）是几何平等，而当所有人被看作是绝对平等的或者在各个方面都是平等的时，这是算术平等，它只是几何平等的一种特定表现形式而已。如果确实认为 A 和 B 是绝对平等的（也就是说 $A/B=1$），按照比值正义实现分配上的 $a/b=1$，因此也就实现了算术平等 $a=b$④。亚里士多德说，民主派们认为，因为所有公民在起点上平等（所有公民都生而自由），他们因此在所有的方面也是平

---

① Platon, *Lois*, VI, 757b.
② Ibid., VI, 757d – e.
③ Aristote, *Politique*, VI, 2, 1317b 18 – 1318a 10.
④ Aristote, *Politique*, III, 9, 1287a 7 – 25; Voir aussi, *Ethique à Nicomaque*, 1131a 24 – 28. 也请参考 C. Castoriadis 对亚里士多德的正义理论的精妙分析:" Valeur, égalité, justice, politique: de Marx à Aristote et d'Aristote à nous ", in C. Castoriadis, *Les Carrefous du labyrinthe*, Paris, Le Seuil, 1978, pp. 249 – 316。

等的。所以，根据亚里士多德，算术平等是由民主思想下的正义观所导出的：民主派因为认为公民间是绝对平等的（或者说在所有方面都平等），因此将正义定义为"所有人所持在算术上平等"。① 尽管这个对正义概念的独特定义具有一定的普世性和真实性，但亚里士多德认为这种定义方法是错误的。他说，民主派的错误是不恰当地拓展了真实平等的范围：民主派把所有的公民视作平等，从某种程度上讲，这固然没有错，但他们由此推断说所有的公民在所有的方面都是平等的，这是错误的②。

伊索克拉底也将抽签和算术平等联系起来，但他很快就否定了这个概念，只是他的论证比较粗糙：算术平等导致分配给好人和坏人同样的东西。在他眼里几何平等唯一代表真正的正义③。

关键在于弄清楚抽签和算术平等的关系是否站得住脚，或者，这是否是一种通过将抽签定义为一种低等的平等和正义从而贬低抽签的手段。《法律篇》对这个问题有着重讨论，柏拉图承认应该给予民主派们这项宝贵的制度一定程度的重视，但对于亚里士多德而言，问题不仅仅在于建立和捍卫真正的正义思想，也在于分析和解释各地既存制度所反映出的不同类型的正义。

确实，在某种意义上，从字面意思来理解，雅典民主制下的抽签制并不完全意味着"所有人之算术平等"（*to ison ekhein apantas kat' arithmon*），只需对这句话稍作修改或者将其具体化便可理解亚里士多德本可以对雅典实践的特征总结得更为恰切。有一点首先

---

① Aristote, *Politique*, VI, 2, 1318 a 5.

② Aristote, *Politique*, III, 9, 1280a 7 - 25. 根据亚里士多德，寡头和贵族犯了一个对称性错误，他们理由确凿地认为公民间在某个点上是不平等的（如财富或美德），因此推理说城邦里的成员在所有方面都是不平等的（因此获得的份额也是不平等的）。根据这个推理，亚里士多德的结论似乎是，公民之间在某些方面是平等的，在另一些方面是不平等的，因此需要对其平等的方面和不平等的方面都加以重视。这个立场证明了亚里士多德对混合政体的偏好原因，混合政体混合了民主制和寡头制或者说贵族制双方的特征。

③ Isocrate, *Areopagitique*, VII, 20 - 23.

第一章　直接民主与代表：雅典统治者的产生方式

需要注意，前面虽然已经提及，不过在这里需要对它的重要性做出特别强调：抽签抽取的只是自愿者的名字，需要首先是"候选人"，早上到法院去申请把自己的名字放在抽签机器里。抽签因此并不是在所有公民中无一例外地进行的，而仅仅是在那些愿意担任公职的公民中进行。然而，如果认为抽签和自愿性存在着联系，核心的问题就凸显了：两者的组合所体现的平等理念和 Isègoria（公民大会上发言意愿平等及提交议案意愿平等）一致，这是民主政治文化的核心价值。无论是何种情况，它涉及保证无论谁，只要他有意愿，都有担任公职的机会。

亚里士多德的民主平等理念因此在某种意义上是不完整的，因为他忽略了自愿元素。但所有人的算术平等和所有自愿担任公职的人之间的算术平等并没有巨大的差别。并且，亚里士多德一般通过"等份"这个词汇来表达他的平等概念，这个词在希腊语中是一个被名词化了的中性形容词，意为"平等的某物"。因此将"某物"理解为行使权力的意愿并非不合理，那么在这种情况下，自愿制度也就被囊括在亚里士多德的平等概念里了：说抽签也是在向所有公民分配行使权力的意愿——如果他有这个意愿的话——也就是完全正确的了。

然而，需要从其他层面对抽签制中的"算术平等"概念做进一步的解释。实际上，当执政官、议事员和法官通过抽签产生时，不是所有的自愿者获得的权力都是一样的。尽管轮番执政（法官实行的是事实上的职位轮替，而执政官和议事员则是法律意义上的轮替）确实可以使任何自愿者在某天实现其愿望，担任他自愿所向的职位，但抽签是独立于轮番执政的，每次它只授予部分自愿者而不是所有明确表达其意愿的候选人以职位。在这个问题上，抽签区别于 Isègoria，所有的公民都可以在公民大会上发言并提交议案，如果他愿意的话。话语权和提案权在每个有意愿参与的公民中间平等分配。执政官和法官的职位分配却不是这样操作的，因为并不是所有的自愿者都能够获得这些职位。所以抽签平等分配的并不是权力，而是数学意义上获得权力的概率。

雅典人也许并不知道数学里的概率概念。这个概念在17世纪才出现。可能是帕斯卡（Pascal）或者费马（Fermat）发明的。偶然性的数学规律以及随机事件可以成为计算对象对于希腊思想而言是陌生的[①]。但对抽签的政治应用的思考很容易引发出一种直觉，即将其和数学意义上的机会平等联系起来，尽管我们缺乏将其概念化的工具。无论如何，抽签确实是按照数量对平等的某物进行分配，尽管根据数字来确定平等的确切性质不能被严格的理论化。数学状态在数量平等情况下，不能明确区分实际分配的份额平等和得到期许之物的概率平等。柏拉图和亚里士多德将抽签平等看作是实际份额分配平等。在这个意义上，但仅局限于该意义，他们对抽签的解读是错误的。

由抽签所实现的平等并不是现代意义上的机会平等，因为它对公职的分配并不是以才能和付出为原则的。它也不是我们所说的结果平等，因为它对所有人所分配的欲求之物的份额并不是平等的。但这种双重差异并不是说抽签与平等无关，因为它可能具有第三种含义，也是被当代正义理论所遗忘的：获取事物的概率平等。

相反，很难解释为什么亚里士多德将选举视作几何平等或者是比值平等的表现形式，那么此时，选举当是贵族或者寡头平等思想的一种表达。也许，在选举程序里，候选人间并不拥有平等担任公职的机会，他们当选与否取决于同胞眼中他们的成就，然而每个人的才能在他人眼中是有区别的。选举和亚里士多德的正义理念的近似之处是：财产、荣誉或者权力按照每个人经由一定的标准评定后的价值大小来进行分配。并且，雅典的选举实践证明，正如后人所

---

① 另外参考 S. Sambursky, "On the possible and the probable in Ancient Greece", in Osiris, *Commentationes de Scientiarum et eruditionis rationeque*, Vol. XII, Bruges, 1965, pp. 35 – 48。

注意到的，选举产生的执政官通常来自雅典社会的上层阶级。因此我们可以推断说选举和寡头制或者贵族制有某种密切的联系。亚里士多德的那句话也印证了这个推断。

但另一方面，在一个公民可以自由选举他所想要选举之人的制度下（雅典便是这种情况），客观的、固定的及被普遍认可的政治价值和功勋并不存在。每个公民按照自己认定的标准来选择某个候选人而不是其他人来担任执政官。担任执政官的概率取决于社会名望，但区别于通常所提及的寡头制或者贵族制的标准（财富或美德），名望完全听凭其他所有人的自由裁断。因此，当人民决定某个"任何人"比其他候选人更受欢迎时，没有什么可以阻止这种情况发生。这样一来，我们就不知道在自由选举制度下，为何所有公民并不拥有获得超人名望的同等机会。为了说明选举确实是一种贵族程序，也许需要说明，当人民参与选举时，既有的客观标准限制他们的选择，尽管投票是自由的，实际上他们并不能自由地将他们的选票投给任何人。亚里士多德没有说明这一点，也没有解释为何选举产生的执政官总是来自社会上层阶级。他对选举的贵族特征或者说寡头特征的直觉表述是值得肯定的，但同时也令人感到疑惑，难以解读。

上述内容可以总结为两点。第一，在所谓之直接民主体制下，公民大会并不行使所有的权力。雅典民主还赋予其他由有限人数构成的公共机构以重要的有时甚至高于公民大会的权力。但这些由有限公民构成的机构，基本上通过抽签产生。代议制政府从来没有通过抽签分配任何政治权力，这一事实表明代议政制和直接民主的区别在于统治机构的产生方式而不在于其构成人数的有限性。代议制不是指少数人代替人民来统治，而是指这些少数统治者无一例外地通过选举产生。

第二，与人们有时的认知相反，并且今天仍是这样，抽签在雅典民主制里并不是一种边缘性制度。相反，它体现了民主的多个根本价值。它轻而易举地解决了轮番执政的必要性问题。这反映了民主派们对政治职业化的深刻怀疑。尤其是抽签制保证了和 *Isègoria* 类似的民主效果，即平等发言的权利，这是民主制的最高原则之一。*Isègoria* 赋予所有希望参加公民大会的公民以同等份额的权力。抽签保证任何有意愿的普通公民以平等的概率担任由有限人数构成的公共职位。民主派们有一种直觉——其原因难辨——认为选举本身不能保证此类平等。

第二章　选举的胜利

和今天惯常的看法相反，抽签在政治上的使用并不是雅典民主的独有特征。在代议制政府建立之前，大部分政体在某种程度上都允许公民参与政权，而不是让世袭君主独自享有——共和体制曾按照一定的比例采用多种方式将抽签应用于政治生活。抽签在罗马民会中曾经发挥过一定的作用，尽管其作用有限。在佛罗伦萨，即马基雅维利的城邦、人文主义和共和思想再造的大本营，由抽签选任的执政官是共和政体的核心机构。最后，威尼斯，这个政体寿命让观察者为之着迷的"尊贵的共和国"，一直在采用某种抽签形式，直到1797年共和国垮台[1]。当崭新的代议制政府自我标榜共和制时（如美国在革命之初，法国从1792年开始），它们对共和传统做出了革新，却未赋予抽签任何政治地位。

然而，共和传统在十七八世纪的政治文化中充满生机。它在当时是一个重要的辩论话题[2]。而威尼斯共和国还尚未垮台。因此我们知道，当代议制政府被建立时，抽签在雅典以外的其他地方曾得到应用并且一直在应用。一些理论家对当时和曾经的共和制度经验进行了思考。

---

[1]　需要指出的是，威尼斯在公元697年就选举产生它的第一任总督。

[2]　在一本今日已被视作经典的著作里，约翰·波考克论述了意大利文艺复兴时共和传统的复兴与十七八世纪英国与美国政治辩论话题的联系。见 J. G. A. Pocock, *The Machiavellian Moment*, Princeton, Princeton University Press, 1975。

▶▶ **代议制政府的原则**

哈灵顿，威尼斯共和国的热忱倾慕者和马基雅维利的殷勤读者，曾尝试在共和传统里寻找可以用来指导未来自由政府形式的政体模式。至于孟德斯鸠，则下结论说共和制是旧式政府，未来政府的形式要么是君主制要么是近似于英国的政制模式。但他对罗马政体着迷，这个结论是他在对共和政体做出缜密研究后的一种怀旧情感表现。最后，卢梭喜欢重申他生来就是共和国的公民，尽管他为日内瓦当局所不容，他对故土的制度却饱含明确的深情和关怀。他曾经作为法国驻威尼斯大使秘书在那里居住过，对共和政体也有所了解。他对罗马共和国充满热情，甚至说共和政体绝对是唯一合法的政体①。这些作者对共和传统是如此了解，他们不认为抽签有何奇特之处，从而需要在希腊独特的文化特征中寻找解释，抽签是一种在其他文化和政体中也可对其进行普遍性描述和分析的制度。对他们而言，抽签和选举一样是一种著名的非世袭制权力移交方法，他们对这两种制度的特征和影响进行了比较。

共和政体一般要么同时采用这两种程序要么在两者之间摇摆不定。罗马和威尼斯的主要制度形式是选举。威尼斯政权在17世纪和18世纪甚至被视作选举式共和政体的典范。佛罗伦萨共和国曾经一度在抽签和选举之间反复摇摆，曾经是这两种统治者产生方式的各自优点的辩论舞台。

通过拉近比较这两种实践，哈灵顿、孟德斯鸠和卢梭继承了共和传统。但他们关于抽签和选举的思考今天被视作偶然而发的议论，当代评论者们并未对之加以关注。但没有任何理由允许我们认为哈灵顿、孟德斯鸠和卢梭把他们对抽签和选举的观察看作是不重要的，否则我们对自己历史文化的观照就缺乏思考。尤其是这些作

---

① 卢梭在1743年9月和1744年8月之间曾经担任法国驻威尼斯大使蒙泰古伯爵的秘书。他以这个身份撰写了一系列外交笔记，即《威尼斯文书录》。Voir J. J. Rousseau, *Oeuvres complètes*, Vol. III, Paris, Gallimard, 1964, pp. 1045–1234.

者的思考毫无疑问证明这两种统治者产生方式的区别在 17 世纪和 18 世纪时是比较突出的。当时的启蒙者对两种程序属性的一般特征做出了区别。建立代议制政府的那些有教养的精英不可能不清楚这些区别。这也许为他们当时决定现代代议政治完全以选举为基础的信仰和目标带来了一些启发。

一 共和传统里的抽签与选举:历史经验

罗马

罗马从不曾自称是民主政制。一个熟知希腊政治思想中政体分类法的分析家在对罗马政制进行分类时,他不会使用民主这个概念。因此,波利比乌斯(Polybe),这个公元前 2 世纪曾在罗马生活的希腊文化作家,将罗马政府视为一种混合政制或混合宪政(*memigmenè politeia*),而不是一种民主政制。波利比乌斯说,罗马政府糅合了君主制、贵族制和民主制的特征。行政官和执政官是君主制元素,元老院是贵族制元素,人民大会(民会)是民主制元素。根据波利比乌斯,这三种制度间的平衡使罗马政制特别稳定。这三种权力相互限制、相互制衡避免了任何简单政体(君主制、贵族制和民主制)都会遭遇到的权力滥用,而权力滥用使简单政体走向退化,然后被另一种政体所取代,以此类推,政体更替无休无止(*anakuklosis tôn politeiôn*)[①]。

波利比乌斯的分析今天仍然是认识罗马政制的主要信息来源。但尤其是它对罗马政治思想本身也产生了广泛的影响。波利比乌斯的著作在罗马获得了巨大的成功。罗马人接受了这个希腊观察者对他们的制度的分类方法。西塞罗的主要政治著作——《论共和国》

---

① Polibe, *Histoires*, VI, ch. 10, 1 – 14 et ch. 11 – 18.

《论法律》和《论演说家》均受到波利比乌斯思想的影响①。

波利比乌斯的影响也在罗马政制在共和传统里的代表性中得到体现,他尤其是对意大利文艺复兴时期的政治作家产生了重要影响。例如,一个典型的例子是马基雅维利在其为了重新激起人们对罗马共和国兴趣的著作——《论提托·李维前十书》中几乎一字不差地重述了波利比乌斯关于罗马政体稳定性的解释②。马基雅维利和波利比乌斯都认为,共和国最显著的成功之处在很大程度上是因为它是一个混合政体。混合政府的概念在今天已差不多被遗忘了。但它却在西方政治思想形成过程中扮演了重要的角色。正是为了反对它,布丹和霍布斯建立了主权不可分割的现代理论③。无论如何,在宪政理论中,罗马政体被认为是混合政府或者说混合共和制的一种而不是民主制的一种,这一点当然不是无关紧要的。

今天的历史学家将罗马政治体制视作一种等级共和制。罗马公民根据一定的等级和阶级秩序进行身份划分,并定期在人口普查后进行调整。财产不是人口普查官认定公民身份等级地位的唯一标准。身体(由于军事原因)、道德和社会等级也是确定公民身份的标准,但财富起着决定性的作用。这种人口等级制度决定着公民的权力参与程度。

一方面,确实,即使最贫穷的公民也有投票权,但因为团体投票制度,在民会里他们的票数和富人的票数不具有同等分量。最终计算的投票单位不是直接的个人,而是他们所属的团体。每个团体的选票显然是其内部个体投票的结果,但每个集体单位的选票对决策的影响程度是一样的,它只有一票,无论其规模大小。决定结果

---

① 见 C. Nicolat, *Le Métier de citoyen dans la Rome antique*, Paris, Gallimard, 1978, pp. 282 – 288。

② *Discours sur la Première Décade de Tite-Live*, Livre I, ch. 2, in Machiavel, *Oeuvres complètes*, Paris, Gallimard, 1952, pp. 383 – 386。

③ 关于混合政体概念的历史演变,参阅 W. Nippel, *Mischverfassungstheorie und Verfassungsrealität in Antike und FrüherNeuzeit*, Stuttgart, Klett-Cotta, 1980。

的选票单位如果是选举百人团民会就是百人团（军队和纳税单位）①，如果是选举特里布斯（tribus）民会就是特里布斯（地理单位）。有产阶级的优势在百人团民会里特别明显，因为下层阶级百人团里的公民数量比上层阶级百人团里的公民数量要多（相反，特里布斯民会则具有平民特征）。

另一方面，执政官是预留给上层纳税阶级的特权。唯有从属于骑士阶层才能就任某种执政职位（也许护民官除外），并且，因为元老必须是上届执政官，元老院里的职位因此也是预留给骑士阶层的特权。

大部分执政官通过选举产生（专制时代除外）。没有任何执政官的职位是通过抽签产生的。特里布斯民会（特里布斯百人团）选举产生低级执政官和护民官。人民通过百人团大会（百人团民会）选举高级执政官（行政官、司法官、监察官）。因此可以说，为了尽可能简短地概括共和时期这个不断演变的复杂的制度，在古罗马，人民选举产生执政官，但自己不能担任这些职位。因为定期进行人口普查，代际间的社会和政治流动是有可能的。如果下层阶级公民后代的财富和地位得到提升的话，他们是有可能担任执政官职位的。但每次选举时下层阶级只是有权力在从属于上层阶级的候选人中间做选择。

人民不只是选举执政官，他们也对法律进行投票，审判一些案件。大部分法律由特里布斯民会投票通过，后者被今天的历史学家视作平民的主要权力机构。但需要指出的是只有执政官才有提案权。罗马的人民大会只有在执政官的主持下才能开启运作。总是由执政官召集会议，表述别人向他提出的问题。克洛德-尼克莱

---

① 每个百人团对城邦生活的贡献被视作一致的：每个百人团都应提供相同数量的男性征募士兵，相同的纳税比例，在民会中都拥有一票决策权。Voir C. Nicolet, *Rome et la conquête du monde méditerranéen*, 264–27 av. J.-C., tome I, *Les structures de l'Italie romaine*, Paris P. UF., 1979, p. 342.

▶▶ 代议制政府的原则

(Claude Nicolet)写道:"人民所有的决策只是一种答复。"① 罗马政制因此含有直接民主的元素,但创制权不是"任何人"都可以掌握的。

尽管执政官毫无例外地通过选举任命,但人民大会里也会出现抽签的情况。抽签制的使用在一个纳税制和十足的寡头制下会呈现出什么特征?具有哪些意义呢?抽签用来决定百人团民会里和特里布斯民会里谁最先投票,哪里最早开票②。在百人团民会里,通过抽签来决定哪个百人团最先投票。这个百人团以"特权百人团"而闻名。关于特权百人团里抽签制的意义和影响,历史提供的信息很多。

百人团民会由来自五个纳税阶层的193个百人团组成。因为两个原因,使有产阶层在百人团民会中占据主导地位。一方面,由18个骑士百人团和80个一等步兵百人团组成的一等阶级独自拥有绝大部分选票(98/193)。另一方面,我们知道,百人团的规模大小是不一样的,上层纳税等级的公民数量比下层的要少。百人团根据纳税等级次序来投票,开票顺序也依次进行。绝大多数一旦形成投票就结束。因此,如果上层阶级百人团的投票方向一致,那么不等下层阶级开始投票就可形成绝大多数了。后者只有在最上层阶级出现分歧或者选票分散的情况下才能在最终结果中扮演一定的角色。因此可以说,平民阶层在有产阶层发生冲突和分裂的情况时拥有一种仲裁权力。这个制度明显督促上层阶级注意保持一定程度的政治凝聚力。

公元前3世纪末2世纪初,百人团民会经历了一场重要的改

---

① C. Nicolat, *Le Métier de citoyen dans la Rome antique*, op. cit., p. 345.
② 关于罗马民会的一般组织方法和程序,见 L. Ross Talor, *Roman Voting Assemblies from the Hannibalic War to the Dictatorship of Caesar*, The University of Michigan Press, Ann Harbor, 1966; E. S. Staveley, *Greek and Roman Voting*, Cornell University Press, Ithaca, 1972; C. Nicolat, *Le Métier de citoyen dans la Rome antique*, op. cit.; C. Nicolat, *Rome et la conquête du monde méditerranéen*, 264 – 27 av. J. – C., op. cit.。

第二章 选举的胜利

革。一等步兵百人团的数量从80个降到了70个，骑士百人团的数量还是18个，这样一来就需要再添加8个二等纳税阶级百人团的选票才能形成绝大多数。另一方面，特权百人团抽签制正是在这个时期建立的。改革前，18个骑士百人团首先投票。他们可能一起被称作 primo vocatae，第一投票者。改革后，只有一个百人团被要求首先投票（特权百人团名称的来源）。特权百人团在一等步兵百人团中通过抽签产生。投票结果会立马公开，不等其他百人团按照纳税等级次序开始投票（骑士百人团首先投票，然后是一等步兵百人团，以此类推）。

特权百人团通过抽签产生使其投票结果显得是一种预兆，是神的旨意。这个开幕投票不仅被视作最终结果的一种信号宣示或客观预测，也被视作宗教规定需遵循的指令①。特权百人团的决定因此对后续的投票实施了一种示范效应。

当代历史学家一致认为特权百人团及其抽签选择方式是一种有利于民会统一和谐的制度。他们中的一些人强调该制度有助于维持上层纳税阶级百人团间的政治凝聚力②。另一些人则着重指出它对全体民会的统一效应③。考虑到投票的先后组织顺序以及不同阶级百人团各自的票数，我们可以认为统一效应先后表现出两种不同的方式。对于一等阶级百人团而言，特权百人团的投票构成协调他们

---

① 迈耶（C. Meier）在一篇以"Praerogativa Centuria" Paulys Realencyclopädie der classischen Altertumwissenschafts［通常被称作是 Pauly Wissowa 百科全书］命题的研究中对这一点做了重点强调, Supplementband VIII, Stuttgart, 1956, pp. 568 – 598（具体关于这一点，见 pp. 595 – 596）。特权百人团的投票所具有的宗教意义好像在文献中得到确凿证明，并且得到当代所有历史学家的认可。例如，参见 L. Ross Talor, *Roman Voting Assemblies*, op. cit., pp. 70 – 74；C. Nicolat, *Le Métier de citoyen dans la Rome antique*, op. cit., pp. 348, 355。

② 例如，C. Meier, "Praerogativa Centuria", art. cit., pp. 583 – 584, E. S. Staveley, *Greek and Roman Voting*, op. cit., p. 155。

③ 因此例如，克洛德 – 尼克莱指出，古罗马的作者们对特权百人团制度的解释略微有差异。但这些解释一致认为特权百人团的开幕投票有助于民会内部的票数整合。Voir C. Nicolat, *Le Métier de citoyen dans la Rome antique*, op. cit., p. 355。

▶▶ 代议制政府的原则

选票的聚焦点。具有宗教色彩的集合点的存在强化了他们在百人团民会中的优势地位：如果一等百人团（以及8个二等百人团）和特权百人团的投票对象一致，最终的结果还是掌握在他们手中，处于等级秩序中的其他百人团就不能投票了，因为绝大多数已经形成。相反，上等阶级百人团选票的分散会使决定性投票转移到下等阶级百人团的手中。抽签与宗教价值使特权百人团的投票能够预防和减少选举可能带来的会削弱有产阶级间的纠纷与对抗①。抽签的中立性（以及它的宗教维度）更是强化了集合点的效能：上等阶级百人团不会反感追随开幕投票所示范的公开选择，至少在部分程度上开幕投票是由一个中立的、公正的、超越内部分歧的机构所做出的②。相反，对于下层阶级百人团而言，抽签的统一效应一般来说在本质上稍有不同。如果说上等阶级的选票追随了特权百人团投票所显示的神的旨意，而通常情况下层阶级百人团没有投票，但因为最终的结果被视作一种中立现象所带来的后果以及是神的指示，这就有利于没有参加投票的人接受这一结果。

特里布斯民会也采用抽签，尽管它的运作并非广为人知。在特里布斯民会里，抽签有时用来进行立法和司法决策（法律投票和某些案件审判），有时用来履行选举功能（下级执政官的选举），用途不同，抽签的使用方法也不同。在特里布斯民会的立法和司法会议中，特里布斯依次投票，因此需要决定哪个民会首先投票，其他民会根据固定的次序依次投票，这个次序好像是不为人知的，但我们知道它不是按照等级顺序来的。抽签因此在事实上决定特里布斯投票顺序的起始点。首先投票的特里布通过一个特殊术语来表示区别，在某种程度上等同于百人团民会里的特权百人团③。每个特里

---

① C. Meier, "Praerogativa Centuria", art. cit., p. 584.
② 抽签的中立性所产生的统一效应尤其得到了 E. S. Staveley 的强调，*Greek and Roman Voting*, op. cit., p. 155。
③ C. Nicolat, *Le Métier de citoyen dans la Rome antique*, op. cit., pp. 383 – 384.

布的投票结果在投票结束后很快公布，即使其他特里布的投票还在继续。一旦法律提案或者案件审判被绝大多数特里布（18票，因为共有35个特里布）赞同或否定，投票立即结束。因此，对于特里布斯民会里的立法和司法投票而言，抽签应是起到了和百人团民会里的情况一样的效果：抽签的宗教意义和中立性有利于围绕着第一份投票整合选票，另一方面，也有助于没有参加投票的特里布接受投票结果。不过，和百人团民会里的情形不同，凝聚效应对一些特殊阶层不起作用。

当特里布斯民会选举执政官时，特里布的投票是同时进行的。因此无须决定哪个特里布首先投票。但抽签用来决定哪个特里布首先开票。候选人一旦获得18票即宣布当选，开票工作随即停止。因为投票程序的一些特殊做法，开票顺序并非一点也不重要：如果所有选票最终都得到计算的话，它可能导致宣布当选的候选人的选票比另一候选人少。这里，抽签的宗教性质和中立性再次扮演了重要角色：它有助于使那些没有开票的特里布接受投票结果。

因此，区别于雅典人，罗马人对抽签的使用不是因为其平等特征。在罗马纳税共和制下，鉴于其中立性和被赋予的宗教性质，抽签是为了在有产阶级和全体人民间整合选票，促进政治凝聚力。

意大利诸共和国

形成于十一二世纪的意大利的早期城市采用抽签制来任命他们的执政官[①]。最初，执政官和议事会成员的挑选方法具有试验性质且多次变化。不过有三种方法好像被经常使用：间接选举、由卸任执政官（或议事会成员）指定、抽签，后者经常被称作"抽签选举"。丹尼尔·沃利写道："间接选举和抽签的目的是一样的，即防

[①] 关于意大利市镇的总体情况，见 D. Waley, *The Italian City Republics*, 1969, 3^e ed., Londres, 1988。

止城市的政治生活被家族势力所控制，防止总是他们自己的成员当选，权力得不到更替。"① 纵观意大利共和国的全部历史，派系问题始终在政治舞台上占据主导地位。在公民眼里担任公职的价值非同寻常。他们没有一刻不在设法获得执政官职所带来的"荣耀和好处"，派系之间的冲突基本上是围绕着职位分配展开的。这种渴求获得执政官职位的愿望当然应该被理解为是公民人文主义的表现，这种理念认为政治参与是人类最高美德或者是其卓越之处的表现形式之一。意大利的城邦文化赋予了亚里士多德所谓人类天生是政治动物之思想以现实血肉②。不过也需指出，渴求获得公职的激情同时孕育着派系冲突。意大利诸共和国的历史也可以被看作是因对公共职位的贪婪渴求而导致的一部苦难史。

为了克服派系斗争所带来的破坏性后果，13世纪初大部分市镇设立了波德斯塔官，即唯一行政法官，具体掌管司法权力和承担维护公共秩序的职责。一个热那亚编年史作者在1190年这样写道："**因为众多公民相互妒忌、热切争夺**以成为城里的行政长官，**民间不和、充满憎恨的阴谋和分歧**弥漫了城市。因此，城市的长老和议事会理事们集体决定，从下一年开始，结束执政官制度，而几乎是所有人都同意设立一个波德斯塔官③。"波德斯塔官最显著的特征是他必须来自其他城市，最好不要来自附近城市。这是为了保证他在"冲突和阴谋里保持中立"④。意大利早期城市对抽签方法的使用需要在这样一个背景下来加以理解。

在波德斯塔制度和抽签实践之间呈现出一种显著的形式上的近似性，尽管波德斯塔官是由选举产生而非抽签。这两种制度的共同

---

① D. Waley, *The Italian City Republics*, op. cit., p. 37.

② J. G. APocock 在 *The Machiavellian Moment*, op. cit., passim 一书里对这一点做了总体性阐释。

③ D. Waley, *The Italian City Republics*, op. cit., p. 41. 强调格式是笔者做出的。

④ Ibid..

第二章 选举的胜利

之处是它们都诉诸一个外部机制来解决派系冲突。在意大利诸城邦，抽签的本质属性应该是它将公职的分配交给一个外部机构，这样对于各派系而言就是中立的。一方面，通过抽签所形成的结果更容易被各竞争派系所接受，因为人们无法怀疑这个机制的中立性；另一方面，可以这么说，因为结果的裁定交给了一个非人类所能触及的实体，所有试图影响结果的企图都是徒劳无益的，因此就能阻止因公开竞争性选举所带来的分裂。因此产生可以认为，抽签实践和波德斯塔制度是同一原则的不同制度表现，即外部性的调节作用。无论如何，里昂纳多-布鲁尼（Leonardo Bruni）对14世纪时佛罗伦萨引入抽签制的评论证实了抽签在一个世纪后被视作派系问题的一个解决之道，无论它最初的采用理由是否如此。布鲁尼写道："经验证明这个方法（通过抽签来任命执政官）有助于消除选举过程中竞争公民间经常爆发的斗争……"① 不过在同一段话中，布鲁尼批评了对抽签方法的使用，理由是在选举过程中当公民被迫相互对立时，他们"将其声誉置于公开的质疑中"。因此他们被督促在社会生活中表现良好，以赢得同胞的尊重。布鲁尼遗憾地指出，当公共职位的候选人通过抽签任命，这种督促作用也就自然而然地消失了。但这个最终指责更加凸显了布鲁尼所认可的抽签制的主要优点。

寻求外部中立的机制来分配公职似乎是意大利共和国的固有元素。稍后在弗朗切斯科-圭恰迪尼（Francesco Guicciardini）的《洛格罗尼奥演讲》（1512）中还可以找到另一个例子。对佛罗伦萨政府做出思考后，圭恰迪尼建议增加佛罗伦萨大议事会（Grand conseil）（任命执政官的机构）里公民的数量。圭恰迪尼的建议内容及其理由论证值得予以特别关注。实际上圭恰迪尼建议让一些不

---

① Leonardo Bruni, *Historiarum florentini populi libri XII* [1415–1421], 引自 J. Najemy, *Corporatism and Consensus in Florentine Electoral Politics* 1280–1400, Chapel Hill, 1982, pp. 313–314。

> 代议制政府的原则

具备公职被选举资格的公民进入大议事会。他说，这些公民是公正的裁判，他们的判断不会因为个人的野心而受到影响①。根据圭恰迪尼，在选民自己可以当选的情况下选举构成分裂因素。个人利益和派系斗争占主导地位，因为每个人既是法官又是利益方。圭恰迪尼总结说，为了促进对公共利益的关心，公民和竞选结果应该没有任何直接个人利益。他们只能是从外部比较候选人各自优点的裁判员。和布鲁尼一样，圭恰迪尼并不支持抽签，他偏向于选举。但通过这个机制，他试图糅合选举的有益效果和外部主体的公正性和中立立场。圭恰迪尼论证后的建议是非常出色的，首先其惊人之处是扩大了投票权。但他尤其指出，通常情况下中立性和外部性是派系问题的解决之道。有充分的理由相信，这是抽签制在意大利中世纪共和国两个最重要的特征。

佛罗伦萨

佛罗伦萨的宪政历史更准确地演绎了抽签的不同应用途径②。在共和国时期，佛罗伦萨人用抽签来挑选不同的执政官和领主官（Signoria）成员。实际上，佛罗伦萨的制度在 14—16 世纪经历了一些演变和断裂，有必要对其做一个快速的年代梳理。

可以简要地将共和国历史分为两个阶段。第一段时期从 1328

---

① "Del modo di ordinare il governo popolare" [1512]（这篇文字一般被称作"Discorso di Logrogno"）, in F. Guicciardini, *Dialogo e discorsi del Regimento di Firenze*, a cura di R. Palmarocchi, Bari, Laterza, 1931, pp. 224 – 225.

② 关于佛罗伦萨，见 N. Rubinstein, "I primi anni del Consiglio Maggiori di Firenze" (1494 – 1499), Archivio Storico Italiano, 1954, 403 – 404, pp. 151 sqq., pp. 321 sqq.; N. Rubinstein, "Politics and constitution in Florence at the end of the fifteenth century", in E. F. Jacob (ed.), *Italian Renaissance Studies*, New York, 1960; G. Brucker, *Florentine Politics and Society* 1342 – 1378, Princeton, 1962; N. Rubinstein, "Florentine constitutionalism and Medicis ascendency in the fifteenth century", in N. Rubinstein (ed.), *Florentine Studies. Politics and society in Renaissance Florence*, Evanston, 1968; G. Brucker, *The Civic World of Renaissance Florence*, Princeton, 1977; J. Najemy, *Corporatism and Consensus in Florentine Electoral Politics* 1280 – 1400, *op. cit*。

年到 1434 年。佛罗伦萨共和国从 13 世纪起就存在了，但最重要的改革发生于 1328 年，直到 1434 年美第奇家族首次获得权力，共和国制度体系才艰难地得到稳固。从 1434 年到 1494 年，美第奇政权维持了共和制度的表面结构，实际上他们是通过家族的拥护者和一系列的诡计来控制政府的。并且，一般来说在这 60 年间运作的政权没有被视作共和制。1494 年革命后共和国得到重生，萨佛那罗拉（Savonarole）发挥了主要作用，共和制幸存到 1512 年。这一年，美第奇家族再次获得权力，又统治佛罗伦萨 15 年。在 1527 年到 1530 年间，共和国曾短暂得到恢复，之后被世袭制政府所取代，永远地消失了，托斯卡纳（Toscane）公国落到了美第奇家族手中。为了简化分析，我们这里认为 1494—1512 年和 1257—1530 年的制度可以一起被称为是第二共和体制[①]。

在第一和第二共和国，执政官的选择首先需要经过批准投票。那些得票超过固定门槛的人的名字被放在袋子里，接着在袋子里随机抽取名字决定由谁来担任执政官（尤其是：9 名领主官，12 贤人团成员，16 名旗手团成员，佛罗伦萨不同街区的执政官）。批准投票是秘密进行的。只有经过预选委员会挑选后的名字才能提交给批准投票，其成员被称作任命者。预选和批准投票的方式将第一共和和第二共和时期的制度区别开来。

另一方面，在两个共和时期，有种机制安排保障了公职的轮替，即禁止制度。它禁止在特定时期内同一职位先后几次分配给同一个人或者同一个家庭中的成员。领主官成员每两个月更换一次，其他执政官的任期稍微长一点。因此我们在佛罗伦萨共和国发现了抽签制和公职轮替制度的组合，这正是雅典民主的特征。

---

① 关于第二共和体制的最佳信息材料，见 Donato Giannotti, "Discorso intorno alla forma della republica di Firenze" [1549], in Giannotti, *Opere Politiche e Letterarie*, 2 Vol., Firenze, Le Monnier, 1850, Vol. 1, pp. 17–29。

▶ 代议制政府的原则

在 14 世纪,一部分执政官的职位被贵族、大商人家庭和大行会的领导者所控制。不属于贵族阶层(比如商人和中产工匠)的公民可以获得通过抽签产生的执政官位(所有候选人的名字都被放在袋子里),但前提条件是得到财富贵族和世袭贵族的提名。实际上,贵族在预选委员会(les nominatori)里占据主导地位,这个机构确定提交给批准投票的名单①。相反,批准投票所通过和否定的名字是公开的。抽签产生的公民投票选举出 100 名成员(被称作 arrotti)②。因此批准投票之后最终放在袋子里的名字经历了两道批准程序,贵族批准和公民批准。

这个复杂的制度在 14 世纪末被认为是保证了执政官选择的公正性,防止了派系斗争。它的复杂性甚至看起来使其免于个人和家族的操纵:没有人能够控制这个程序的所有阶段,也不能按照他自己的意思来操纵结果③。作为一个中立和不可操纵的机制,抽签制在最后阶段的引入大大有利于创造一种公正情感。在这一点,佛罗伦萨和意大利其他的共和国毫无二致。

不过,佛罗伦萨的经验揭示了抽签制的另一维度。佛罗伦萨第一次使用抽签程序是在 1291 年,但第一次试验为期很短。构成佛

---

① 14 世纪预选委员会的组成得到了 J. Najemy 的详细分析, *Corporatism and Consensus in Florentine Electoral Politics*, op. cit., p. 122。14 世纪,任命者提交给批准投票的名字可以在佛罗伦萨所有公民中间选取而不受限制,也就是说在所有纳税的成年男子中间选取(只有他们才被视作完全意义上的公民,其他人仅被视作"佛罗伦萨的居民")。14 世纪佛罗伦萨的人口总数介于 50000—90000(包括妇女和孩子),cf. J. Najemy, *Corporatism and Consensus in Florentine Electoral Politics*, op. cit., p. 177。1350 年,大约有 3500 个名字被提交给批准投票。1382 年,提交给批准投票的名字总数达到 5350,1433 年,即美第奇家族首次获取政权的前一年,这个数字达到 6354(cf. J. Najemy, *Corporatism and Consensus in Florentine Electoral Politics*, op. cit., pp. 177, 273, 275)。

② 在 12 个大行会中抽签产生 12 名执政官,在前期投票已经被批准的名单中抽取 55 名公民担任不同的职位(长老,12 贤人,旗手);这 67 名通过抽签产生的人接着选举产生 100 名选民参加批准投票。关于 14 世纪批准投票机构成员构成,见 J. Najemy, *Corporatism and Consensus in Florentine Electoral Politics*, op. cit., p. 122。

③ J. Najemy, *Corporatism and Consensus in Florentine Electoral Politics*, op. cit., pp. 211 – 212.

罗伦萨共和制基石的批准投票和抽签制的制度组合实际上是由1328年的条例所建立。新条例的序言这样描述改革的目的（包括抽签的使用）："佛罗伦萨的公民能够**平等地**出来接受荣誉［公共职位］，因为鉴于他们的生活和习俗，他们是守法的好公民，他们将相互认为是有道德有能力的人。"① 佛罗伦萨人和雅典人一样都不希望被无能的和不称职的人所统治。批准投票程序就是用来排除这些人的（当然，它也适用于支持用途）。在佛罗伦萨，因此是依托他人的判断，而不是个人根据可能性惩罚对自我能力的评估，来排除不称职的人。在所有被判断称职和能胜任某一职位的公民中（在批准投票时获得超过固定门槛选票的人），抽签被视作公正的分配方法。这是为什么1328年条例被认为更好地保证了公共职责获取方面的公正性，后来的观点也是如此②。不过，关于抽签制之公平特征的信仰不是一下子就可以建立起来的。抽签的属性和后果一直是讨论和质疑的对象，直到第二共和制建立后的前几年才结束，即15世纪晚期。

首先，尽管抽签的平等特征在1328年被明确指出，但其在1291年初次建立时并没有被提及这一点③。上文引述的布鲁尼的评论告诉我们，那时抽签更多地被视作一个外部和中立的机制，防止派系分裂。不过，1328年后，在14世纪，行会构成佛罗伦萨政治和社会系统中的一个平民机构元素，抽签得到了更广泛的使用④。然而，一个世纪后，在美第奇家族第一个统治时期（1434—1494）

---

① Cité in J. Najemy, *Corporatism and Consensus in Florentine Electoral Politics*, op. cit., p. 102. 强调格式是笔者做出的。

② 关于这一点，参见 N. Rubinstein, "Florentine constitutionalism and Medici Ascendency in the fifteenth century", art. cit., p. 451。

③ J. Najemy, *Corporatism and Consensus in Florentine Electoral Politics*, op. cit., pp. 31-32.

④ 梳毛工起义失败后，人民运动的一些领袖提议废除抽签制以避免任命仇视人民的领主贵族。结果是在咨询了行会后，行会没有同意这个提议。见 J. Najemy, *Corporatism and Consensus in Florentine Electoral Politics*, op. cit., pp. 257-259。

> 代议制政府的原则

结束后共和国重建时，关于抽签制的后果，又产生了新的质疑和犹豫。

1494 年革命后一个主要的革新是参照威尼斯的模式建立了大议事会。大议事会成员选举产生执政官，但成员自己也有被选举资格①。不过，提交给投票表决的名字预选制仍然被保留了下来，只是贵族失去了对该程序的控制权：任命者从此通过抽签在大议事会的成员中产生②。但最大的问题是如何确定大议事会里的投票程序。是保留在第一共和政制期间已经运作的批准投票制和抽签制的制度组合（所有获得超过固定门槛票数的人的名字被放在一个袋子里，抽签基于袋子里的名字进行），还是采取一种新的制度，不再使用抽签制，执政官职位分配给在投票中获得票数最多（le più fave）的人？③ 我们看到，第二种制度是选举制。因此围绕着选举和抽签的优点比较又展开了辩论。

1494 年革命和美第奇家族的颠覆得益于贵族和平民（下层阶级，包括手工艺人、小商人和作坊主）的联合。15 世纪最后几年的核心问题是确定这两个阶级中的哪一个阶级掌控新共和国的权力。当时的主要政治人物认为这个问题的答案取决于大议事会里所采用的程序。引人注意的是这些政治人物在那几年好像不能确定抽签和选举各自所产生的后果。两个集团都揣摩对自己更有利的选择方式。在三篇特别有趣的文章中，尼古拉－罗宾斯坦（Nicolas Ru-

---

① 1494 年的改革决定：1. 所有通过批准投票担任高级执政官（领主官，12 贤人，16 旌旗手）的人，或其父亲或者祖父通过批准投票获取执政官职位的人，从此将是大议事会成员；2. 另外，大议事会每三年在纳税公民和属于过去曾担任公共职位家庭成员的人中挑选 60 人，这 60 个公民将成为大议事会成员。1500 年左右，大议事会的成员略微多于 3000 人，当时的总人口大约是 7 万人（包括妇女和孩子）（Voir F. Gilbert, *Machiavelli and Guicciardini*, *Politics and History in Sixteenth Century Florence*, Princeton, Princeton University Press, 1965, p. 20）。

② Voir Donato Giannotti, "Discorso intorno alla forma della republica di Firenze", in *Opere Politiche e Letterarie*, op. cit., p. 20.

③ 当时用黑蚕豆和白蚕豆来投票，这是 "le più fave" 一语的来源。

binstein）详细地重构了这些政治人物在这个问题上的波动和犹豫①。

可以大致将佛罗伦萨宪法史上这段关键时期分为三个阶段。第一阶段（1494年11月9日—12月2日），决定恢复第一共和时的制度。在经过短暂的过渡时期后，再次恢复到抽签选官制。当时的贵族可能是认为批准投票制和抽签制的制度组合能够重建他们在14世纪时的压倒性影响力。他们对抽签的偏爱或许也来自他们对传统程序的依赖。最后，贵族们担心选举会导致美第奇家族的支持者获得权力。在第二个阶段（1494年12月9日—1494年12月22—23日），为了回应平民阶层对第一次改革的不满，主政者采取了一些有平民政权特色的措施。第二个阶段萨弗纳罗拉的影响力达到顶峰，12月22—23日的激进改革建立了大议事会制度。不过12月22—23日的改革也包含另一元素：它用选举取代抽签来任命执政官。萨弗纳罗拉在第二项决定中好像扮演了关键性角色：他显然是支持选举的。选举程序在他眼里是平民和民主宪法的组成部分②。因此就这一点，人民运动力量可能是认为选举程序对他们有利。不过，与此同时，贵族们改变了立场。他们接受了选举方法，认为他们的人际关系、声望和才能能够帮助他们赢得竞选。一个支持贵族阶层的观察者甚至说，新制度（选举制而不是抽签制）没有其他目的，唯一的目的是把国家交回给贵族③。因此，在1494年12月，和抽签相比，关于选举的可能性后果仍然存在着不确定性。正是这

---

① N. Rubinstein, "I primi anni del Consiglio Maggiore di Firenze (1494 – 1499)", *Archivio Storico Italiano*, art. cit. ; N. Rubinstein, "Politics and constitution in Florence at the end of fifteenth century", art. cit.

② N. Rubinstein, "Politics and constitution in Florence at the end of fifteenth century", art. cit. , p. 178.

③ 关于这一点，见 N. Rubinstein, "I primi anni del Consiglio Maggiore di Firenze (1494 – 1499)", *Archivio Storico Italiano*, 1954, 404, art. cit. , p. 324, et "Politics and constitution in Florence at the end of fifteenth century", art. cit. , p. 179。

▶▶ 代议制政府的原则

种模糊性使改革成为可能:每个阵营都认为这对它有利。历史先是证明好像是人民运动力量是有道理的。在大议事会的平民狂热气氛影响之下,"新人"(gente nuova)和人民运动力量的支持者在初期的选举中获得了重要的职位。但一段时期之后,情形发生了变化。尼古拉-罗宾斯坦写道,"新气象逐渐消失,贵族的声望和影响力再次发挥作用。[……]因此我们再次看到相当大部分的高级职位再次回到美第奇家族及之前就长期在位的家族手中"。[①] 此时人民运动力量的意见发生了反转,他们开始认为抽签对他们更有利。在贵族阶层这一方,看到他们成功当选,越来越明显地表示出对选举的偏好。最后,在第三个阶段(1495—1497年),在人民运动力量的压力之下,选举逐渐被抽签所取代。

很明显,第二个阶段的反转(1494—1495年的选举)具有决定性意义。这个决定性阶段似乎是永久性地稳固了所有关于选举和抽签各自后果影响的信仰。接下来选举自然而然地和狭义政府(governo stretto,"狭义"或贵族政府)相联系,抽签和广义政府(governo largo,"开放"或平民政府)相联系。圭恰迪尼对这套信仰有过最为出色最为著名的议论。圭恰迪尼是大贵族家族成员,也是贵族共和制最有影响力的捍卫者之一,关于选举和抽签各自的优点,他撰写过两篇演讲[②]。

第一篇演讲陈述了支持选举制的理由(蚕豆制度),第二篇则为批准投票制(le squittinio)和抽签制的制度组合辩护。尽管圭恰迪尼根据当时的修辞属性规则,先后为两种程序辩护,不过,好几个隐秘但毫不含糊的信号表明他是倾向于选举制度的。这个选举方法的捍卫者认为,在建立共和制时,需要树立两个目标:"第一个

[①] N. Rubinstein, "Politics and constitution in Florence at the end of fifteenth century", art. cit., p. 179.

[②] "Del modo di eleggere gli uffici nel Consiglio Grande", in F. Guicciardini, *Dialogo e discorsi del Reggimento di Firenze*, op. cit., pp. 175-185.

第二章　选举的胜利

目标，也是核心目标［是］构建所有公民在法律面前一律平等的［共和国］；在这个问题上，富人和穷人、强大者和弱小者之间不应该有分别，必须确保每个人确信他的人身、财产和境况不会遭受损害。"共和制度的另一个目标是公共职位"尽可能地向所有人开放，以使尽可能多的公民能够参与其中"。① 法律面前的平等和获取公共职位的平等实际上构成佛罗伦萨共和制度的两个核心价值原则。圭恰迪尼的演讲主旨因此和共和思想是相一致的。一个世纪前，在《南尼－斯特罗齐的亡灵祷告》中，布鲁尼对共和平等做如下定义："这才是真正的自由，共和国的平等：不惧怕任何人的暴力和侵犯，享有公民在法律面前的平等和获取公共职位的平等。"② 不过圭恰迪尼在这里对两个目标做了分级。他补充说，第一个目标（法律面前的平等）必须毫无限制地加以实现，第二个目标（获取公职的平等）的实现必须有一定的限度，因为城邦的命运不能交给难以称职和胜任的公民手中。此时选举显示出它相对于抽签的优越性。选举使执政官得到"千挑万选［*scelti*］③"。它也是为了阻止任何"浮夸"［*si fare grande*］之人当政。在选举制度下，过人之处由他人来判断，而不是自己。同时，选民能够将真正的高人和仅仅是故作玄虚的人区别开来④。圭恰迪尼说，这样一个制度唯一能够被反对的理由是"获取执政官的人口数量减少了［*gli uffici vanno stretti*］"。但异议的答案取决于一个问题：如果人民喜欢将执政官的职位限制在既定的圈子里，这将是谁的错？如果坚持指出，在选举制度下，

---

① "Del modo di eleggere gli uffici nel Consiglio Grande", in F. Guicciardini, *Dialogo e discorsi del Reggimento di Firenze*, op. cit., pp. 175 – 176.

② Leonqrdo Bruni; *Oraison funèbre de Nanni Strozzi* ［1428］; cité par H. Baron, *The Crisis of the Early Italian Renaissance*, Princeton, p. 419（Baron 对意大利文段做了翻译，p. 556）。

③ 意大利语形容词 scelti 和法语的"挑选"一样具有选举和区别的双重含义。很显然圭恰迪尼在这里使用了这双重含义。

④ 这里，圭恰迪尼再次使用了 si fare grande 的多重含义。"浮夸"之人既是那些自我吹嘘高人一等的人，也是那些扮演高人、影响高尚价值的人。

> 代议制政府的原则

一些称职的公民被排除在公职之外,而与此同时人民一直反复选举同样的人任职,此时可以给出另一个答案:"对才能的判断不取决于个人,而是人民,人民的判断比任何人的都准确,因为他才是君主,不带任何激情。[……]他[人民]比我们中的任何人都更了解我们自己,除了将职位分配给名副其实的人之外,他没有其他目的。"① 人民有能力判断提交给他的建议,无论是人选还是决策,但没有能力进行自我统治,这个观点是在圭恰迪尼思想中反复出现的一个主题。因此选举比抽签更可取是因为它有助于挑选优秀之人,同时又让人民来判断谁是这优秀之人。将这个价值判断放置一边,圭恰迪尼对选举和抽签的性质描述似乎比较准确地反映了时人对1495—1497年后佛罗伦萨所建立的这两种制度方法的普遍看法。

因此,抽签的引入是为了抵制派系斗争,佛罗伦萨人通过试验最终重新发现了雅典民主的古老思想:抽签比选举更民主。和亚里士多德比较,圭恰迪尼并没有更多地解释为什么选举使公共职务掌控在精英手中,但他坚持这一事实,并且佛罗伦萨的共和主义者也持同样的思想。不过,正如汉斯-巴隆(Hans Baron)、菲利克斯-吉尔伯特(Felix Gilbert)和约翰-波科克(John Pocock)的研究所表明,佛罗伦萨的共和主义思想及其所激起的理论表述对后来共和主义思想的发展产生了巨大的影响,英国和美国尤甚。17世纪和18世纪了解佛罗伦萨共和制历史的理论家和政治人物清楚地知道关于选举制之贵族特征的观念并不为希腊政治文化所独有。

威尼斯

威尼斯也使用抽签制,但方法不同②。威尼斯人建立了一个极

---

① "Del modo di eleggere gli uffici nel Consiglio Grande", in F. Guicciardini, *Dialogo e discorsi del Reggimento di Firenze*, op. cit., pp. 178–179.

② 关于威尼斯,见 W. J. Bouwsma, *Venice and the Defense of Republican Liberty*, Berkeley, 1968; F. Lane, *Venise, a Martime Republic*, Baltimore, 1973。关于威尼斯宪法的主要参考著作是: Giuseppe Maranini, *La Constituzione di Venezia*, 2 Vol. [1927], La Nuova Italia, Firenze, 1974。

第二章　选举的胜利

其复杂和巧妙的执政官任命制度。这个制度在全欧洲的政治作者那里都很著名[①]。哈灵顿在其理想共和国——海洋国中推荐采用这一制度[②]。可以简要地说，抽签在这个制度中的使用仅仅是为了选择担任提名大议事会候选人职责的预选委员会的成员（les nominatoris）。这个委员会的任命所遵循的程序包含了多重步骤，既有抽签，也有选举[③]。因此和佛罗伦萨不一样，抽签不是用来直接挑选执政官的。威尼斯的任命者（nominatoris）对每个权力职位都进行多个提名。被提议的名字接下来立即被提交给大议事会进行投票[④]。每一个职位由得票最多的候选人获得[⑤]。因此整个制度主要是以选举为基础的，这既是因为候选人要接受大议事会的选举，也是因为提名候选人是在预选委员会中获得票数最多的人。

使用抽签来组织预选委员会使整个过程中阴谋诡计的影响变得几乎不可能：议事会成员无法得知谁将是候选人任命者。并且，因为候选人的名字一经公布便立即送交投票，在议事会内部进行动员就变得毫无意义。"负责候选人任命的委员会通过抽签产生，候选人名字的公布与投票的即时性**明确无误地**是为了防止候选人展开演讲动员从而可能激起派系斗争。"[⑥] 该制度另一个激起观察者无限兴趣的特征也具有同样的作用：大议事会的投票方式是秘密的。威尼

---

① 关于威尼斯任官制度的整体介绍，见 Giuseppe Maranini, *La Constituzione di Venezia*, op. cit., Vol. II, pp. 106 – 124。

② J. Harrington, "The manner and use of the ballot", in *The Political Works of James Harrington*, ed. John Pocock, Cambridge, 1977, pp. 361 – 367.

③ 抽签和选举的方法组合仅仅适用于总督选举候选人任命者的任命。至于其他的执政官职位，预选委员会由抽签产生。关于总督选举的特别程序，见 Giuseppe Maranini, *La Constituzione di Venezia*, op. cit., volI, pp. 187 – 190。

④ 不过，这个程序并不适用于所有的公共职位。一些最重要的职位是由长老院提名选举产生的，和大议事会完全无关。关于由大议事会选举产生的职位，候选人的提名在某些情况下来自上级机构如领主官或长老院。F. Lane, *Venice, a Maritime Republic*, op. cit., pp. 258 – 259.

⑤ Voir Giuseppe Maranini, *La Constituzione di Venezia*, op. cit., Vol. II, p. 18.

⑥ F. Lane, *Venice, a Maritime Republic*, op. cit., p. 110. 强调格式是笔者做出的。

> 代议制政府的原则

斯人采取了非凡的预防措施以确保每个人都以绝对秘密的方式掷球投票（投票时球被包裹在布里，这样人们就听不到它落入投票箱的声音）。这也是为了防止有组织性的集团活动：在投票时，必须尽可能地使大议事会的成员免于集团和派系压力。

即使抽签的根本目的是使选举与阴谋诡计和挑起分裂的动员活动绝缘，一些人［尤其是加斯帕罗－孔塔里尼（Gasparo Contarini），威尼斯制度最著名的理论家］认为它也有平民特征，因为它让大多数人在选官过程中也发挥了作用①。但这个平等维度仅仅是意味着大议事会的所有成员都有平等的机会变得"重要"，也就是说平等入职预选委员会，而不是执政官职②。另外，在威尼斯，政府的平民维度和入职平等概念也是和抽签相关联的，即使前两者的作用有限且极其特殊。

有个事实逃不过最具洞察力的观察者的眼睛，尤其是哈灵顿和卢梭，最高级的执政官职位事实上总是掌握在少数几个最显赫的家族手中，其选择圈子比大议事会要狭窄得多。因此，卢梭在《社会契约论》专门论述选举制的一章中这样写道："将威尼斯政府视作名副其实的贵族制是错误的。如果人民完全没有参与政府，那么政府里的贵族自己就是人民。巴拿巴（Barnabotes）的众多穷人（贫穷贵族成员住在圣巴拿巴地区）从来没有获得任何执政职位，他们的贵族地位仅仅局限于空洞的贵族头衔和参加大议事会的权力。"③在卢梭看来，威尼斯的贵族等同于组成日内瓦总议事会的"富人阶层"，威尼斯并不比他的共和祖国"更贵族"。在他眼里，两者都是"混合政府"。

---

① G. Contarini, *De Magistratibus et Republica Venetorun*, Paris, 1543.

② F. Lane, *Venice, a Maritime Republic*, op. cit., p. 259.

③ Rousseau, Du contrat social (1762), livre IV, chap. 3, oeuvres completes; Vol. III, op. cit., p. 442. 哈灵顿对同一主题的评论，"The Prerogative of Popular Government"［1658］, in *The Political Works of James Harrington*, op. cit., p. 458。

第二章 选举的胜利

威尼斯的大议事会可能只包括人口中的一小部分。成员是世袭的，是1297年改革（塞拉塔或"关闭"议事会）后获取该资格的人的后裔。15世纪中期，议事会有2500名成员。大议事会成员成为威尼斯贵族的定义标准，不过，与此同时，也只有这些贵族才享有政治权力。公民群体由他们构成。最为吸引卢梭和哈灵顿注意的，不是大议事会的世袭和封闭性特征，而是事实上只有议事会成员即公民群体中的少部分人能够获取执政官的职位。不过，这种额外限制将不会妨碍选举自由。

哈灵顿，这个威尼斯政制的密切观察者和热忱崇拜者，在一段晦涩难懂的文字中将这个特征描述为是威尼斯政府最大的难解之谜："猜猜，猜猜，答案是什么？威尼斯的执政官是一年一任或至多两年一任，任何人在任期结束后都不能继续留任，除非是再次参与选举。在大多数情况下，选举以秘密投票的形式在大议事会里进行，这是最公平最公正的投票形式。然而，最高级的执政官位永远都是在极小的圈子里轮替。如果我可以向矢志研究政治的人提出一个建议，那么请研究威尼斯。对威尼斯政制的充分了解几乎总是有助于研判世界上的任何政府（尽管政治体制之间存在着区别）。"[①] 哈灵顿并没有为这个难解之谜提供明确的答案，但读者可以毫不费力地发现他的答案：尽管选举是自由公正的，选民却倾向于重复选举同样的人物或显赫家族。另外，哈灵顿指出这个神秘的政治规则的影响范围远远超出了威尼斯。

通过减少大议事会成员的阴谋诡计，抽签有助于维持威尼斯贵族间非凡的凝聚力。这种凝聚力也许是共和国惊人稳定性的原因之一。意大利其他共和国里的部分精英联合平民运动力量发生革命，威尼斯贵族强大的内部统一性使其和人口中的其他社会阶层保持距

[①] J. Harrington, "The Prerogative of Popular Government" [1658], in *The Political Works of James Harrington*, *op. cit.*, p. 486.

离，有效地规避了破坏现状的动乱。

但尤其重要的是，需要注意，威尼斯被视作名副其实的选举制共和模式。因其稳定性、其对土耳其人的军事胜利、其财富、其非凡的艺术成就，观察者赋予它几乎是神话般的地位（*il mito di Venezia*）[①]。这个成功和选举制度也是相关联的。相当重要的是，在17世纪和18世纪的政治文化中，这两种选举体制，即罗马体制和威尼斯体制，代表着最为辉煌最为成功的共和制模式。

另一方面，佛罗伦萨的经验以及佛罗伦萨共和制思想鲜活地再现了一种古老的观念，即作为选官方法，抽签比选举更公平。佛罗伦萨的公民规模和威尼斯差不多都是有限的，但佛罗伦萨的共和主义者们告诉人们，在这些限制内部，抽签以平等的方式分配执政官职位。17世纪和18世纪的政治理论仍然深受这些经验的影响。

二 十七八世纪关于选举制和抽签制的政治理论

哈灵顿

哈灵顿，克伦威尔执政时期共和主义思想的先锋之一，指出雅典的衰落是因为它的议事会或参议院（Boulè）由抽签产生，"自然贵族制"缺失。哈灵顿写道：雅典政制是不完美的，"原因是，它的参议院一次性地由抽签而不是选举产生，议员每年全部更换而不是部分更换，不是由自然贵族构成，因为参议院任期过短，没有时间变得更为称职也没有时间完善其职能，它又不具备足够的权威克服人民的反复无常，结果导致它的衰落"。[②] 同样的观点在《平民

[①] 关于观察者眼中的"威尼斯神话"，见 J. Pocock, *The Machiavellian Moment*, op. cit., pp. 100–102, 112–113, 284–285, 319–320, 324–325, 327–328。

[②] J. Harrington, "Oceana" [1656], in *The Political Works of James Harrington*, op. cit., p. 184.

政府的特权》一文中得到重复：参议院（即议事会）通过抽签产生剥夺了雅典"来自贵族的自然的和必要的优点"。① 在哈灵顿看来，和抽签不同，毫无疑问选举挑选的是已经存在的精英。他论证说，当人们处于自由状态时，他们本能地辨认出他们之中的佼佼者。"二十个人——如果不全是白痴的话——也许即使是这种情况——，如果他们之间没有区别，是不可能形成一个集体的，诸如有三分之一的人将是更为明智的，无论如何不会像其他人一样蠢。［……］几次交往之后，无论是多么短暂，优秀的人将会被发现（像拥有最长的角的鹿一样），由他们来领导队伍。因为，当那六个人相互讨论和辩论，展示其才能的过人之处的时候，另外的十四个人发现了他们从来没有想到过的东西，从前让他们感到困惑的事情，此时被真理照亮。"② 这一观察出现在《海洋国》的序言中，即哈灵顿讨论参议院选举的文段里，但它被描述为是人性的一般特征。因此推定，在哈灵顿眼里，它适用于任何类型的选举。正是因为自然贵族自由辨认的可能性使《海洋国》的作者主张使用选举程序。

哈灵顿因此不赞成使用抽签来分配公共职位。不过，他是赞成职位轮替的。波科克尤其强调了哈灵顿思想中职位轮替观点的重要性，并指出这反映了他对公民人文主义核心原则的执着：人通过政治参与来实现其天性的充分发展③。而职位轮替原则传统上是与抽

---

① J. Harrington, "The Prerogative of Popular Government"［1658］, in *The Political Works of James Harrington*, op. cit., p. 477.

② J. Harrington, "Oceana", in *The Political Works of James Harrington*, op. cit., p. 172.

③ 在《马基雅维利时刻》，以及他对哈灵顿政治著作（*The Political Works of James Harrington*, op. cit., pp. 1 – 152.）的编著前言"Historical Introduction"中，波科克将哈灵顿所主张的职位轮替视作一种超越统治者和被统治者之分的制度。他写道："公民全体，既是骑士又是步兵［哈灵顿建议设立的两个纳税阶级］，不断地在政府中卸任。（……）也许，如果人民全体也被纳入职位轮替，议会将会被取代，人民自由选举本身就是连续政府；即使是特权特里布也将频繁更换，这使代表和选民的区别完全消失了。"（J. G. A. Pocock, "Historical Introduction", *The Political Works of James Harrington*, op. cit., p. 69）。

▶▶ 代议制政府的原则

签实践相联系的。哈灵顿如何能同时既提倡选举制又提倡职位更替呢？如上文指出，如果自由选举确实也意味着自由再选举，那么选举原则和职位轮替原则之间就存在着潜在冲突。这里就有必要对《海洋国》的制度安排或者说"秩序"进行认真的阅读①。

在堂区（les paroisses）一级（哈灵顿体制中最小的政治区划），"长老"每年选举出他们中的五分之一，"被选中的人是堂区的议员，自当选起任期一年，不会再多，他不能连续两年当选"。②每个长老每五年成为堂区的议员。因此在这一级有公职的完全更替，因为所有的长老轮流担任议员。然而堂区的议员仅仅是海洋国最高代表大会［参议院和特权特里布（Tribu Prérogative）］的选民。不同堂区的议员组成被哈灵顿称为"银河系"的代表大会，选举骑士（参议院成员）和众议员（特权特里布成员）。但这一层级的规则有所不同。"［一个］骑士，银河系的议员在三年任期满后不能再次当选，也不能成为另一院的成员，**这个禁止期限是三年**"③。参议院成员和众议员多次当选并不受到禁止，他们仅仅是不能连任：他们必须等到下届立法机构任期结束后才重新具有被选举资格。考虑到堂区议员的数量和统治海洋国的议会的规模，因此议会职位的完全更替就没有必要。一些选民，即堂区的议员，永远都不能被选为参议院和特权特里布的成员。在海洋国，不存在和雅典类似的制度来禁止一个公民在一生中有两次成为立法议会成员。

除此之外，哈灵顿在《平民政府的特权》一文（他写作该文的目的是为海洋国辩护）中对这一点做了澄清。他明确区分出两种类型的轮替：选民轮替和议员轮替。他写道："因为这种轮替［国

---

① 我们注意到"秩序"（orders）这个术语用来指代制度，是哈灵顿的专门用语。这是哈灵顿所借用马基雅维利的术语的无数表现之一。《论李维前十书》的作者使用 ordini 一词来指代制度。

② J. Harrington, "Oceana", "Fifth Order", in *The Political Works of James Harrington*, op. cit., p. 215. 强调格式是笔者做出的。

③ Ibid., p. 227. 强调格式是笔者做出的。

会选民的更换]一年一度，它在全民基础上产生了五年轮换制，也就是说每五年每个人都有机会成为选民。不过，尽管每个人都能够轮到成为选民，但不是所有人都能够当选担任至高权力的代表或获得治理共和国的公共职位。因此苛求每个人轮流履行高级官职是不明智的。它们由那些被国家的判断和信仰认为是称职的人来轮流履行就足够了。这是为什么通过特里布议会、参议院议会和特权特里布议会，由选民们（如上文所言，即议会）的信仰来决定谁来担任最高官职，谁将当选。"① 海洋国制度也许保证了参议院和特权特里布某种程度上的成员更换，因为它们的成员不能连续任职两届。但这种轮替可能局限在一个狭窄的范围，即选民的"评判和信仰"认为能够胜任这些职位的人。

在另一段话中，哈灵顿指出，"虽然职位中断具有必要性，但议会成员在12年之内可以有6年的时间担任执政官"②。前文引述的《平民政府的特权》的文段显示哈灵顿明确希望职位轮替如此进行。哈灵顿的轮替因此具有两种类型：选民的全部或绝对更替（每个公民每五年成为选民），议员的有限轮替，也就是说经选民认可的自然贵族。"参议院和特权特里布——即人民代表大会——拥有同样的性质，由四千经验丰富的领袖构成，在再次选举之时，随时准备再次领导公共事务。③"因此，哈灵顿的轮替原则和选举原则之间是不存在冲突的，因为完全轮替的方式只适用于选民，而不适用于议员④。

孟德斯鸠

至于孟德斯鸠，这个马基雅维利、哈灵顿，也许还有圭恰迪尼

---

① J. Harrington, "The Prerogative of Popular Government" [1658], in *The Political Works of James Harrington*, op. cit., p.487.
② Ibid., p.493.
③ Ibid., p.494. 强调格式是笔者做出的。
④ 因此，我们就不能赞同波科克的断言说在海洋国里是全体人民"持续地加入"政府。

▶▶ 代议制政府的原则

的读者，在抽签制与民主制、选举制与贵族制之间建立了一种密切的联系。他写道，"抽签投票属于民主的本质；选择投票属于贵族制的本质。抽签是一种不会伤害任何人的选举方法；它赋予每个公民为祖国服务的正当希望"①。首先必须要注意到，这样一来就在选官程序和共和制类型之间建立了一种强烈的联系②。这个寻找"事物的本质所产生的必要联系"的科学家，认为民主制诉诸抽签、贵族制诉诸选举是普遍永恒的法则③。这两种方法没有被描述为是特殊文化所独有或者是人民"总体精神"的结果。它们产生于民主制和贵族制的本质。此外，孟德斯鸠将其视作共和国的"根本法则"之一（并列于投票权的扩大、秘密或公开投票特征，以及立法权力的分配）④。

孟德斯鸠可能认为抽签"本身是不完美的"。⑤ 不过他补充说，可以矫正其最明显的缺陷（任命不称职之人的可能性），这正是最高立法者所使用的办法。孟德斯鸠简短地分析了抽签在雅典的使用，赞扬梭伦伴之抽签以其他预防或减少不良后果的制度。他写道："为了完善抽签制，他［梭伦］规定只能在自我推荐的人中进行选举［这里是指抽签］：当选的人可能将受到法官的审查，每个人都可以谴责其不称职：这与抽签和选择同时进行。官职任期结束，还需要接受关于其过去行为方式的评判。没有能力的人不得不拒绝将他们的名字交给抽签。"⑥ 这个分析的历史洞察能力让人震惊。此后，尽

---

① Montesquieu, *Esprit des lois* [1748], Livre II, ch. 2, éd. R. Derathé, 2 Vol., Paris, Garnier, 1973, Vol. I, p. 17.

② 在《论法的精神》中，民主制和贵族制是一个共和国可以采取的两种形式。孟德斯鸠写道："共和政府是这样一种政府，在其治下人民作为一个整体，只有其中的一部分人拥有至高无上的权力"（*Esprit des lois*, Livre II, ch. 1, *op. cit.*, Vol. I, p. 14.）。

③ Montesquieu, *Esprit des lois*, Livre I, ch. 1, *op. cit.*, Vol. I, p. 7.

④ 孟德斯鸠："既然在共和国里，选民的分裂是一项根本法则，那么投票权的分配方法就构成另一项根本法则。" *Esprit des lois*, Livre II, ch. 2, *op. cit.*, Vol. I, p. 17.

⑤ Montesquieu, *Esprit des lois*, Livre II, ch. 2, *op. cit.*, Vol. I, p. 17.

⑥ Montesquieu, *Esprit des lois*, Livre II, ch. 2, *op. cit.*, Vol. I, pp. 17–18.

管一些历史学家（尤其是库朗日）质疑雅典参与抽签的名字是否经过事先选择，孟德斯鸠却能够注意到一个事实，这也得到最新的历史研究的证实：抽签只在自我推荐的名字中进行。尤其是他观察到自愿性和惩罚机制的结合会导致候选人本能地做出选择。

两个特质使抽签成为民主制的必要条件。他没有侮辱那些没有被选中的人，也不会使其失去荣誉（"不会伤害到任何人"），因为他们知道偶然性也完全有可能降临到他们身上。因此，它防止了对被任命为执政官的人的羡慕和嫉妒。孟德斯鸠指出，在贵族制下，"一点也不应该实行抽签投票：这只会带来不便。实际上，如果一个政府已经建立了最具伤害力的区别制度，一个人如果被抽签选中，这是可憎的：人们羡慕的是贵族而不是执政官"① 另一方面，抽签符合民主人士所最珍贵的平等原则，因为它赋予每个公民"公道"的机会担任公共职位②。

是否可以下结论说，对于孟德斯鸠而言，选举没有赋予每个人获取公职的"公道"机会？《论法的精神》的作者关于选举制的贵族特征的表述不是很明确，这和他对抽签制的民主特质的解释不同。他也没有解释选举制为什么是贵族的。不过，他关于"选择投票"的几点看法坚持认为，选举使获取公职的是某些特殊类型的公民。孟德斯鸠对"人民辨识优点的自然能力"的赞扬首先表明他和哈灵顿一样，认为人民本能地选择自然精英③。并且，从孟德斯鸠为了支撑这个论点所给出的例子出发可以得出结论：他没有对仅以才能为基础的自然贵族和以出身、财富、声望为基础的社会上层阶级做出区别。他接着说："我们知道，在罗马，尽管平民也有担任

---

① Montesquieu, *Esprit des lois*, Livre II, ch. 3, *op. cit.*, Vol. I, p. 19.
② 孟德斯鸠写道："民主制里对共和国的热爱，就是对民主的热爱，对民主的热爱就是对平等的热爱"（*Esprit des lois*, Livre V, ch. 3, *op. cit.*, Vol. I, p. 49.）。
③ 通读全文，这里笔者所参考的段落如下："如果有人怀疑人民辨识优点的自然能力，只需看看雅典人和罗马人所做出的令人吃惊的连续选择；因为人们不会随机选择"（*Esprit des lois*, Livre II, ch. 2, *op. cit.*, Vol. I, p. 16.）。

▶▶ **代议制政府的原则**

公职的权利,他们却无法当选;尽管在雅典,通过阿里斯提德法[la loi d'Aristide],执政官在所有的阶级中通过抽签产生,色诺芬说,从来没有发生过下层人民要求履行可能关系到他们的永福和荣誉的职务。"①

孟德斯鸠继续写道,人民在选择自己部分权力所必要委托之人的问题上所表现出的能力是让人钦佩的。他们只需根据不能忽略的事物和有道理的事实来做决定就可以了②。但能证明这个观点的例子有哪些呢?——士兵被选举为将军是因为他在战场上屡次获胜,勤勉诚实的法官被同行推为大法官,"慷慨"或"富有"的公民被选为市政官。这里,孟德斯鸠所列举的那些有利于人当选的优点的例子再次混合了纯粹的个人成就(战场上的胜利)、美德和社会地位(显贵即法官的虔诚和诚实)以及可能仅仅是继承所得(财富)。人民选择最好的,但他们所选择的过人之处未必仅仅是个人才能和努力成果。

卢梭

在《社会契约论》一书中,卢梭也将抽签和民主制、选举和贵族制联系起来。抽签和选举被描述为两种能够用来选择"政府"的

---

① *Esprit des lois*, Livre II, ch. 2, *op. cit.*, Vol. I, p. 16. 这段文字需要对照马基雅维利《论李维前十书》中的一个文段,文段当中作者引用了罗马历史学家的话:"罗马人民开始对执政官的名字感到厌恶;他们希望要么是平民能够担任这个职位,要么是这个职位的权力受到限制。贵族为了不因为对这些要求的默许而降低执政官的尊严,采取了中间路线,同意任命四个拥有执政官权力的特里布,可以在贵族或平民中间挑选。人民对这个安排很满意,在他们看来这打击了执政官,又使他们可以获取公共职位。我们因此看到某个显著的事情。在创立特里布时,人民可以全部在平民中间选择执政官,也可以全部在贵族阶级中抽选。Qorum comitiorum eventus docuit, alios animos in contentione libertis et honoris, alios secundum deposita certamina in incorrupto judicio esse. [民会的结果证明其他所有人都是对荣誉和自由充满竞争热情的灵魂,其他所有人都必需,在斗争结束时,确定一个无可挑剔的判断(Tite – Live, IV, 6)]"(Machiavel, *Discours sur la Premiere décade de Tite – Live*, I, 47, in Machiavel, *Oeuvres complètes*, Paris, Gallimard, Bibliothèque de la Pléiade, p. 481)

② Montesquieu, *Esprit des lois*, Livre II, ch. 2, *op. cit.*, Vol. I, p. 15.

程序。需要注意，在卢梭所使用的术语中，"政府"，也被称作是"君主"，指的是执行机构。无论如何，立法权掌握在人民手中（"主权者"），因此，这个层面不会有任何挑选程序。但当涉及任命行政官职时，需要在两种挑选方法中做出选择。在讨论该问题的文段中，卢梭首先是引用了孟德斯鸠的观点，并且说同意他的看法，即"抽签投票在本质上是民主制"。不过他补充说，如果说事实确实如此，其原因并非如孟德斯鸠所述（防止嫉妒与平等获取公职）。"原因不在那里。如果我们注意到选举领导者是政府的职能，而不是主权性职能，我们将会看到为什么抽签之道更具有民主特质，行政行为越少，行政权力将越好。在所有真正的民主制下，公共职位不是一项好处，而是一项繁重的负担，不是强加给这个人，就是强加给那个人。只有法律能够将这个负担强加给被抽签抽中的人。因为条件对每个人是平等的，选择不取决于任何人类意志，没有任何特殊程序会影响到法律的普遍性"。①

唯有注意到其暗含的前提条件才能理解这个看起来复杂的推理：执政官职的分配（"选举领导者"），无论是通过抽签还是通过选举，都是一种特殊措施。职位的分配涉及名义上被确定了的个人而不是所有公民。因此，它不是最高权力者人民的行为。实际上，社会契约的核心原则之一是法律是主权者的唯一行动根据，也就是说，一般性规则平等地适用于所有公民。特殊措施属于政府范畴。因此，如果人民任命行政官，他只能是根据后者作为政府的身份来进行（行政长官选举是政府职能，而不是主权性职能②）。不过这里出现了两个问题。

首先，根据卢梭，民主制被详细地定义为在这种体制下人民既是最高权力者（如所有的合法政权）也是政府：在民主制下人民制

---

① Rousseau, *Du contrat social*, Livre IV, chap. 3, *Oeuvre complète*, Vol. III, *op. cit.*, p. 442.
② Rousseau, *Du contrat social*, Livre IV, chap. 3, Vol. III, *op. cit.*, p. 442.

▶▶ 代议制政府的原则

定法律并加以执行。卢梭另外建议,当人民集体履行执行权力时,必须予不同公民以不同职位。参考民主的定义,似乎选举(选择性选举)特别适宜民主政体,因为在这样的政体里人民同时也是政府。但卢梭的结论不在这里,因为就这一点在他的推理里出现了另一个论点。民主制里人民既行使立法权又行使执行权会导致一种重大风险:人民以主权者的身份所做出的决策(法律)可能会受到其为履行政府角色而必须形成的特殊意见的影响和歪曲。"制定法律的人又去执行它是不好的,全体人民的注意力从总体事物转移到特殊事物上面也是不好的"。① 考虑到人类的本质,这个风险构成民主最恶劣的缺陷之一。这是卢梭以那句著名的话结束其关于民主制的那一章节的原因之一:"如果存在着神一样的人民,他实行自我民主统治。这个政府如此完美,是不适宜于人类的。"神的思想有能力将立法时所必须持有的全局眼光和在统治或者执行时所需要的局部眼光严格分离。人类的状况是不具备这种同等能力的。因此,在这个世界,当人民是最高权力者时,他们越少被要求以政府的身份做出特殊决策,这个民主政体的运作就越好。正是此处解释了为什么在关于选举制的那一章里,卢梭宣布在民主制下,"行政行为越少,行政权力就越好"②。不过,抽签能够具体地解决这个问题。当行政官职通过抽签来任命,人民只需做出一项决策:他只需确立行政官职由抽签来选定。很明显这个决定是一般性规则或法律,他因此可以以最高权力者的身份来制定。接下来他没有任何必要以政府的身份来介入特殊决策中去。相反,如果民主实行选举制,人民必须介入两次:首先是制定法律建立选举制度,规定其实施方式,然后,以政府的身份,选举特殊公民以委托行政职务。为了阐明卢梭的推论,可以这么说:在最高权

---

① Rousseau, *Du contrat social*, Livre III, chap. 4, Vol. III, *op. cit.*, p. 404.
② Rousseau, *Du contrat social*, Livre IV, chap. 3, Vol. III, *op. cit.*, p. 442.

力者—人民的决策有可能受政府——人民决策眼光影响的情况下，公民也许可以制定一部选举法，以便或多或少使某些人有当选的可能。

另一方面，在民主制下，假设即使人民能够使作为最高权力者的他们所做出的决策不受为了履行统治而必须采用的局部眼光的影响，当他们在选择行政长官时，个人的一些特殊考虑还是会影响其选择。当政府成员（这里指全体公民）自我分配政府职务时，他们会将职位分配给那个比他人更有名的人（"分配给这个人而不是那个人"）。就算行政官职的分配按照一般性法律进行，对所有人都公正平等，一些特殊决策和个人问题不可避免地会使法律的执行与这个或那个人的职位委派之间产生矛盾，出现不公正和不公平的风险[①]。在这个问题上，抽签拥有它的第二个长处：它是一个公正、公平的普遍性规则，适用于特殊情况而无须任何额外决策。如果公职分配采用抽签，它不会给特殊意志以任何影响机会（"不会有任何影响法律普遍性的特殊应用"）。对于所有政府成员而言，条件是严格平等的，因为他们在法律面前一律平等，他们建立了以抽签来分配公职的制度，可以这样说，是这条法律自身在向他们委派专门职务。

因此，这涉及限制人民采用特殊意见的机会次数，或者说是限制执行公职分配原则时的不公正风险，抽签作为选官方法之一，其根本属性之所以是民主制的，在于它在任命行政官员时不受任何个别意志的影响。并且，卢梭补充说，民主制下公民的条件有助于忽略反对使用抽签制的意见（选出无能力不称职的公民）："在真实的民主制下，抽签选举的缺陷是很少的，所有人在道德、才能、价

---

① 卢梭认为有必要进一步指出，在一个"真正的"民主体制里，履行行政的官位主要被看作一项"繁重的差事"，因此，政治正义在于成本的分配，而不是获益的分配。这个观点对他的论证逻辑而言并非不可或缺。就算行政官职被看作是收益，公职分配规则的具体执行过程中还是会存在着不公正的风险。

> **代议制政府的原则**

值准则和财富方面都是一样的,选择的结果就变得几乎是没有什么两样了。"①

相反,选举适用于贵族制。"在贵族制下,君主选择君主,政府自我延续,选举在这里是妥善的。"② 在贵族制里,选举不构成危险,因为从定义来看,做出选择的机构("君主"或"政府")不是立法机构。当政府在其内部选择行政官员时,他可以采用选举方法,根据定义,选举涉及特殊意志和特殊意见。这里不存在特殊意见影响法律制定尤其是选举法的风险,因为无论如何,法律掌握在其他人的手中。卢梭的一条注释再次确认了这种解释。他认为,在贵族制下,选举规则必须绝对保留在主权者手中。"由**法律**〔也就是说主权者的决策〕来对行政官员的选举形式做出规定很重要;因为,如果将它丢给君主〔政府〕的意志,不可避免地会陷入世袭贵族制。"③ 如果掌握选官权力的人也掌握决定官职任命方法的权力,他们会选择对他们最有利的方法,即世袭制。另一方面,贵族制是一种任由公民间的差异和区别发展扩大的政体。人们会将这些差异用于政治目的:"除了两种权力〔主权者和政府〕的区别优势,它〔贵族〕也拥有选择其成员的权力;因为,在平民政府中,所有的公民生来就是行政官员;但这个体制〔贵族制〕将其局限于少数人:并且他们只能通过选举才能成为行政官员,这是一种手段,通过它,正直、学识、经验及其他所有得到公众偏好和尊重的元素将成为新的保证元素以使公民得到更为明智的统治。"④ 因为在贵族制

---

① Rousseau, *Du contrat social*, Livre IV, chap. 3, Vol. III, *op. cit.*, p. 443.
② Ibid., p. 442.
③ Rousseau, *Du contrat social*, Livre III, chap. 5, Vol. III, *op. cit.*, p. 405(卢梭的注释)。强调格式是笔者做出的。
④ Rousseau, *Du contrat social*, Livre III, chap. 5, Vol. III, *op. cit.*, pp. 405 – 407. 强调格式是笔者做出的。这里,"选举"一词意指当代意义上的选举,卢梭在其他的地方称为"选择选举"。

第二章 选举的胜利

里,可以利用才能和功绩的差异,选举贵族制因此是最好的政府形式①。

卢梭认为孟德斯鸠关于抽签制民主属性的观点论证比较平庸,尽管在内容上它无可指摘。《论法的精神》中论述抽签制的段落的过人之处是其历史敏锐性,而卢梭寻找的是论证的严密性。确实,在《社会契约论》里,他围绕着抽签制所建立的特殊概念和原则及其分析逻辑是无可挑剔的。可以指出,鉴于其复杂性和微妙性,卢梭关于抽签和民主制的联系的具体推理对政治人物的影响似乎极其有限。历史可能确实如此,但主要原因不在这里。

首先需要指出,在1762年,一个理论家毛遂自荐提出"政治权利原则"(副标题是社会契约论),认为有必要将通过抽签来任命统治者的做法添加到他的思想中去。无论是卢梭还是孟德斯鸠都看到了今天我们所关注的地方,似乎也解释了我们为什么不会想到用抽签来任命执政者:很明显抽签会选到不称职的人。但在他们看来,抽签另外具备其他属性或者长处,促使我们至少需要认真对待它,尝试通过一些补充性制度来弥补它的明显缺陷。

另外,引人注目的是哈灵顿、孟德斯鸠和卢梭这些拥有巨大声望的政治作家各自以自己的视角和自己特殊的思想范畴重复着一个同样的观点:选举具有贵族属性,抽签是民主选官程序。代议制政府创立之后,抽签不仅消失,抽签与选举的性质比较在知识权威中间获得了一种共识,前期的共和经验证实了这种看法,即使它的理由始终含糊不清。

然而,《论法的精神》和《社会契约论》出版后一代人的时间不到,通过抽签来任命统治者的做法消失了。在美国和法国革命期间它从来没有被提起过。建国之父们却庄重地宣称他们拥护公民间的政治权利平等。投票权的扩大成为辩论对象,但大西洋的两岸还

---

① Rousseau, *Du contrat social*, Livre III, chap. 5, Vol. III, *op. cit.*, p. 406.

是毫不犹豫地在拥有政治权利的全体公民中间确立了以贵族特征而闻名的选官方式的绝对地位。对共和传统的漫长回顾发现一种断裂和悖论，而我们今天对此竟毫无疑问。

三　选举的胜利：授权而不是掌权

关于共和传统和由它所引发的诸多思考，最让人关注的问题，实际上是在代议制政府的起源之时，抽签选官辩论的完全缺席。代议政制的创立者没有探索围绕着抽签制有哪些补充性制度可以用来矫正抽签的那些显著性不良后果。佛罗伦萨模式的事先批准投票程序可以防止任命严重不称职的人当选，这个方案却未曾被考虑过。人们可以辩驳说，单独的抽签制度没有赋予公民任何监督在职执政官行为的权力。但述职程序，伴之以惩罚制度，使人民监督执政官决策成为可能，这个方案却也没有被考虑过。当时的人不考虑采用抽签的方法在全体人口中选取拥有完全行动自由的统治者，对此也许没有必要感到惊讶。让人感到惊讶的是，即使伴之以其他制度，抽签制的使用也没有成为任何深入讨论的对象。

不过，抽签没有被完全遗忘。在一些作者的文字和演讲中可以找到几个罕见的论述。因此，在费城会议上，詹姆斯·威尔逊提议美国的总统由抽签产生的选举人团在国会成员中选举产生。威尔逊的提议明显受到威尼斯模式的启发，目的是防止总统选举时的阴谋诡计[①]。然而，它没有引起任何讨论，并且几乎是马上就被否决了。在法国，一个革命者（大革命前的西耶士，然后是1792年的朗特钠）想到综合使用抽签和选举的方法。一个制宪会议成员，蒙吉尔

[①] Voir M. Farrand (ed.), The Records of the Federal Convention of 1787, 4, Vol., Yale University Press, New Haven, Vol. II, pp. 99–106. 该文献参考来自乔恩-埃尔斯特（Jon Elster），特向他致谢。

第二章 选举的胜利

伯特在1793年建议以抽签取代选举，理由是抽签更公平①。但这些建议没有在大革命时的国民公会里引起任何范围的辩论。另外，1795年，热月党人决定国民大会（500人院和元老院）的成员每月的座次根据抽签来安排，这个座次是他们聚集在大厅里时需要就座的位置②。这个措施是为了防止代表们的固定性聚集，这里指就形体意义而言的聚集。抽签总是和防止派系斗争相联系的，但在制度体系中处于次要地位。并且，这个规则在大革命时从来没有得到过关注。

革命者们援引了哈灵顿、孟德斯鸠和卢梭的思想权威。他们对先前的共和国历史进行了深刻的思考。然而，无论是英国、美国还是法国，都似乎从来没有严肃地考虑过通过抽签来任命公共权威的可能性③。例如，令人惊讶的是，约翰·亚当斯，建国之父之一，他的历史文化是最渊博的，从来没有考虑过通过抽签选官的可能性，即使有也是为了否定它④。在《美利坚合众国宪法辩护》一文中关于雅典和佛罗伦萨的长篇章节论述中，亚当斯简要指出这些城邦通过抽签来选择他们的执政官，但他没有就这个问题做任何深入的思考。好像在代议制政府建立时，这种统治者的任命方法不再属于可考虑的可能性范围之内了。历史似乎表明，至少在这些日子，

---

① 西耶士和朗特钠的建议以及蒙吉尔伯特的宣传册子在 P. Guéniffey 的著作里得到引用：*Le Nombre et la Raison. La révolution française et les élections*, Paris, Editions de l'Ecole des hautes études en sciences sociales, 1993, pp. 119 – 120。

② P. Guéniffey, *Le Nombre et la Raison. op. cit.*, p. 486。

③ 不过，对这个说法需要持一定的保留态度。笔者当然不能妄称阅读了所有的历史文献，更别说关于这三场现代历史革命的原始材料了。另外，到目前为止，抽签的政治应用所引起的关注还很有限。因此不能排除未来的研究挖掘出关于抽签更多的讨论情况。不过，在笔者看来，以笔者的知识现状为依据，提出说通过抽签来任命执政者在英国、美国和法国革命时期没有得到任何主要政治辩论的关注是合理的。

④ 至少对于他三部主要的政治著作而言，这是真的，Thoughts on Government (1776), A Defence of the Constitution of Government of the United States of America (1787 – 1788) et Discourses on Davila (1790). Voir The Life and Works of John Adams, ed. C. F. Adams, 10Vol., Boston, Little & Brown, 1850 – 1856, Vol. IV, V, VI。

代议制政府的原则

抽签永远地消失了。

为了解释这种现象，一种不自觉就想到的观点是，在现代大国，人口众多，千奇百状且散布在广袤的土地上，通过抽签任命统治者已经变得"不可行"了①。有人做进一步的论证指出，抽签"需要"一些可能性条件，创立代议制政府时的国家已经不能再满足这些条件了。例如，帕特里斯·格尼费（Patrice Guéniffey）指出，抽签在一个人人都相互认识的中学所建立的仅仅是集体服从情感，"为了使他们接受一项他们完全没有参与或者仅仅是间接参与的决策，这是不可或缺的先决条件"。② 同一作者继续说，抽签选官要求公共职位是简单的，不需要专门的技术本领。为了能够随机选择统治者，格尼费推论说，需要"政治团体成员间已事先存在"同等的条件和文化，"以使决策毫无区别地降临在他们中间的任何一个人身上"③。

这些解释也许包含一些真实元素。但它们却错误地掩盖了历史性行动中几乎总是存在的偶然性和选择性元素，后者在选举对抽签的胜利过程中肯定发挥了作用。首先——我们已经指出，但必须对此加以强调——，严格来说抽签并非不可行。在某些情形，如在英国，拥有政治权利的人口规模并非十分庞大。例如，1754年，据统计英国和威尔士大约有28万人拥有投票权（总人口为800万）④。从技术上而言，建立多层抽签制并不是不可行，例如首先在小型单位里进行，然后在抽签产生的名字中进行再次抽签。然而，让人惊讶的是没有人想到使用抽签来任命地方官员。十七八世纪的市、

---

① 很奇怪卡尔·施密特也持这种观点，他是当代少有的几个关注抽签选官方法的作者之一。施密特认为抽签是区别统治者和被统治者身份的最好的方法，但他立即补充说："这种方法今天已经变得不可行了。" C. Schmitt, *Verfassungslehre*, §19, Duncker&Humblot, Münich, 1928, p. 257.

② P. Guéniffey, *Le Nombre et la Raison. op. cit.*, p. 122.

③ Ibid., *p.* 123.

④ Voir J. Cannon, Parliamentary Reform 1640 – 1832, Cambridge, 1973, p. 31.

第二章 选举的胜利

镇，甚至是省和郡并不比古代的阿提卡（Attique）和文艺复兴时的佛罗伦萨更为广袤，人口更多。地方职务也许并不显得高度复杂。然而，美国和法国的革命者从来没有考虑过通过抽签来分配地方职务。好像，即使在新英格兰的小镇（后来托克维尔将其视作直接民主的典范来分析），十七八世纪的市镇官也不是通过抽签而仅仅是通过选举任命的①。在这些人口相对同质、公共职位有限、集体事务由全体居民在年度大会上讨论的小型单位，应该满足或至少相对接近我们今天所认为的使用抽签的必要条件。因此，在殖民地时期和革命时期的美国小镇和文艺复兴时期的意大利城邦之间，不是外部环境发生了变化，而是信仰、价值观以及集体权威的合法性观念发生了变化。

确实如此，在十七八世纪的政治人物眼里，抽签选官显得不可能，毫无疑问的是要采用选举制（他们在这两种程序之间没有显出任何犹豫证明了这一点）。但这不单单是外部环境所产生的机械后果。考虑到建国者们所要寻求实现的目标以及关于权力合法性来源的主导性观念，抽签被当时人认为是明显不合适的。不管环境在抽签的消失和选举的胜利问题上发挥了何种作用，我们都需要探讨信仰和价值观问题，它们可能引起了这种双重现象的发生。因为当时的政治人物对这两种程序的优点比较没有展开明确辩论，这里的推理必然在部分程度上含有推测性特征。因此唯一的可能性操作办法是让这两种选官方法的一些表述相对照——17世纪和18世纪的文

---

① 这里，对这个说法仍需持谨慎态度。笔者没有阅读所有关于殖民地时期和革命时期新英格兰市镇体系的历史研究。此外，抽签的使用案例也有可能不为历史学家所知。不过，即使这个实践可能在某些地方存在，但无论如何它都没有推广，也不广为人知。关于这个问题，见 J. T. Adams, *The Founding of New England*, Little Brown, Boston, 1921, 1949（chap. XI）; C. Brindenbaugh, *Cities in Revolt*, Urban Life in America 1743–1776, New York, 1955; E. M. Cook Jr., *The Father of the Towns: Leadership and Community Structure in Eighteenth Century New England*, Baltimore, Johns Hopkins University Press, 1976。笔者这里所参考的托克维尔的相关分析见 *La Démocratie en Amérique*, Vol. I, Première partie, chapitre 5。

▶▶ **代议制政府的原则**

化另外也证明了它们的影响力——以此来确定在这个背景下哪些动机可能使当时人毫不犹豫地选择了选举。

确实，有一种表述使抽签和选举呈现出极大的不同和差异：所有合法性权力来源于权力行使对象的同意的原则，换句话说，个人只服从他所同意的原则。三场现代革命是以这个原则为名义展开的。这一事实非常著名和确凿，这里没有必要对此进行多重举证[①]。仅仅举几个具有标志性意义的例子。在1647年10月的普特尼（Putney）辩论会议上——辩论内容构成英国革命信念最著名的文献之一——，为了反对克伦威尔军队中的激进保守派，雷恩巴勒（Rainsborough），激进派的发言人（"平等派"），表达了这些话语："每个必须生活在政府治下的人首先必须经由自己的同意把自己置于政府之下；我认为，英国最凄惨的人是不受政府的任何约束（bound）的，就该词语的严格意义而言，如果他没有明确表示同意置于其下。"在保守派主要发言人埃尔顿（Ireton）的回答中，他并不反对同意原则，但辩论说同意权仅仅属于"在王国里有固定和永久利益"[②] 的人。130年后，美国的独立宣言以这些话作为开场白："我们认为以下真理不言而喻：人人生而平等，造物主赋予他们若干不可剥夺的权利，其中包括自由权、生命权和追求幸福的权利；为了保障这些权利，人类成立政府，政府的正当权力来自被统治者的同意"。[③] 最后，在法国，大革命最初几个月里的核心人物之一，图雷（Thouret），在1789年8月初发表了权利宣言的草案，其中的一个条例如下："所有公民有权通过自己或者代表制定法律，只服

[①] 英美政治文化中同意概念所扮演的角色，参见 J. P. Reid, *The Concept of Representation in the Age of the American Revolution*, Chicago, 1989, 尤其是第一章, "The Consept of Consent"。

[②] "The Putney Debates", in G. E. Aylmer (ed.), *The Levellers in the English Revolution*, Ithaca, Cornell University Press, 1975, p.100.

[③] "Declaration of Independence" (4 juillet 1776), in P. B. Kurland et R. Lerner (eds.), *The Founders' Constitution*, 5 Vol., Chicago, 1987, Vol.1, p.9.

第二章 选举的胜利

从他们自由同意的权威。"①

唯有同意和意志才构成权力合法性来源及构成社会成员服从权威的根本理由是自然法学派理论家的共同信仰，从格劳秀斯、霍布斯、普芬多夫、洛克到卢梭都是一样。这个问题得到无数文献的充分研究，因此只举一例，来自洛克，这个知识权威在英国、美国和法国产生的影响最大②。在《政府论》下篇，洛克写道："人类生来自由、平等和独立，如不得本人同意，任何人都不能被剥夺这种状态，置于他人的政治权利之下"，他又写道："因此政治社会的起源，其真正起源，只能是若干数量的自由人的同意，他们有能力形成大多数以联合起来加入这样一个社会。正是在此处，也只能在此处，**诞生或者说能够诞生**地球上的**合法**政府。"③

从权力的来源和政治义务的依据被置于被统治者的同意和意志之下这一刻开始，对抽签和选举的理解发生了变化。另外，无论其优点和属性如何，抽签确实无可置疑地呈现出这一特征：它不涉及人类意志，因此不能作为一种同意表达。在抽签制下，执政官的权力不是由其权力行使对象的意志所授予的，他们的权力不经任何人的授予。在这个意义上，抽签自身不是一种权力合法性程序，而仅仅是一种选官和公职分配程序。相反，选举同时完成了两件事：它挑选公职担任者，同时，它将他们的权力合法化，在任命人中间创立一种对他们的任命者的义务和承诺情感。有充分的理由认为，这种关于合法性和政治义务依据的观念导致了抽签的消失和选举的胜利。

---

① Thouret, " Projet de déclaration des droits de l'homme en société " [1789], in S. Rials (éd.), *La Déclaration des droits de l'homme et du citoyen*, Hachette, Paris, 1988, p. 639.

② 法国关于自然法学派理论的介绍，见 R. Derathé, J. -J. Rousseau et la science politique de son temps [1950], Paris, Vrin, 1992, passim et en particulier pp. 33 sqq., 180sqq。

③ J. Locke, *Second Treatise of Government*, ch. VIII, §§ 95, 99, in *Two Treatises of Government*, edited by P. Laslett, Cambridge University Press, 1960, pp. 330, 333. 强调部分由原文做出。

▶▶ 代议制政府的原则

另外，选举程序和同意原则的联系在代议制政府建立时并不是一个全新的事物。强加于所有人的必须经过所有人的同意的观念也并非是现代自然法理论家的发明。通过选举来表达同意已经证明是产生义务的有效手段。为了在人民中间形成一种义务感，尤其是纳税义务，召集选举代表已经成功地运作了几个世纪。中世纪（以及现代时期）的"国家议会"和"三级会议"以此为基础。一些当代历史研究特别强调了中世纪的"国家议会"和三场大革命时期的权力中心——代表议会——的区别。这些差异确实很大。不过，它们却不能完全掩盖一些继承性元素。事实是英国1642年和1689年革命后的议会也是"旧宪法"下议会的继承，它也被时人如此看待。美国的13个殖民地也曾有过选举代表大会的经验，1776年革命的主要口号（"无代表不纳税"）证明了古老信仰的持续影响，召集议员是迫使公民纳税的唯一合法手段。法国对历史的割裂可能比较粗暴，但财政危机也促使王室召集三级会议代表从而再次复活了这种能够有效产生义务感的做法。无论如何，一些坚实的理由促使我们认为代议制政府对选举手段的使用可以在中世纪的选举经验里找到渊源，无论是国家议会选举还是宗教选举（尤其是罗马共和国的选举实践）[①]。

在中世纪，选举的使用和某一原则并存，所有的事实都证明这一原则对西方的制度历史产生了关键影响，该原则来自罗马：*Quod omnes tangit, ab omnibus tractari et approbari debet*（影响每个人的事

---

① 尤其参考 L. Moulin, "Les origines religieuses des techniques électorales modernes et délibératives modernes", *Revue international d'histoire politique et constitutionnelle*, 1953, pp. 143 – 148; G. de Lagarde, *La naissance de l'esprit laïque à la fin du Moyen âge*, Louvain 1956; L. Moulin, "Sanior et Maior pars. Etude sur l'évolution des techniques électorales et délibératives dans les orders religieux du VIe au XIIIe siècle", *Revue historique de droit français et étranger*, ñ3 et ñ4, 1958, pp. 368 – 397 et pp. 491 – 529; M. Clarke, *Medieval Reprsentation and Consent*, New York, 1964; 总结性文献：A. Monahan, *Consent, Coercion and Limit. The Medieval Origins of Parliamentary Democracy*, Montréal, 1987。

第二章 选举的胜利

务需经由每个人的考虑和同意）。12世纪，罗马法被重新发现后，法学者和教规学者致力于推广这条原则，他们对它进行了重新解释，并且另外将其应用于不同于罗马的其他情形（在罗马，这个原则属于私法范围）①。人们一度认为英国国王爱德华一世是第一个援引"Q. O. T"格言的人，它出现在1295年国王用来召集议会的条例中。但最近有研究指出，这句话在13世纪末已经非常流行。法国国王腓力四世1302年召集三级会议时使用过这句话，腓特烈二世在呼吁托斯卡纳的城市委派全权代表（nuntii）时使用过这句话②，教皇何诺三世和诺森三世也经常使用这个格言。需要指出的是，要求选举代表的当局一般坚持代表应被授予全权（plenipotentiarii），也就是说使选民自己认可受到代表任何决策的约束。代表选择过程中被代表者意志和同意的引入赋予了代表大会的决策一种强制性力量，这是通过抽签产生的机构所不具备的。代表在对某些措施和税收表示同意后，教皇和皇帝就可以对人民说："昨天你们同意议员代表你们发言，今天就必须服从他们同意的决定。"选举制包含了一种服从承诺。

援引"Q. O. T"原则并不意味着被统治者的同意被视作合法性的唯一或主要来源。在这方面它和现代代表大会是有本质区别的。这意味着一个来自"高层"的意志必须经过"底层"的批准才能

---

① *Quod omnes tangit*…原则，通常以其简写形式"Q. O. T"而闻名，第一次于531年出现在《查士丁尼法典》中。格拉蒂安（Gratien）在"法令"（大约写成于1140年左右）中引用过（Decretum, 63, post c. 25）。关于"Q. O. T"最初的含义，见G. Post, "A Roman-legal theory of consent", Wisconsin Law Review, 1950, pp. 66 – 78; Y. Congar, "Quod omnes tangit, ab omnibus tractari et approbari debet" ［1958］, in Y. Congar, *Droit ancient et structures ecclésiales*, Londre, 1982, pp. 210 – 259. 其他关于这条法律规则的论述，见A. Marongiu, " Q. O. T., principe fondamental de la démocratie et du consentement au XIVe siècle ", in Album Helen Maud Cam, 2 Vol., Louvain 1961, Vol. II, pp. 101 – 115; G. Post, "A Romano-cannonical maxim. Quod omnes tangit in Bracton and early parliament", in G. Post, *Studies in Medieval Legal Thought*, Princeton, 1964, pp. 163 – 238.

② A. Monahan, *Consent, Coercion and Limit*, op. cit., pp. 100sqq.

▶▶ 代议制政府的原则

成为一项完全合法的决策并带来义务①。这个原则也不意味着在几个同样具体而确定的可能性之间提供一种选择，无论是公民选举代表时的人员问题，还是全体会议上的重要决议问题。相反，人民被请求批准权力机构、民事机构或教会机构所建议的事项。这种批准通常采取"一致欢呼"的简单形式②。不过，至少在理论上，这个批准可以是否定性的。即使是采用这种有限的形式，"Q. O. T"原则诉诸来自下层的同意。这句格言的重复使用毫无疑问有助于被统治者的同意是合法性和政治义务来源信仰的传播和巩固。

这里需要做个简短解释。有时有人说教会在抽签的消失问题上扮演了急先锋的角色，它禁止使用抽签任命教职，而与此同时意大利的城市还在使用这一程序③。确实，教皇何诺三世在1223年颁布了一条教令（即"Ecclesia Vestra"教令，针对卢卡教堂的）禁止在教职任命过程中使用抽签④。当时，在选择主教时，有时会使用

---

① 中世纪思想和实践中关于"自下而上"和"自上而下"权力组合的观念，相关奠基性研究需参考 Walter Ullmann，尤其是，*Principles of Government and Politics in the Middle Ages*，Methuen，1961。

② 关于革命前的英国代表选举一致欢呼的主要特征，见 M. Kishlansky，*Parliamentary Slection*，*Social and Political Choice in Early Modern England*，Cambridge University Press，Cambridge，1986，surtout ch. 2。

③ L. Moulin，"Les origines religieuses des techniques électorales modernes et délibératives modernes"，*Revue international d'histoire politique et constitutionnelle*，art. cit.，p. 114.

④ Corpus Juris Canonici，ed. E. Friedberg，2Vol.，Tauschnitz，1879 – 1881，Vol. II，p. 823（Liber Extra，Tit. XXI，cap. III）. 这个参考文献需要感谢 Steve Horwitz，他是加利福尼亚的古书专家，笔者通过网络电子邮件和他取得联系，这里向他致谢。L. Moulin 提到了教令的存在，但没有给出精确的参考文献，也没有分析其内容。无论是笔者向一些宗教法规专家请教还是查阅 Corpus juris Canonici，都不能找到答案。在这里笔者也向 Paul Bullen 表示感谢，他建议笔者向社交网络用户中的中世纪和宗教法规专家圈子请教这个问题。正如我们将要看到的那样，如此笔者得以查阅教令文本，而其中的具体内容非常重要。也许也需要致谢今天的科学技术，使人可以向全世界投递信件。

抽签①。但它被看作是上帝的意志的昭示。实际上 Ecclesia Vestra 教令禁止的是将抽签当作上帝的预兆来使用。它出现在教令手谕录（Liber extra）中，主标题是《巫术》（De sortigeliis）（Tit. XXI），和其他占卜行为一样，也是被教廷所禁止的。教会因此并不反对抽签在纯粹世俗事务中的使用，也就是说它没有被看作是来自上帝的昭示。这个对教会禁止的解读另外也得到了《神学大全》的证实②。圣托马斯对抽签的几种使用可能性做了区分——他的相关推论相对细致，这里没有必要做出概括——分配性抽签（sors divisoria）、咨询性抽签（sors consultatoria）和占卜性抽签（sors divinatoria）。根据圣托马斯，重要的一点是使用分配性抽签来分配"财产、荣誉和头衔"并不构成一种原罪。如果将抽签的结果看作是随机产物（fortuna），使用抽签"可能会是徒劳无功的"（nisi forte vitium vanitaris），但除此之外它不会带来更多的不良因素。因此毫无疑问教会对使用抽签分配职位并无敌意，只要它未被赋予宗教意义。另外这也解释了为什么在 Ecclesia Vestra 教令颁布后，极其虔诚的天主教意大利共和国仍在使用抽签制，而没有引起教会当局的任何异议。如果说中世纪的教会导致抽签政治用途的衰落，这只是因为它传播同意原则，而不是因为它禁止使用抽签来分配"头衔"。

17 世纪和 18 世纪熟悉共和历史的作者注意到通过选举任命代表的做法来自中世纪的传统而非共和传统。关于这一点，让人吃惊的是哈灵顿、孟德斯鸠和卢梭意见一致。哈灵顿在评论罗马特权百人团的抽签制时这样写道："［历史上］第三阶段的政治过程中，

---

① Voir J. Gaudemet, "La participation de la communauté au choix de ses pasteurs dans l'Eglise latine: esquisse historique", in J. Gaudmet, La société ecclésiastique dans l'Occident médiéval, Londre, 1980, ch. III: Gaudemet 指出巴塞罗那的主教会议在 599 年决定主教可以通过抽签来任命，其两到三名候选人由"教士或人民同意选择"，art. cit. pp. 319–320。

② Thomas d'Aquin, Somme théologique, IIa, Iiae, qu. 95, art. 8, I. 再次感谢 Paul Bullen 向笔者介绍了这一段落。

▶▶ 代议制政府的原则

哥特式审慎完全以人民**投票**任命代表[也就是说选举]为基础。"①我们看到,哈灵顿,尽管他是一个彻底的共和主义者,也是倾向于选举而非抽签。选举也许是整体制度方案在试图重新发现和恢复古代审慎原则时采用的唯一的"哥特式审慎"原则。另一方面,我们都知道孟德斯鸠那句关于英国代议体制起源的著名的话:"这个美妙的制度是在树丛中找到的",应该理解为是日耳曼的树丛,"哥特式"的使用和封建制度也产生于此②。如果我们在《社会契约论》一段比较著名的话中只看到抨击而没有其他内容,我们就犯了错误:"代表思想是前卫的:它来自封建政府,这个政府极不公平,极其荒谬,在其治下人类是堕落的,人类的名字受到玷污。在古典共和国,甚至在王朝政治下,人民从来没有自己的代表。"③ "人类的名字"这一提法实际上——尽管隐晦,却具有显著的历史准度——,意指封建宣誓,通过它诸侯成为君主的"人",向他承诺效忠。在卢梭眼里,将人类的名字和服从行为加以联系是对人类名誉的玷污。

无论如何,代议制政府在建立时,中世纪的传统和现代自然法学派形成汇流,出现了被统治者的同意和意志作为合法性和政治义务唯一来源的信仰。从此,选举制取得了显而易见的胜利。同时,合法性问题不再引起争议,职位分配正义变成次要问题。也就是说,公共职位在公民中间是否以公平的方式进行分配从此变得不再重要。唯一真正重要的事情是官衔持有人通过他人的同意来任命。

---

① Harrington, "The prerogative of Popular Government", in *The Political Works of James Harrington*, *op. cit.*, p. 477. 强调格式原文已有。

② Montesquieu, Esprit des lois, livre XI, chap. 6, éd. R. Derathé, *op. cit.*, Vol. I, p. 179. 《思想流派》中有一段话证实孟德斯鸠认为英国法和哥特制度有密切的联系:"约克(M. Yorke)先生对我说一个外国人在绅士库克(Cook)和里特尔顿(Littleton)那里不可能听懂一个单词,我对他说我注意到,封建法律和英国的古老法律对我而言并非那么难懂,并不比其他国家的法律难懂,因为欧洲所有的法律都是哥特式的,它们有着相同的起源和本质。"(Pensée 1645, in *Oeuvres complètes*, 3 Vol., Paris, Nagel, 1950, Vol. II, p. 481)

③ Du contrat social, livre III, chap. 15, *Oeuvres completes*, Vol. III, *op. cit.*, p. 410.

分配来源或者是分配者使其结果变得可接受，无论结果如何。不过，职位分配正义顾虑也许并没有完全消失。选举总体上被视作比世袭制绝对更为公正平等的分配方法。关于这一点，可以看到世袭制和选举制的巨大差异，但两种非世袭程序（抽签和选举）的分配效果所存在的不同却好像可以被忽略。另外，因为合法性观念明白无误地偏向于这两种非世袭方法中的一种，我们就明白了为什么即使是最为激进最为重视平等问题的革命者也没有严肃考虑过引入抽签制度。抽签和选举各自分配效应之间的差异是可以为有教养的领导者所知的，无论他们更为保守还是更为激进。然而它却并没有激起争论，也许当时的主要政治人物多多少少在私底下为此感到庆幸，无论如何，他们是如此重视同意原则，也就无暇认真捍卫抽签制了。

确实，外部因素也导致了职位分配正义被贬黜为次要问题。考虑到公民的数量和权力职位的数量，在17世纪和18世纪的一些大国里，无论采用什么样的分配程序，一个公民获取公职的概率都很小。因为概率低微，因此，即使假定执掌公职的意义在所有的情况下都是一样的，职位分配的重要性、它能够激起的热情对于18世纪的法国人或者美国人而言是微不足道的，这与雅典人和佛罗伦萨人大为不同。需要了解的是亚里士多德、圭恰迪尼和孟德斯鸠的观点是否有理，抽签平等地分配这个小概率，选举以不平等的方式对其进行分配。然而，即使对每个公民个体而言，他获取公职的概率和其同胞比较，其强弱、高低差异可以忽略不计（因为这个概率是无穷小的），也不能说两种程序在分配官职时所产生的差异对于集体而言是不重要的，更不能说对政府的运作不会产生客观影响。例如，执政者议会里的律师比农民多并非无关紧要，即使从个体角度而言，对于每个农民来说，就算律师比他更有机会进入议会，他也对此无所谓。

无论环境和信仰在合法性问题上各自扮演了什么角色，事实是

▶▶ **代议制政府的原则**

在代议制政府起源之时，公共职位分配正义问题被放在次要地位。公民主要被看作、被当作职位的分配者，而不是（远远不是）可能性候选人，或许会对公职感兴趣。共和传统表明，这只是公民身份的一种考虑方式（上文给出了理由），而不是当所有人不能同时履行公职时一种明显和必要的办法。

第三章　区别性原则

鉴于选举的特性，尤其是公民以自由平等为基础的同意在这里所扮演的角色，因此代议制政府的创始人是打算接受公共职位的分配可能有失平等这一事实的。他们也努力有意识地且刻意地确保议员的社会地位和出身高于其选民，议员高于选民的地位体现在财富规模、标准难定的才华和德行等方面。选民的社会条件在最早建立代议政制的三个国家是各不相同的：例如，英国对选举权的限制要远远比美国和大革命时期的法国严格。但无论参与选举的固定门槛（或应纳税额）如何，其目的是使议员的地位更高。不但议员的绝对社会地位很重要，而且尤其是——也许特别是——和其选民比较起来他们的相对地位也很重要。代议制政府在建立时有一点是很清楚的，选举产生的议员将是且应该是那些区别于其选民的杰出公民。这里我们将其称为区别性原则。

我们通常将代议制政府的不民主特征归因于其建立初期对选举权的限制。确实，在英国革命后期，投票权局限于全体人口中很少的一部分人。法国国民制宪会议也对"积极"公民和"消极"公民进行了区分，只有前者才有选举权。在美国，宪法将联邦选举中参与投票所需条件的决定权下放给了各州。宪法明确联邦选举中参与投票的前提条件将参照各州为其下议院选举所确立的条件。在1787年，鉴于当时大部分州的选举权都受到应纳税额和财产条件限

> 代议制政府的原则

制,费城制宪会议在事实上认可了联邦选举中的有限投票权①。选举权在代议制政府初期的有限性是一件人人皆知的事实,历史学家的注意力通常集中在它在19—20世纪期间的逐步消失过程。

但是,我们很少注意到,不管全体选民规模如何,代议制政府制度借助于一些法律条文和因素以确保议员的社会地位高于其选民。这个结果在英国、法国和美国的实现程度不一致。概括说来,代表的超越性地位在英国通过法律条文、文化规范和组织因素得到了保证,在法国主要是借助于一些法律条文。美国的情况要更为复杂,但也更能说明问题,我们在下文会看到这一点。

一 英国

普遍认为,在十七、十八世纪,英国下议院的席位仅仅局限于一些狭窄的社会圈子。20世纪初以来众多的研究都证明了这一事实,这里再次对其做出强调也许是多此一举②。第一次英国革命在某种形式上开启了一个政治游戏,之所以这么说,是因为在革命期间,真正的争夺性和竞争性选举比以前更为频繁了。一项近期研究指出,在革命前,英国议会人员选择被严格地选入到了社会等级结构中。当时,一种地方"自然领袖"荣誉的授予方式是将其选入议会。选举很少具有争夺性。如果有候选人试图争夺议会议员荣誉,会被在职议员视作对其(或其家庭)的侮辱。各方对选举冲突都充满忌讳,尽可能地避免它。选举往往是得到全票通过,很少统计选票③。革命一来,争夺性选举得到增加,这是因为,地方精英基于

---

① Voir J. R. Pole, *Political Representation in England and the Origins of the American Republic*, Berkeley, 1966, p. 365.

② 有关这一点的概述和参考文献,见 J. Cannon, *Parliamentary Reform* 1640–1832, Cambridge University Press, Cambridge, 1973。

③ Voir M. Kishlansky, *Parliamentary Selection. Social and Political Choice in Early Modern England*, Cambridge University Press, Cambridge, 尤其是第1—4章。

政治和宗教立场差异而分裂了。此时选举具有了选择的意义，但是选民还是在精英中间做选择。即使在革命期间，尽管社会选择维度弱化了，但却从来没有在选举中完全消失①。更甚，在经历了多年的革命动乱后，17世纪末，"绅士和贵族的地位得到了加强"。"在选民的社会群体扩大的同时，议员的社会群体来源却变狭窄了。"②18世纪中期左右，这种现象受到了更多的批评，因为争夺性选举的数量大为缩减③。

有两个主要原因能够解释英国代议制的寡头特征。一方面，在英国的政治文化里，社会地位和声望发挥着巨大的影响力。人们的思想里充满了对社会等级的高度尊重：选民倾向于追随和模仿地方上最有名望的人物，并且想当然地认为只有这些有名望的人物才能被选入议会。英国政治文化的这一特殊特征后来被称作"恭让"（"déférence"）。这一概念在19世纪末被沃尔特·白芝浩（Walter Bagehot）普及化，但它所涉及的现象是英国政治生活和社会生活长期以来的特征表现④。另一方面，选举活动成本高昂。革命之后及整个18世纪，选举成本持续增加。议员们自己也在私人通信里和议会辩论中抱怨选举成本太高。所有的历史研究都证实要有钱才能赢取选票。这在很大程度上归因于英国选举的组织方法：投票点太少，选民需要长途跋涉去投票；并且，根据习惯做法，每个候选人需要负责他所动员的并支持他的选民的交通，支付他们的交通费用和住宿费用。恭让文化和选举开支因此"自动地"限制了入选议会的资格，甚至不需要借助于明确的法律措施。

1711年，另一原因开始发挥作用。法律对议员提出了更高的财

---

① M. Kishlansky, *Parliamentary Selection*. op. cit., pp. 122 – 123.
② Ibid., p. 229.
③ J. Cannon, *Parliamentary Reform* 1640 – 1832. op. cit., pp. 33 – 40.
④ 关于"恭让"在19世纪的选举中的作用，见 D. C. Moore, *The Politics of Deference A Study of Mid-Nineteenth Century English Political System*, New York, 1976。

▶ 代议制政府的原则

产条件要求，这些条件远远高于获取选民资格的条件。竞选郡（knights of the shire）议员需要拥有年收入达600英镑的地产，竞选市（burgesses）议员的相应条件是300英镑①。这个决定是由托利内阁做出的。这显然是为了促进地主阶级的利益（"the landed interest"）。不过，制造商、商人和金融家（"the moneyed interest"）可以购买土地，而后来他们也正是这么做的。1715年辉格党在取得胜利后也完全没有废止这条法令的意思②。实际上，就被选举资格问题，辉格党长期以来想引入一条特殊条件，但不是与地产有关的条件。1679年，在第二次革命后随之而来的危机中（即1689年"光荣革命"）扮演主要角色的辉格党领袖沙夫茨伯里提出了一项选举法律草案。这项包含诸多条款的草案宣称其目的是为了保证议会独立于王室。其中最著名的条款涉及投票权：沙夫茨伯里建议在郡一级，投票权应局限于那些房产主（householders）或者年收入达到200英镑财产完全持有权的居民（为了取代当时的40先令纳税额限制，这个数字在1429年以后就再也没有被修改过）。通过提高财产限定门槛，沙夫茨伯里旨在将投票权赋予那些持有足够财产而不会轻易接受王室贿赂的公民③。但这个草案的另一个条款提高了对被选举资格的财产（和年龄）条件要求。在一本捍卫其草案的宣传册里（这个宣传册从来没有被公布，是在其去世后的一些文件中发现的），沙夫茨伯里解释说："和选民必须持有财产一样，同样地，选举产生的议员也需要持有财产，**但程度不同**。将国家财富交给那些自身不持有任何财产的人是不明智的。我们会担心他们的财政困

---

① 地产年收入指根据税务机关估算的地租总额或土地产出收入总额。
② 1711年的法律文本参考的是：9 Anne, c. 5. voir J. C *Parliamentary Reform 1640 – 1832. op. cit.*, p. 36; J. R. Pole, *Political Representation in England and the Origins of the American Republic. op. cit.*, pp. 83 et 397。Pole推测法律可能是通过了，因为选民和议员之间的自然属性差异在这之后没那么明显了。
③ 关于沙夫茨伯里1679年的法律提案，见 J. R. Jones, *The First Whigs, The Politics of the Exclusion Crisis*, Oxford, 1961, pp. 52 – 55。

境，加上外部诱惑［国王和王室］，使其受到敌对利益的控制，不幸的是，这正是我们从前的议会有时所经历的情况。"① 沙夫茨伯里一方面建议建立一个间接选举制度，另一方面建议议会入选资格局限于"持有收入至少达到 10000 英镑地产或房产"（年龄达到 40岁）的绅士②。

因此，在英国，投票权受到严格限制，同时议员资格也受到额外限定。但无论各自的理由如何，辉格党和托利党都一致认为议员竞选者的社会地位必须高于他们的选民。

二　法国

在法国，制宪议会一开始建立了一种极其广泛的投票权。不过，根据今天的标准，这个投票权也许是有限的：需要支付价值相当于三个工作日的直接税才能成为"积极公民"。另外，妇女、佣人、贫民、流浪汉和和尚没有投票权，理由是他们在社会地位上依附于他人，不可能拥有自主的政治意志。尽管"消极公民"群体受到 19 世纪和 20 世纪初研究法国大革命的历史学家的极大关注，但近期所有的研究都指出，比较同时期其他地方的实践（尤其是英国）和后来纳税君主制下法国所制定的相关法律，制宪议会实际上

---

① A. A. Cooper, premier comte de Shaftesbury, "Some observations concerning the regulating of elections for Parliament" (1679, probablement), in J. Somers (ed.), *A Collection of Scarce and Valuable Tracts*, 1748, première coll., Vol. I, p. 69. 强调格式是笔者做出的。

② A. A. Cooper, premier comte de Shaftesbury, "Some observations concerning the regulating of elections for Parliament", loc. cit. p. 71. 沙夫茨伯里的原话是这样的："*Each worth in lands and moveables at least* 10000£, *all debts paid.*" 根据当时所使用的税务术语，涉及的价值指地产年租金收入或土地产出年收入，再加上土地上的财产商品价值（牲畜、车辆、工具等）。10000 英镑这个数字显得太高了，事实上也不太合情理。这是笔者在 1748 年的版本样本中看到的，但它可能是个印刷错误（1000 英镑是个显得更接近事实的数字）。到目前为止，笔者没有办法来验证这一点。不过，确切数字并不是特别重要，只要指出沙夫茨伯里提出被选举资格纳税额要远远高于投票资格纳税额就足够了。

▶▶ 代议制政府的原则

对选举权的限制没那么严格,这与当时的文化有关(妇女和她们的配偶被"一视同仁")。1789 年所确定的选民总数根据统计大约是四百四十万①。1792 年 8 月的法令通过降低投票资格年龄(从 25 岁降到 21 岁)建立了普选权,以扩大选民群体规模(但妇女、佣人和无住所的人仍被排除在外)②。普选权的宣布也许具有极大的象征意义,但现实变化却是有限的。1794 年后,热月党人放弃了笨拙的"积极""消极"公民的概念,建立了和 1789 年近似的选举制度,同时将公民权与阅读和书写能力联系在一起(为了保证公民能够按照自己的真实意图写票,规定了秘密投票制)。热月政权后被确定的选民群体是巨大的:大约 550 万公民有投票权③。

因此,在法国,新生的代议制政府和"数量"权力之间的关系实际上并不在于投票权的扩大。相反,被选举权应纳税额则占据了核心位置。1789 年,制宪议会决定只有那些同时满足以下两项条件的人——拥有任何价值的地产和缴纳相当于一马克银币税金——才能够当选国民议会议员。辩论和反对意见主要是围绕着《马克银币法案》展开的。马克银币的确切价值不是很确定,但这个条件似乎确实很苛刻④。我们今天用当时的主要人物所不使用的术语来描述这项决定所反映的思想观念,实际上是一种相对便利的做法。可以这么说,制宪者认为投票权归属于独立的拥有自主意志的所有公民,但他们认为选举产生的职位以全体国民的名义行使职能,这些职位的获取(即被选举权)只能是局限于某些人,以防止国家被不

---

① 尤其参考 P. Guéniffey, *Le Nombre et la Raison. La Révolution française et les élections*, Paris, Editions de l'Ecole des hautes études en sciences sociales, 1993, pp. 44 – 45。这个数字大约占人口总数的 15.7%,占成年男性人口的 61.5%(P. Guéniffey, *Le Nombre et la Raison*, op. cit., pp. 96 – 97)。

② P. Guéniffey, *Le Nombre et la Raison*, op. cit., p. 70.

③ Ibid., p. 289.

④ P. Guéniffey 估计达到被选举资格应纳税额要求的人数大约占全体人口的 1%。(*Le Nombre et la Raison*, op. cit., p. 100)

第三章 区别性原则

专业之手所毁灭。无论如何，《马克银币法案》显示对于制宪者而言，议员在社会地位上必须优越于其选民。国民议会意图通过法律保证这种区别性。

法案在一开始就受到反对。一些意见极力论说被选举资格只应该取决于选票和选民的信任。一名议员声称（普里厄，Prieur）这是"以马克银币取代信任"[①]。西耶士尽管反对民主，但也不赞成这项措施。但这些声音没有被听取。不过，面对大革命逐步走向危险的激进化以及反对意见的增加，国民议会最终在1791年放弃了马克银币。它被另一项制度所取代，尽管有所区别，但也是旨在通过立法确保议员的区别性。制宪议会一开始就建立了两级选举程序制度。它规定选民在乡一级选举产生"初级会议"，初级会议选出二级选民（每一百积极公民中选一名），后者在省一级选举产生国民议会议员[②]。制宪议会在1789年规定了第二级选民间接被选举资格的应纳税额，即需要缴纳等同于十个工作日的税金。间接应纳税额在1791年发挥了作用。议员们废除了马克银币和财产条件限制，从此只有缴纳了四十个工作日税金的公民才能当选为第二级选民[③]。这个新的门槛很高[④]。一些人揭露说这是"马克银币的隐蔽性转移"[⑤]。实际上这正是该项决策的目的；正如它的推行者所期望的那样，它成功地大大缩减了拥有被选举资格的第二级选民的数量，不然，它则旨在"结束革命"。1792年，所有涉及被选举资格应纳税

[①] Cité dans P. Guéniffey, *Le Nombre et la Raison*, op. cit., p. 59.

[②] 这里需要指出，乡的范围小（64公里）数量多（4660），其明确目的是缩短选民到投票点（乡里的首府）的交通距离。见 P. Guéniffey, *Le Nombre et la Raison*, op. cit., p. 276。英国案例可能和这项决定有很大关系。

[③] P. Guéniffey, *Le Nombre et la Raison*, op. cit., p. 61.

[④] 关于应纳税额四十个工作日的数目影响，见 P. Guéniffey, *Le Nombre et la Raison*, op. cit., pp. 101–102。

[⑤] 布里索（Brissot）在他的报纸 *Le Patriote Français* 里使用了这个表述，见 P. Guéniffey, *Le Nombre et la Raison*, op. cit., p. 61。

> 代议制政府的原则

额的决定都被取消了，但间接选举原则却保留了下来①。热月党人再次回到 1791 年的制度：对议员没有被选举资格应纳税额的特殊要求，但对第二级选民则有一定的应纳税额限制。

另外，一些统计研究证实，在整个大革命期间，甚至在 1792 年，第二级选民议会里充斥着人口中的富有群体②。这一点体现在国民代表议会的构成上。制宪议会自身是一个由农民选举产生的"律师议会"（占全体议员的 52%）③。

法国选举政治的社会选择效应和英国相比毫无疑问是有区别的，受到的批评也没有那么多，但批评多多少少还是存在的。另外，在法国，这个结果不是在某种程度上通过无声的文化规范和实践限制而形成的，而是通过十分明确的制度条文达到了这个效果，这些制度即间接被选举资格纳税制和间接选举原则。两级选举制值得特别注意，因为它在整个大革命期间得到维持，被视作对"民主的净化"④。

三　美国

费城

关于投票权，费城制宪者采取了某种程度上近似于法国人的立场：他们选择了最开明的解决方案。我们前文提及的宪法条款["各州选举人应具有该州州议会中人数最多之一院的选举人所需之资格"（Art. I, Sec. 2, cl. 1）]仅仅对下议院的选举做了规定。实际上，根据 1787 年通过的宪法，参议员由各州议会选举产生（Art. I, Sec. 3, cl. 1），总统由各州议会任命的特别选民团选举产

---

① P. Guéniffey, *Le Nombre et la Raison*, op. cit., p. 70.
② Ibid., pp. 411–413.
③ Ibid., p. 414.
④ Ibid., p. 41.

生（Art. II, Sec. 1, cl. 2）。总统和参议院因此没有对投票权问题做出特殊的条文规定。关于选举和它与代表的本质关系的辩论，集中在下议院的选举问题上。需要知道的是关于投票权的限定条件是由各州宪法所规定的。联邦宪法不对其做出规定，交由各州议会对投票权进行规制。

费城制宪者非常清楚地知道好几个州都对投票权做了条件限定（由此联邦选举投票权也受到了限制）。但需要把制宪会议的最终决定放在当时的背景下来理解：它实际上是对费城讨论所涉各种可能性最开放最慷慨的回答（如詹姆斯·威尔逊在宾夕法尼亚州议会批准辩论会上所言）。确实，有一部分会议代表赞成在联邦宪法中对参与国会选举的财产条件做出规定。这个方法最后只适用于一些州的选民，如宾夕法尼亚州，另外那些州实行的应纳税额限定也是相当低的①。例如，莫里斯（Morris）建议的财产条件是只有地产主才有联邦投票权。他指出不拥有土地的人会特别容易被收买并会因此成为富人手中的工具。此外，他指出他的议案是为了反对"贵族制"②。在这个问题上他得到了麦迪逊的支持。麦迪逊声称，"如果我们完全客观地考虑这个问题，美国的地产主将是共和自由最安全的守护者"。在这个原则问题上，麦迪逊是支持引入地产条件限制的。但同时，他害怕人民反对此种类型的措施。"宪法是否对地产权做出限定？根据他的意见［麦迪逊言中的他是对笔记中的第三人说的］，答案在很大程度上取决于已经赋予所有人口投票权的州对

---

① 宾夕法尼亚 1776 年通过的州宪法被视为极其激进，这部宪法废除了之前的财产条件限制，将投票权扩展到所有自由的、纳税的及在其选区连续居住一年以上的成年男性。这意味着选民的范围比较广泛（小商人、自由手工艺人和工人都有投票权）。相反，弗吉尼亚州的投票权则只局限于地主，自由手工艺人和工人被明确排除在外。最后一个例子，马萨诸塞州宪法书面上建立了一系列财产等级条件，但实际上投票权是相当广泛的（三个成年男子中的两个，或者四个中的三个，拥有投票权）。关于这一点，见 J. R. Pole, *Political Representation in England and the Origins of the American Republic. op. cit.* , pp. 206, 272, 295。

② *The Records of the Federal Convention of* 1787, éd. Par M. Farrand ［1911］, 4 Vol., New Haven, 1966, Vol. II, pp. 202-203. Ferrand 版本的参考指引如下：*Records*, 随之以期，卷，页码。

代议制政府的原则

待这种变化的方式。"① 这段话显示出某种犹豫不决。麦迪逊最终好像是支持财产限制的,但不一定是地产。总之,无论是莫里斯还是麦迪逊都没有影响到制宪会议的信念,会议上所发表的演说的总体内容显示大部分代表反对超出各州已执行的任何额外条件限制。主要理由似乎是人民对投票权怀有深切的感情,"如果被剥夺了这项权利,他们不会心甘情愿地批准国家宪法"②。总之,没有人在费城会议上建议联邦投票权比各州的投票权更广泛。因此很明显,制宪会议采取了那种似乎是限制性最小的办法。

如果我们现在关注被选举资格条件,我们发现联邦宪法的相关条款内容如下:"凡年龄不满25岁,成为合众国公民不满七年,在一州当选时不是该州居民者,不得担任众议员"(Art. I, Sec. 2, cl. 2)。很明显这些条件并不严格,一点也没有我们称之为区别性原则的痕迹。这可能是文化上更平等、人口上更均质的原因赋予了这个代议制政府不同于旧欧洲的代议政制,后者几个世纪以来都以等级秩序为显著特征。但仔细阅读《档案记录》会发现,在制宪会议的秘密会议上,被选举资格条款被通过之前的相关辩论事实上极其复杂。

7月26日,梅森(Mason)提交了一条议案,建议"细节委员会"(全体会议的准备工作委员会)准备起草一项条款"要求国会议员需满足一定的地产条件和公民条件[美国],排除负债的人及联邦政府的债务人"③。在辩论过程中,梅森以英国在安娜女王统治时期所采用的被选举资格条件要求为例,说道,"这些资格条件要

---

① Records, op. cit., Vol. II, pp. 203 - 204. 需要指出的是,当麦迪逊准备出版他关于联邦会议的笔记时(可能是1821年),他修改了自己于1787年8月7日在费城关于投票权的演讲,解释说因为之后他的观点发生了变化。这两个文本至今都还在。上文的引用出自最初演讲。1821年修改后的版本,即一般人所知的《投票权笔谈》,是非常重要的文件,稍后本书会有论述。

② 这是埃尔斯奥斯(Ellsworth)的话(Records, op. cit., Vol. II, p. 201),但它概括了多个发言的总体意旨。

③ Records, op. cit., Vol. II, p. 121.

求得到了全体同意"①（梅森所涉及的是1711年法令，上文有述）。莫里斯回答说他只倾向于对投票权设置条件限制。麦迪逊建议删除梅森提案里的"土地"一词，指出说"拥有土地并不是真正财富的确凿证据"，另外商人和制造商也应该有"使公共机构感受到和理解到他们的权利"的可能性；地产不应该受到任何优先待遇②。麦迪逊的提案得到了压倒性的支持（10票赞成，1票反对）③。细节委员会因此起草了一项没有明确选举资格和财产条件限制的条款。

因此，制宪会议上，辩论围绕的仅仅是出任议员所要求的财产类型。除却这点迟疑不决，代表们同意被选举资格需满足一定形式的财产条件要求。关于投票权，制宪会议选择了最为开放的制度，这点和被选举资格截然相反。针对议员的财产条件有两条主要观点被提了出来。首先，最重要的是保证议员充分的经济独立以使其免于执行机关的任何贿赂企图（保护立法机关独立于行政机关）。这点顾虑另外在那项禁止参议员和众议员同时在联邦政府任职的条款里也得到了体现（Art. I, Sec. 6, cl. 2）。最后这个条款显然是为了反对18世纪早期以来英国人所建立的"位置制度"（place system），一直为共和党人所嫌恶。总体来说，经济独立是防止腐败的一个最好保证，该观点是共和党人思想中的主要信条之一④。关于这个问题，美国制宪者的观念属于当时影响广泛的一个思想流派。其次，议员的财产条件似乎是合理的，只要所有的代表都认为财产权是最基本的一项权利，而政府的主要目标之一是保护财产权。因此，采取具体的预防措施也就似乎是合理的了，以便这些代表能够特别关

---

① *Records*, *op. cit.*, Vol. II, p. 122.

② Ibid., Vol. II, pp. 123 – 124.

③ 在《档案记录》，投票数以州来计算。10个Yes，1个No意味着10个代表团支持，1个反对。

④ Voir J. G. A. Pocock, *The Machiavellia Moment*, Princeton, Princeton University Press, 1975, *passim*.

> 代议制政府的原则

心财产权及其利益。无论如何，财产权无论是被视作对共和自由的防御，还是被视作最为神圣的自然权利之一，联邦制宪会议认为议员必须拥有财产，因此具有高于其选民的社会地位，因为这个条件没有被诉诸投票权。因此费城会议也受到区别性原则的主导。问题在于理解为什么联邦宪法没有对其做出规定。

让我们再回到会议辩论。几个星期之后，细节委员会提交给全体会议如下一项条款："美国的立法权力有权根据它认为恰当的方式统一确定各议会成员的财产权条件。"① 拉特利奇（Rutledge）和埃尔斯奥斯（Ellsworth）解释说，委员会实际上不能够就具体财产条件问题达成一致。它因此决定让未来的立法机关来解决这个问题。有两个障碍阻止委员会内部达成一致。一方面，根据拉特利奇，委员会成员感到"为难的双重风险是，将条件定得太高会让人民不高兴，将条件定得太低又会导致这些条件不具有操作性"。并且，埃尔斯奥斯进一步说："美国不同地区的不同情况以及全国在现在和未来情况的可能性不同使**固定的统一**的条件变得不恰当。将其定得够高以使其在南部各州得到有效运行，但这些条件在东部各州将无法执行。适合这里的条件，情况换了就不适合了。"② 通过这一表述，细节委员会好像是解决了它的内部问题，但在全体会议上，这个办法受到了大多数代表的反对：将被选举资格条件交由立法机构来裁定是极其危险的，政权的性质有可能因为简单的条件规则遭到彻底改变③。威尔逊尽管是细节委员会成员，但也指出"**统一的**规则可能不应该由立法机关来确定"，他因此建议"结束会议"④。威尔逊发言之后马上举行了投票：委员会的建议以七票对三

---

① *Records*, Report of the Committee of Detail, Vol. II, *op. cit.*, p. 165. 细节委员会的成员是戈勒姆、埃尔斯奥斯、威尔逊、兰多夫和拉特利奇。（Voir J. H. Huston, *Supplement to Max Farrand's The Records of the Federal Convention of* 1787, New Haven, 1987, pp. 195–196）。

② *Records*, *op. cit.*, Vol. II, p. 249. 强调格式是原文做出的。

③ 反对意见是麦迪逊提出的。*Records*, *op. cit.*, Vol. II, pp. 249–250.

④ *Records*, *op. cit.*, Vol. II, p. 251. 强调格式是笔者做出的。

票的结果遭到反对。联邦宪法没有对议员的被选举资格条件做出任何规定。

这段奇特的插曲显示1787年宪法没有对被选举资格条件做出规定不是基于原则原因,而是因为一些实际意外情况。制宪者很明显是赞同区别性原则的,但他们未能够就同时适合北部各州和南部各州、贫穷的西部农业州和富裕的东部商业州的共同门槛条件问题达成一致。因此,被选举资格条件在美国的缺席将美国代议制政府和欧洲代议制政府区别开来,这在本质上是一个有悖初衷的结果。就这个问题做最后的投票时,代表们也许意识到他们放弃了被选举资格条件原则。在这个意义上,严格地说,这个结果并非是所谓的无意之果。但代表们却因为一些外部限制而最终做出与他们初始意愿相反的决定。没有证据表明他们在此期间就原则问题改变了主意。可以说,美国代表制的格外平等特征更多的是地理原因而不是哲学原因。

关于选举,制宪者们做了两项决策。议会代表每两年更换一次。制宪会议判定任期必须短暂以使议员对其选民有适当的依赖。英国的例子表明,长期议会是暴政的标志。一些代表希望每年度进行一次选举,但两年任期没有经过太大困难就通过了。制宪会议也决定:"每三万人选出的众议员人数不得超过一名,但每州至少须有一名众议员"(Art. I,Sec2,cl. 3)。在第一次人口普查之前,第一批众议院成员人数被定为65名。居民人数和议员人数的比例关系表明,尽管人口的可预见性(也是所希望的)增长,众议院的规模仍然将保持在合理的范围之内。绝大部分制宪者决心避免大议会的"混乱"。细节委员会先是建议每四万居民产生一名议员[1]。一些代表,尤其是梅森、格里(Gerry)和兰多夫(Randolph)反对

---

[1] *Records*, *op. cit.*, Vol. I, p. 526.

> **代议制政府的原则**

说众议院的规模过小①。但总体而言,这个问题在制宪会议上好像没有得到长久讨论,格里自己在其通信中承认了这一点②。比起居民人数和议员人数的比例关系,代表们显然更关心各州在未来国会中的相对影响力③。

联邦宪法的批准辩论

议员的名额问题在费城会议上没有激起太多的讨论,它在批准辩论过程中却引起了巨大的争论。就代表一事,"令人满意的代表性问题及议会规模对其影响掩盖了[其他]争议和关切"④。议会的规模问题——在某些人眼里是个技术问题(真实协商的最佳人数是多少?)——成为首要的政治问题,因为对于参与批准辩论的绝大部分人而言,它对议员和选民之间的关系——即代议关系本身——产生重要影响。需要指出的是讨论几乎完全集中在议员和选民人数比例的后果影响。无论是投票权的扩大还是被选举资格条件都没有作为讨论的对象。因为反联邦党人(反对费城方案的人)对

---

① *Records*, *op. cit.*, Vol. I, p. 569 (Mason et Gerry); Vol. II, p. 563 (Randolph).

② 埃尔布里奇·格里(Elbridge Gerry)写给马萨诸塞州会议副主席(1788年1月21日),in *Records*, *op. cit.*, Vol. III, p. 265。

③ 我这里不讨论关于代表基数和席位的地理分配的辩论,尽管这两个问题在制宪会议的辩论中是最为重要的。关于代表基数问题的辩论涉及很广泛的问题,因为它牵涉应被代表者的**属性**这项决定:席位的分配,因此即代表,是应该根据财产和财富还是根据特定地方的人口?如 J. R. Pole 指出的,最终席位分配的决定主要是依据人口(对南部蓄奴州的让步决定奴隶——被视作一种财产形式——的数量将在席位分配中得到考虑,每个奴隶相当于一个五分之三的自由居民,这"对政治民主是个很明显的进步,尽管是不情愿的"。(*Political Representation in England and the Origins of the American Republic. op. cit.*, p. 365.)因此,支持议员资格的具体财产条件限定和其反对者之间展开了辩论。辩论的这个方面得到 J. R. Pole 极其清晰明白的研究。这里对他的结论做了事先介绍。

④ P. B. Kurland et R. Lerner (eds.), *The Founder's Constitution*, 5 Vol., Chicago, 1987, Vol. I, p. 386, "Introductory note".

第一点毫不反对，而宪法没有涉及第二点①。需要强调指出，辩论过程中有两种代表思想相互对立。反联邦党人认可代表的必要性。他们并不主张人民直接执政，因此，根据民主这个概念在18世纪的含义来判断，他们不是"民主派"。特伦斯·鲍尔（Terence Ball）在最近的一篇文章中对这个问题做了特别论述②。

反联邦党人主要反对的是宪法所规定的代议机关里议员和选民的人数比例关系。他们指出，议会的规模太小了，不足以在议员和选民之间保证一种适度相似性（likeness）。"相似性""相像性"和"接近性"等概念，即代表应该是人民的"忠实画像"思想，经常出现在反联邦党人的文字和演讲中③。

我们不能完全同意特伦斯-鲍尔对批准辩论中两种对立的代表思想的分析评论。基于汉娜·皮特金（Hanna Pitkin）的分类法，鲍尔将反联邦党人的观点描述为"授权代表"思想，主张代表的角色是"反映他所代表的人的思想"并"分享他们的态度和情感"，而联邦党人将代表视作"独立"于"信托人"（trustee）的一种活动，"它的角色是就选民利益形成一种个人意见并且以最好的方式为其服务"④。很明显反联邦党人认为有必要使议员和其选民具有一样的生活条件、态度和情感。这个关切确实在联邦党人的思想里几乎没有出现过。但与"独立代表"和"授权代表"的对立观点相反，辩论的核心不在于议员相对于选民愿望的行动自主权。反联邦党人不断谴责的不是一旦通过宪法草案，代表不再执行选民所表达

---

① 值得注意的是，将费城方案的反对者和支持者分别称为反联邦党人和联邦党人纯粹是惯例做法。就其本意而言，这可能会误导法国读者。所谓联邦党人实际上是相对统一和强大的联邦政府的支持者，反联邦党人更为支持各州的自主权。

② T. Ball, "A republic – If you can keep it", in T. Ball et J. Pocock (eds.), *Conceptual Change and the Constitution*, 1987, pp. 144sqq.

③ 关于反联邦党人赋予"相似性"这一主题的重要性，见 H. J. Storing, *The Complete Anti-Federalist*, 7Vol., Chicago, 1981, Vol. I, *What the Anti-Federalists were for?*, p. 17。

④ T. Ball, "A republic-If you can keep it", art. cit., p. 145. 特伦斯·鲍尔所参考的汉娜·皮特金的著作是：*The Concept of Representation*, University of California Press, Berkeley, 1967。

> **代议制政府的原则**

的愿望,而是他们将不再和选民相像。这两个问题显然不是没有联系,但它们不是同一个问题。批准辩论并不是关于委任和训令的问题,而是关于选民和议员的相似性问题。

例如,布鲁图斯写道:"代表这个词语本身意味着被选择的个人或者机构以此为目的应该和选择他们的人相像——美国人民的代表,如果是真实的话,应该和人民相像。[……]代表是符号——人民是符号的含义。[……]我们必须确保被置于人民之位的人具有人民的感情和情感,换句话说,他们和他们取代的人之间有最大的**相似性**。显然,要使任何国家的议会和人民具有真实的**相似性**,议会必须是大规模的。"① 至于梅兰克顿·史密斯(Melancton Smith),纽约批准会议上汉密尔顿的主要反对者,他在一篇关于众议院的演讲中说道:"当我们谈论代表时,一个随之而来的想法是他们和其所代表的选民相似;他们应该是人民的精确画像;他们应该了解人民的生活条件和需求,应该体验他们的疾苦,应该倾向于维护人民的真实利益。"② 不懈地坚持要求选民与议员之间必要的一致性或者说相似性成为反联邦党人的宣传小册子和演讲最突出的特点之一③。反联邦党人并不构成同质的思想流派。一些人是保守派,另一些人是激进派。但他们几乎全体一致地要求议员要和选民相像。

在美国独立后的头几年,政治代表应该被视作一种映像或者画像,其主要特质应该和原件相像的思想在约翰·亚当斯《关于政府

---

① Brutus, III, in H. Storing (ed.), *The Complete Anti-Federalist*, vol II, 9, 42. 强调格式是笔者做出的。在下文中,反联邦党人的文字和演讲参考格式如下:*Storing*, 随之以 Storing 的三个分类数字,卷用罗马数字表示。

② Melancton Smith, "Discours à la convention de ratificqtion de New York" (20 juin 1788), *Storing*, VI, 12, 15.

③ Voir The Federal Farmer, Letter II, *Storing*, II, 8, 15; Minority of the Convention of Pennsylvania, *Storing*, III, 11, 35; Samuel Chase, Fragment 5, *Storing*, V, 3, 20; Impartial Examiner, III, *Storing*, V, 14, 28-30.

的思考》一书中得到了最为清楚的表达。尽管约翰·亚当斯自己没有参与1787年的制宪辩论，但他对反联邦党人思想的影响是不容置疑的。亚当斯写道："主要困难在于组建议会，需要对其付诸最大关切。［在本句之前的文段中，约翰·亚当斯已经指出大的联邦州代表的必要性。］它［议会］应该是人民全体的精确画像缩影。它需要像人民一样思考、感觉、推理和行动。"① 如果使用汉娜·皮特金的分类法，可以说反联邦党人维护的是"描绘性"代表思想。在这种视角下，目的是议会，即人民的缩影，做人民聚会时亲自所做的事情。在这个意义上，"描绘性"代表思想和"授权代表"思想的目的是一致的。但在第二种情形下，代表和人民意愿的一致性通过一些法定的正式制度得到保障（训令或强制委任），而"描绘性"思想要求代表自发地做人民会做的事情，因为他们是人民的映像，他们拥有和选民一样的生活条件，他们和人民接近，无论是从比喻意义而言还是从地理意义而言。

在反联邦党人的思想中，相似性和接近性的概念实际上主要是社会学意义上的。费城宪法的反对者指出人口中的好几个群体将不会被真正代表，因为他们中的任何一员都不在议会中拥有席位。塞缪尔·蔡斯（Samuel Chase）这样写道："少数人是不可能意识到美国的感受和利益的，［一个国家］由多个不同的阶级或者阶层——商人、佃农、种植者、工匠和富人或者上等人士组成。要形成好的真实的代表，每个群体都应该拥有在其内部选择自己代表的可能性。［……］［然而］，他们当中只有几个少数的商人、最富有、最野心勃勃的人才有这种可能。大量的佃农和种植者却不能盼望他们中的一员能出任代表——这个位置太高了，不是他们所能憧憬的——，人民与其代表之间的距离是如此之大，佃农和种植者当

---

① J. Adams, *Thoughts on Government* (1776), in *The life and Works of John Adams*, ed. C. F. Adams, 10 Vol., Boston, Little & Brown, 1850–1856, Vol. IV, p. 195.

▶▶ 代议制政府的原则

选的概率是零。普选不会授予工匠任何席位，无论是何种行当的工匠。只有上等人士、富人和出身好的人才能当选。"① 鉴于美国人口的多元化，只有大规模的议会才能满足真实性代表的要求。在具有真正代表性的议会里，布鲁图斯指出，"农民、商人、工匠和其他人口类别根据他们各自的影响力和人数而被代表；代表需要密切了解他们的需求，需要理解社会上不同阶层的利益，体会到什么才是适合他们的，满怀虔诚地促进他们的繁荣。"② 反联邦党人不要求所有的社会群体都毫无例外地在议会中被他们的其中一员所代表。他们仅仅希望代表机构反映社会的主要组成群体，尤其是中产阶级群体（小资产阶级、独立工匠和小商人）。

不过，他们毫不怀疑经由费城宪法所修订的代表制将会有利于上层阶级和最有钱的人。此处正是他们揭露费城宪法"贵族性"一面的原因之一（参议院被赋予很大的权力是他们关于"贵族制"的另一个批判主题）。当反联邦党人提及贵族制时，他们所涉及的显然不是受法律认可的世袭贵族。任何人都没有在美国建立一个贵族阶层的想法。宪法甚至明确禁止颁发贵族头衔，即使是名誉性质的（Art. I, Sec. 9, cl. 9）。反联邦党人提出的贵族一词不是指法律授予的特权优势，而是指因为财富、地位甚至是才能而赋予的社会优势。他们将拥有这些优势的阶层称为"自然贵族"，"自然的"在这里是"法定的"或者"制度的"的对立面。梅兰克顿·史密斯在纽约州的批准辩论会议上说："我相信这个政府的组成方式是让代表来自社会中的第一阶级，我将他们称之为是国家的自然贵族。[……] 有人问我自然贵族是什么意思——有人对我说我们国家不存在任何阶级区别。确实，我们独特的幸福之处是没有任何法定的或者是世袭的贵族；但现实中还是存在着一些不同的。所有的

---

① Samuel Chase, Fragment 5, *Storing*, V, 3, 20.
② Brutus, Essay III, *Storing*, II, 9, 42.

社会自然而然地都被划分为不同的阶级。自然的创造者赋予一些人比其他人更强大的能力——出身、教育、才能和财富在人们之间产生一种明显的区别,其影响和头衔及勋章产生的影响一样巨大。在所有的社会里,这个阶级的成员受到更大的尊重——如果政府以这样的方式组成,只有少数人能够执掌权力,那么根据**事物的自然趋势**,权力就会回到这个阶级手中。"① 至于布鲁图斯,他则观察到:"**人类事物的日常趋势**会导致国家的自然贵族当选。财富总会产生影响,它将会在广大的家庭关系网络中展开。[……]在如此有限的代表规模下,只是少数的商人、最富有的人和最野心勃勃的人才有可能被自身中的一员所代表——商人中鲜有较为杰出的(conspicuous)人物能够吸引州选民的注意力。"② "只有最上等人士才会当选",宾夕法尼亚州的少数者支持说③。反联邦党人并不提倡一种激进的绝对的平等主义。他们并没有批判所存在的社会、经济和才能不平等。在他们眼里,这些是事物的正常秩序。他们也不反对自然贵族扮演特殊的政治角色,他们只是不想让自然贵族垄断权力。

反联邦党人没有详细解释,尤其是没有在以简单明确为特征的公开辩论中表明,为何只有富有的和杰出的人物才会当选。他们的反对更多地表现为一些直觉,不断地被重复但很少被系统论证。选区越大,财富在选举中施加的影响力也将越大。而在一些小选区,普通人有可能会当选,在大规模的选举单位中,参选人需要特别杰出和引人注目才会当选。这两个观点表述不够明确,而费城宪法的反对者未能对此做出解释。和联邦党人清晰而稳健的逻辑相比较,

---

① Melancton Smith, Discours du 20 juin 1788, *Storing*, VI, 12, 16. 强调格式是笔者做出的。史密斯将才能、出身和财富一视同仁是非常了不起的。这里不宜分析此种分类所涉及的哲学讨论,但它值得被强调。

② Brutus, Essay III, *Storing*, II, 9, 42. 强调部分是笔者做出的。关于只有"自然贵族"才能当选的思想,见 The Federal Farmer, Letter IX, *Storing*, II, 8, 113。

③ "The Address and Reasons of Dissent of the Minority of the Convention of Pennsylvania to Their Constituents", *Storing*, III, 11, 35.

代议制政府的原则

他们的立场显得脆弱和混乱。反联邦党人意识到了费城宪法拥护者们强大的论证力优势,再找不出其他论据,最后他们谴责联邦党人背叛了人民。在一句表达反联邦党人核心直觉但也显示其论证弱势的话中,联邦农场主(Federal Farmer)宣称:"人民的投票权毫无用处,如果代表的形成导致它赋予社会上的一个或几个自然阶级相对他人不合理的权力,它就是不完美的;前者渐渐变成主人,其他人则渐渐成为奴隶。[……]对人民说他们是选民,能够选择他们的立法者,这是在欺骗人民,如果他们不能够根据事物的规律[in the nature of things],在他们当中选择真正地和他们一样的个体的话。"① 声调的严厉和修辞的夸张难以掩饰翔实论据的缺位。反联邦党人在内心深处相信议员不会和选民一样,但他们不知道如何解释为何以及"事物的规律"或者说"人类事物的日常趋势"如何导致这样一个结果。

如此脆弱的立场给麦迪逊的猛烈反击提供了一个目标对象。麦迪逊也用夸张的语言说道,有人对我们说参议院是个寡头机构,然而:"谁将是联邦议员的选民?富人不比穷人更有机会,博学的不比无知的更有机会,名门贵族傲慢无礼的后裔不比默默无闻贫穷出身的谦卑者更有机会。谁将受到人民的选择?是其优点受到推荐得到国家尊重和信任的所有公民。任何财富条件、出身、宗教和职业都不能妨碍人民的判断和偏好。"② 反联邦党人没有对联邦投票权的规定做出任何反对。他们不得不同意,宪法没有对议员被选举资格

---

① The Federal Farmer, Letter VII, *Storing*, II, 8, 97. 强调格式是笔者做出的。

② Madison, "Federalist 57", in A. Hamilton, J. Madison, J. Jay, *The Federalist Papers*, [1787–1788], ed. C. Rossiter, New York, 1961, p. 351. 关于被选议员需要具备的素质,见"Federalist 52"。麦迪逊提到了写入宪法的三个被选举资格条件要求(满25岁,获得美国公民资格满7年,在参议员候选人展开竞选活动的州居住),他接着说:"在这些合理的限度内,这个联邦政府机关对任何满足条件的人开放,无论他是在美国出生还是移民,年轻还是年老,和贫穷、富有及宗教信仰均没有关系。"(*op. cit.*, p. 326)在下文,关于 *Federalist Papers* 的参考将只指出论文的编号及 Rossiter 版所涉页码。

第三章 区别性原则

做出条件限定。面对这样一条论据,他们毫无辩护之力。

第一轮反击之后,麦迪逊在《联邦党人文集》第57篇中强调,宪法提供了所有的保障以使议员不会背叛人民与之的信任。他说,议员因为"公民的偏好而当选"。因此有充分的理由认为他们确实拥有促使他们被选择的品质,并会履行他们的承诺。另外,他们知道自己获得公职的尊荣是来自选民,这一点不会不"激励他们,至少在一段时间内,对选民加以重视"。因为这个荣誉来自人民的青睐,他们不大可能尝试去挑战政权的人民特征,这是他们的权力基础。此外,选举的经常性重复也不断地提醒他们对人民的依赖。最后,他们所制定的法律不仅适用于他们,也适用于他们的盟友和社会全体①。

在列举了这些保障之后,麦迪逊对反联邦党人致以最后一击,他以含蓄的方式质疑他们在人民政府或者说共和政府问题上的真正立场。"对那些对共和政府表示最热烈的虔诚但却不惮于攻击其基本原则[人民选举执政者的权利]的人该说些什么呢?他们声称是权利的捍卫者,支持人民选择自己的领袖,但他们却认为人民更喜欢那些一旦予以信任便背叛人民的人。"②麦迪逊暗讽道,这些声称拥护人民政府的人,有没有怀疑人民选择其所想要的领袖的权利和他们评判候选人的能力?如果说麦迪逊致力于强调其所建议政权之共和或人民特征,但他从来没有声称宪法将保证议员和选民之间的近似性或者接近性。他自己也知道这种情况不会出现。

另一方面,麦迪逊发展了一个和应然且必然的共和代表完全不同的概念。麦迪逊说,"所有政治宪法的目标首先是,且应当是,以具备识别社会公共利益智慧且拥有最大美德以实现之的人为统治者;其次,采取一切有效的措施以使这些人在执掌公职的整个期间

---

① Madison, "Federalist 57", pp. 351–352.

② Ibid., p. 353.

代议制政府的原则

保持美德。通过选举程序来任命统治者是共和政权的核心特征，可以使用的制止统治者腐败的办法多种多样。最有效的是限制他们的任期时间，以保证他们对民众的责任感"①。以这样的方式来描述共和政制，麦迪逊暗示代表不必和选民相似。并且，他认为议员应该区别于他们的选民，和他们不一样，因为共和政府和其他任何政权一样，要求政治权力应该分配给那些"最有智慧最具美德"的人。这是联邦党人思想中关于区别原则最清楚的表述，并且麦迪逊对同一观点进行过多次表达。在上文已经提到的著名的《联邦党人文集》第10篇中，他解释了民主和共和的不同之处，首先他指出共和制的区别性特征是"将政府委托［……］给少数由他人选举产生的公民"，接着他马上说："这个区别是为了一方面通过在公民中间选择产生的机构［**a chosen body of citizens**］来净化和扩大公共精神，其智慧最能够识别国家的真正利益，其爱国心和对正义的热爱最不可能使国家利益丧失于一些短暂和片面的考虑"②。因此将共和制和民主制区别开来的不仅仅是代表机构的存在，并且也是因为代表形成一个"选择下的机构"。如从前的圭恰迪尼，麦迪逊在这里显然利用了"选择"含义的双重性：就字面意义上讲，代表是被选定的，因为他们是由选举产生的，但他们同时是被选定圈子里的尊贵公民。从第二个意义上讲，他们区别于他们的同胞，和他们不同。

不过，麦迪逊的共和主义并不局限于通过选举来保障那些最有智慧最有美德的人得到挑选。麦迪逊思想中对精英智慧和美德的盲目信任并不奇怪。必须通过一项约束、惩罚和奖励制度将代表维持在美德之道上。"最有效的使他们保持美德的措施"是将他们置于频繁的选举和再选举之下。再次选举是个不变的事实，加上维持权

---

① Madison, "Federalist 57", pp. 350–351.

② Madison, "Federalist 10", p. 82. 强调格式是笔者做出的。

第三章 区别性原则

力的欲望，这两点保证他们对人民利益的忠诚。在共和政府下，如果被选定圈子里的议员为公共利益而不是他自己所在圈子的利益服务，这不是因为议员和人民相似，而是因为议员需要永久地为人民负责。对于麦迪逊而言，是重复性选举，而不是社会近似性和接近性，是人民利益的最好守卫者。我们因此看到在批准辩论过程中两种对立思想的差异范围。反联邦党人不反对选举程序。但在他们眼里，它只是建立真实性代表的必要条件之一。他们要求添加一个条件：代表和选民之间存在着某种近似性和接近性。相反，联邦党人认为选举已经是好的代表制的必要和充分条件。

针对宪法的贵族特征的反对声音，联邦党人通过指出简单纯粹贵族与"自然贵族"的区别来加以反驳，并支持说第二种贵族是可取的。詹姆斯·威尔逊在宾夕法尼亚州批准辩论会议上的演讲是最有说服力的例子。这些演讲值得特别注意，因为在联邦党人的领袖中，确实是威尔逊对民主的态度最为开明。例如，他毫不犹豫地赞扬宪法的"民主"特征，麦迪逊没有这么做，汉密尔顿就更没有了。但面对宪法贵族倾向的指责，威尔逊决定捍卫自然贵族政府思想。他说："我现在追问自然贵族的含义。有必要排除贵族的词源含义；因为如果追溯这个词语的本源，贵族制并不意味着政府由最优秀的人或由宾夕法尼亚州宪法所追求的目标对象来执掌，宾夕法尼亚州宪法规定议员应该是那些在智慧和美德方面最为杰出的人。[需要指出，宾夕法尼亚州宪法通常被视作最为民主的宪法之一。]这种代表制有没有危险？我永远不会觉得让这些人物来执政是件坏事情。[……]如果自然贵族可以被如此理解——我也不认为它会有其他含义——，关于让因其美德和才能而特别出众的人来执政一事，我们还有什么好反对的？"[①] 在其对自然贵族的定义中，威尔逊

---

① J. Wilson, discours du 4 décembre 1787, in J. Elliot (ed.), *The Debates in the Several State Conventions on the Adoption of the Federal Constitution as Recommended by the General Convention at Philadelphia*, 5 Vol., New York, 1888, Vol. II, pp. 473–474.

> 代议制政府的原则

没有提到财富。这显然使他的立场更为牢固合理。我们也可以说他的论据有点琐碎通俗。但如果将其放在当时的辩论背景下，威尔逊的话不是微不足道的。威尔逊向反联邦党人承认两点。第一，议员不会和其选民一样也不应该如此；他们具备更多的美德和才能是正面的、可取的。第二，自然贵族在入职议会问题上确实拥有优先权甚至是排他权。

在对自然贵族做出辩护后，威尔逊强调了它和狭义贵族的区别。他接着说，"贵族政府"是这样一个政府："最高权力不由人民执掌，而是掌握在一个人数有限的机构手中，他们自己选举或选择空缺职位的继任者，也或者根据世袭原则或是土地占有情况或其他不是基于个人品质的头衔来指定继任者。我所说的个人品质，是指精神品质和心智禀赋。"①

面对宪法的贵族特征的反对声音，汉密尔顿的回答首先是嘲笑其对手所提出的贵族观念，他说："为什么总是对我们讨论贵族问题？对我而言，我很难理解此处被使用的这个词语的含义。［……］但我们的贵族在哪里？在哪里能发现永久高其同胞一等且拥有独立于后者权力的人？这些先生［反联邦党人］的论据仅仅能够指出存在着富人和穷人，一些人拥有智慧另一些人则不拥有，总而言之所有出众的［distinguished］人都是贵族。［……］请允许我这么说，这种看事情的方式是可笑的。这种想象是一种幻想。新政府会使富人比穷人更容易当选吗？——不会的。它对这种类型的条件未做任何要求。"② 汉密尔顿不断地重复联邦党人最喜爱的论点：人民拥有选择他所期待的统治者的绝对权力。但他甚至更进一步，承认财富在选举中扮演越来越重要的角色。他指出："当财富逐渐增加，集

---

① J. Wilson, "discours du 4 décembre 1787", in J. Elliot (ed.), The Debates…, op. cit., Vol. II, p. 474.

② Hamilton, "discours du 21 juin 1788", in J. Elliot (ed.), The Debates…, op. cit., Vol. II, p. 256.

中在少数人手中，当社会充满奢靡之风，美德至多被视作财富的装饰，事情的发展会使我们渐渐远离共和制度。这是人性的真相，无论是我尊敬的同事［Melancton Smith］还是我自己对这一点都无可奈何。"① 汉密尔顿也许对这种不可避免的发展感到遗憾，但下列言论显示他对这一事实不是无动于衷："考虑到社会上存在着富人和穷人，学识渊博的人和无知之人。美德掌握在谁手中？差别不取决于数量，而取决于每个阶级中固有的劣根性；在这一点，优势属于富人。他们的恶习和穷人比较起来也许对国家的繁荣更有利，他们较少参与道德堕落。"②

和其他所有联邦党人的领袖比较，汉密尔顿更为支持财富应该在议员选择过程中扮演一定角色，他的用语比较直白，甚至生硬。汉密尔顿的主要目标是使这个年轻的国家有一天能变成强国，甚至是帝国。罗马帝国让他着迷。他认为财富是强权的主要源泉。因此他希望国家被那些富有、大胆、积极进取的商人和金融家来统治。费城会议上，汉密尔顿在针对新泽西代表团所提出的宪法草案的反对演讲中强调有必要让"具有真正分量和影响的人"③ 进入政府。在《联邦党人文集》中，他回应反联邦党人说"社会中各阶级由自己的成员来实现真正性代表的想法"是"一种彻彻底底的空想"。"除非宪法特意明确每个行业都需选定他们中的一个或数个成员，否则这件事情永远也不可能实现。"这是对反联邦党人观点的再次认可：各社会群体的人口规模永远也不会在议会中得到自然性体现。"工匠和生产者通常倾向于，除非是例外，投票给商人而不是他们自己行业或工种中的成员。这些明智的公民清楚地知道工匠和生产者为企业和商业活动提供物资材料。［……］他们知道商人

---

① Hamilton, "discours du 21 juin 1788", in J. Elliot (ed.), *The Debates*…, *op. cit.*, Vol. II, p. 256.

② Ibid..

③ *Records*, *op. cit.*, Vol. I, p. 299.

> 代议制政府的原则

是他们的顾客、**自然**保护人［patron］和朋友；他们清楚地知道——他们对自己的判断信心很大且有理有据——商人比他们自己更能有效地促进他们的利益。"① 区别于反联邦党人，汉密尔顿对事物的"自然"状态持肯定态度。

不是所有的联邦党人都同意汉密尔顿关于商业和财富角色问题的观点。接下来十年中的争议和矛盾很快证明了这一点。（需要指出，在18世纪90年代，麦迪逊和汉密尔顿分道扬镳。汉密尔顿此时在政府中任职，他继续捍卫商人和金融家的利益及强大的中央权力。至于麦迪逊，则和杰弗逊一起揭露金融和商业"腐败"以及联邦政府的威权主义。）但所有的联邦党人都一致同意，议员不应该和他们的选民相像。无论是在智慧方面、美德方面、才能方面还是在简单纯粹的财富方面，所有人都希望议员高出他们选民一等。

但一个奇异之处是联邦党人在内心深处是赞同反联邦党人的直觉意见的：单是选区的规模就足以导致议员和选民之间的差异。但和他们的反对者一样，宪法的拥护者们没有对这个现象做出解释。因为他们一般并不将其作为费城宪法草案的主要优点之一公开介绍，他们对此的苍白解释在辩论中受到的攻击要比反联邦党人小。这个观点时不时地出现在联邦党人的演讲中。威尔逊曾这样说："并且我相信所有曾经真正经历过的人的经验表明，选区的规模越大，其代表性就越好。卑鄙的煽动家只会在狭小的角落出现。只有真正宽大的品性才能让人在大规模选区中拥有真正的影响力。我们在马萨诸塞州清楚地看到了这一点。议会成员是在小选区当选的；他们之间的钩心斗角导致大部分人似乎不愿意谴责该州的叛乱者［谢司（Shays）的拥护者］。相反，马萨诸塞州的州长是由州全体选民选举产生的，也就是说选举是在一个广大的选区进行的。"威尔逊继续说，不过很明显，关于州长的选择，马萨诸塞州的选民

---

① Hamilton, "federalist 35", p. 214. 强调格式是笔者做出的。

"仅仅是在最杰出的人物之间犹豫不决"①。援引谢司起义事件（1786）比较清楚地指出了威尔逊关于"杰出人物"和"真正宽大的品性"② 在社会—经济层面的含义。在其12月11日的演讲中，威尔逊重复了同一观点，但语调有所不同：这次他提出说大选区可以避免卑鄙煽动家和保守思想的出现。③

在《联邦党人文集》中，麦迪逊在选民规模和杰出人物的选择之间也建立了一种联系。事实上他没有涉及联邦议员和选民确切的数量比例问题。但为了强调大共和政体相对于小共和政体的优势之一，他使用了和威尔逊一模一样的论据：选民越是众多，选择受人尊敬的人物就越有可能。"因为和小共和政体比较，大共和政体里的每个议员是由更多数量的选民选择产生的，不适当的候选人难以成功地参与到为赢得选举常常所需的复杂的事务操作中去；人民的投票选择受限较小，他们更有可能转向那些因其卓越才能而引人注目、其公认品性发出耀眼光芒的人。"④

在《关于投票权的演讲笔记》中（这里所涉及的演讲是他1787年8月7日在联邦代表会议上所做出的⑤），麦迪逊关于大规模选区的好处的表述就更加明确了。这个笔记是对麦迪逊提及的投票权所引起的主要问题的各种解决办法的整体思考。麦迪逊写道：

---

① J. Wilson, discours du 4 décembre 1787, in J. Elliot (ed.), *The Debates* …, *op. cit.*, Vol. II, p. 474.

② 我们知道，1786年发生在马萨诸塞州的谢司起义事件对宪法的撰写并不是没有影响。它在很大程度上助长了费城会议上反对"民主"的意见表达。波士顿州西部农民起义反对州议会实施的有利于商人利益的政策。议会此前通过了一项实施硬通货、削减公共债务和增加税收的政策。在起义之后的立法选举中，受起义者支持的候选人大获全胜。关于谢司起义，见 J. R. Pole, *Political Representation in England and the Origins of the American Republic. op. cit.*, pp. 227–241。

③ J. Wilson, discours du 11 décembre 1787, in J. B. McMaster, F. Stone (eds.), *Pennsylvania and the Federal Constitution*, Philadelphia, 1888, p. 395.

④ Madison, "Federalist 10", pp. 82–83.

⑤ 见注释28。

> 代议制政府的原则

"将这项权利局限于财产权,人权就处于危险之中。仅仅是封建制度就足以证明这一点了。将投票权赋予所有人,财产权和正义就有可能被一无所有的以及为寻求满足自身利益而危害正义的多数人所践踏。"① 投票权最大的问题是同时保障人权和财产权。麦迪逊考虑到了几个可能的解决办法。前两种因为不公正被否决了(1. 纳税投票,以地产或者非具体财产为条件;2. 有产者选举产生一部分立法席位,剩下的由无产者选举产生)。麦迪逊对第三种解决办法做了更多表述(将一部分立法席位的选举权分给有产者,剩下的席位选举权分给所有公民,包括有产者;这等于说是分给有产者两张选票)。不过麦迪逊指出,他难以估计所有后果。他因此提出了第四种解决办法,他的思想在这个解决办法里似乎得到了更为具体的体现:"如果现实或是公共舆论要求每个政府机关都实行平等普遍选举,正如它在美国普遍存在的情况一样,一项支持地产权和一般财产权的措施可能有助于扩大两院中一院之所有选区的规模,并延长其任期。大选区显然对令人尊敬的、关心财产权的候选人有利,那些靠个人奔走呼告的候选人胜选的可能性比较有限"。② 最后,如果该解决办法也不可取的话,麦迪逊试图通过几个不同要素的联合来捍卫财产权:"财产所赋予的日常影响,以及它带给其持有人的信息优势"③;"教育的普及将引导和深化人民的正义思想","在大国协调和运行恶劣行为的困难",等等。后两种解决办法明显在宪

---

① Madison, "Note pour le discours sur le droit de suffrage" (probablement 1821), in *Records*, *op. cit.*, Vol. III, p. 450.

② Madison, "Note pour le discours sur le droit de suffrage", *op. cit.*, p. 454.

③ 在《联邦党人文集》中,麦迪逊提到有产者让人尊重。在为各州分配席位时应将奴隶人口考虑在内的主张辩护时,麦迪逊说各州财富必须予以**法定**考虑,因为富有的州并不**自发地**享有财富所带来的影响。他说,州的情形在这方面和简单公民的情形是不一样的。"即使法律在选择议员问题上只赋予一个富有公民简单一票,他因其财富状况所享有的重视和尊重将经常引导他人的选票投向他的选择目标;通过这个**难以觉察的渠道**,财产权利得以在国家代表制度中得到体现"(Federalist 54, p. 339)。强调格式是笔者做出的。

法中得到体现①。关于选民规模的影响，和其所著《联邦党人文集》第10篇时的情况不同，麦迪逊不再讨论统治者的美德和智慧。他直言不讳大选区对财产权有利。

如果在麦迪逊和联邦党人身上看到的仅仅是老练的政治战略家用虚伪的战术打乱其对手的阵脚，以偷偷摸摸地引入被选举资格纳税条件限制（间接地通过大选区的形式），这是一种过于简单的眼光，因为他们公开劝勉议会应向所有有才能的人开放。反之，如果只因为一项宪法规定就得出结论说被选举资格非常具有开放性，联邦党人是政治平等的捍卫者，这是非常天真的②。联邦党人的特殊力量在于，当麦迪逊和威尔逊断言人民可以选举他所期待的人时，他们提出了一个不容辩驳的命题。在这方面，指责联邦党人"欺骗人民"让人难以信服。宪法的捍卫者们确实道出了一个真相。但还存在着另一个真相，或者更确切地说另一个双方阵营都相信的观点（即使他们不是十分明白个中缘由）：人民通常根据自己的意向决定选举那些"杰出的""受人尊敬的"和有钱的人物。这两个命题——正是问题的核心所在——在客观上都是真实的。第一个命题不是掩盖第二个命题事实的谎言。

我们还是不能说选区规模是消除无正式被选举资格条件限制影响的手段。断言联邦党人在宪法中设定了两种同样真实的财产权（或保持其原样）以便使这个限制性特征（选区规模赋予自然贵族的优势）消除开放性制度所带来的影响是不准确的（缺乏正式的被

---

① 这条笔记的日期和性质不是很明确。麦迪逊在笔记开头写道（他在1787年8月7日的演讲，即我们在联邦代表会议的《档案记录》中能够发现的那篇演讲）："不能反映演讲者在这个问题上最为全面和最为深思熟虑的观点。"最可靠的解释可能如下：笔记显示的是麦迪逊在1821年的后期思考，为1787年所建立的投票权的辩护也是这种情况（如我们所见，他当时是支持投票纳税额条件限制的）。指出他改变主意的确切日期已经完全不可能。但根据《联邦党人文集》第10篇中的观点，可能至迟是在1787年年终时他意识到大选区对有产者有利。也有可能他此前就意识到这个影响，比如在费城的辩论过程中。

② 对"天真的"的解释显然区别于那些历史文件，这里没有必要做出讨论。

选举资格条件限制）。这种断言实际上是假定正式的被选举资格条件限制所产生的影响和大选区所产生的影响是一样的（或被主要政治人物视作一样的）。

事实上，根据直觉就能判断这两项制度安排是不一样的。一般说来，今天声称权利和制度很重要并且它们不能够被视作表面现象是件很普遍的事情。然而无论是直觉还是一般原则都不足以说明法律不仅仅是个"正式的"现实。还需要具体地解释，为什么在被选举资格这个特殊案例中，一个法定条件不会产生如当时主要政治人物对选区规模所期待的影响一样的结果。

基于两个主要原因，大规模选区在严格意义上并不等同于隐藏的被选举资格纳税额条件限制。大选区对自然贵族有利的观点以一种现象为前提，这个现象似乎已被经验证明："经验证明"（如威尔逊所说），一般情况下，只有"杰出的"人物才能在大选区当选，或者（按照布鲁图斯的话），这个结果"根据人类事物的自然发展趋势"而生成①。大选区和自然贵族胜选之间的联系因此显得好像是在大多数时间被印证的规律。相反，正式的财产条件将必定且总是受到限制。如果有产者的优势通过选举行为所显示的统计规律得到保证，这个制度呈现一定程度的灵活性：有可能出现意外的情况，选民不再遵循其日常倾向将选票投给"杰出的"人物。如果法律正式地将入职议会的权利预留给上层社会群体，情形就有所不同，因为法律在本质上是僵化的。人们当然可以以和平或者暴力的方式改变法律，但其过程是复杂的。

不应该忽略总是且必然发生的事情和仅仅是在大部分时间里发生的事情之间的不同。亚里士多德对这两者的区分方法尤其适用于解释政治领域的现象。有时候，认为政治现象的终极真相存在于它

---

① 我们也可以回想起上文引用到的汉密尔顿的话。"**工匠**和**制造商**通常倾向于，**除非是例外**，投票给商人而不是他们自己行业或工种中的成员"。强调格式是笔者做出的。

在大部分时间里的表现形式，这是一种错误，甚至是一种诡辩。实际上，例外现象也很重要，因为政治问题随着具体的情形而变化，统计学上的罕见现象可能恰恰是特别重要且能改变历史走向的问题。然而，赋予极端情况（既稀有又重要）以认识论上的特殊地位一样是件复杂的事情。它在政治问题上并不比事物的一般趋势更能揭示真相或者终极实质①。危机和革命时刻也许很重要，但它们并不能解释日常政治。洛克已经注意到人民通常信任统治他们的人，尤其是他们选举出来的人。他们不会迅速"展示他们的老习惯"。只有当"一连串的滥权、渎职和欺骗都指向同一个方向"，人民明显觉察其信任受到背叛时，他们才会揭竿而起，（有权）将命运交给武力判断和"对上天的呼告"②。《政府论》下篇最为卓著的一点指出，无论是被统治者对统治者的信任还是革命的潜在可能性都不能被视作政治生活的那个真相。

因此再回到美国的辩论，有必要做个结论，即使大选区和被选举资格条件限制构成两种有利于上层阶级候选人的方法，我们不能将这两种方法视为等同，认为在特殊情况下大选区机制所带来的最大程度的灵活性是无足轻重的。首先，选区规模不能完全消除1787年宪法未对被选举资格条件限制做出规定所产生的影响。

其次，如果法律将入职代议机关的权利特别授予给某些社会群体，需要修改法律才能废除这个特权或者将其授予其他人。这样一来，规则的改变需经受益人的批准和同意，因为他们是根据这个规则当选的。因此，这样一项制度等于是特定精英的驱逐或者扩大需经该精英集团的批准。相反，如果任何一个社会群体的优势仅仅是

---

① 卡尔·施密特的思想是政治理论中系统地有意识地论述极端情况揭示现象本质这一复杂原则最为出色的榜样之一。当然，这并不意味着施密特关于极端情况的分析毫无价值。相反，它们的穿透力一般很强。但施密特过度地延伸了他的结论，尽管他意识到了这点，即通过极端案例可以总结所涉现象的一般性质。

② J. Locke, *Second Treatise of Government*, ch. XIX, §§ 221, 223, 242 in *Two Treatises of Government*, edited by P. Laslett, Cambridge University Press, 1960, pp. 414, 415, 427.

> 代议制政府的原则

公民投票行为的结果（例如，假定自然贵族的优势通过大选区的渠道得到保证），一个简单的选民群体变化便足以推翻在位的精英或者改变其构成。变化在此时无须征得制度受益人的同意。但这并不是说选民群体的自由决定便能足以形成这个结果。大选区里上层社会群体的优势尽管是选民行为的结果，但它实际上取决于好几个因素，只有其中的几个因素能够被选民自由改动。大选区有产者的成功可能与选举支出约束有关，也可能与文化规范有关，如敬重文化。这些因素显然不受选民刻意的有意识的决策约束，简单的意志不足以废除有产者的优势。经济和政治文化限制也有必要发生深刻的变化。不管这些变化如何困难，它们不需要当政者的批准，而在对被选举资格条件做出正式规定的政权下，这个批准就成为必需的了。让精英同意自己被驱逐无疑很困难。这通常需要巨大的外部压力并常常伴随暴力。

不过可以反驳说，在对被选举资格条件设限的政制里，需要修改的、废除受益者特权的法律一般不是普通法，而是宪法。无论如何，在美国是这种情形。被选举资格条件的变化因此并不完全简单地取决于根据这些条件而当选的议员的批准。这个观点是有道理的，因为代议机关在修宪过程中有它们的话语权。但在这种情况下，正式被选举资格条件和大选区不会产生完全一样的影响。在大选区制度下，财富优势可能会受到影响甚至被消除而无须经过有产者精英的同意。和英国与法国代议制政府的创始人所建立的被选举资格条件制度比较起来，这样的机制更容易产生政治变化。

因此，美国各州在地理条件上的多样化阻止了费城代表们就被选举资格应纳税额问题达成一致意见，这促使一项制度的发明，在该制度下代议精英区别性特征的演变和大西洋彼岸比较起来更为灵活和开放。在这里，根据国家历史的不同阶段和社会结构的演变，权力在不同的社会精英手中变换而不会产生巨大的政治震荡。甚至有时，在特殊时刻，选民可以将普通公民推上公共职位。

第三章 区别性原则

1787年美国的辩论对理解代议制政府至关重要。这在很大程度上要归功于反联邦党人所捍卫的立场。反联邦党人的观点没有被过多研究，但思想史或者概括地说政治理论对这个思想流派的忽略是不应该的。通过不懈地强调人民政府下议员和选民之间的近似性和接近性，反联邦党人实际上为政治思想做出了一个核心贡献。

反联邦党人以极其清晰的方式提出了一种可能的、严密有力的代表思想。他们完全接受执政者和公民之间职能区别的存在必要性。但他们认为，如果代议制政府必须是人民政府的一种真实形式，无论是在社会意义层面还是在地理意义层面，代表应该尽可能地和他们的选民一样，分享他们的生活条件，亲近他们。他们断言，如果这些条件得到满足，议员们会自发地和人民一样感觉、思考和行动。这个思想在1787年明显得到了辩论。但结果是美国的这场辩论使代议制政府未曾设想的一个特征得到凸显：从成立之日起，美国的代议制政府明显就不是建立在议员和选民的相像和接近基础之上的。批准辩论显示是另一种代表思想取得了胜利。议员需要区别于选民，他们需要在才能、美德和财富方面高选民一等。但这是个共和体制和人民体制，因为执政者是由选举产生的，特别是重复性选举迫使议员接受人民的监督。在18世纪的法国和英国，没有任何重要的政治力量捍卫以社会相似性和近似性为核心的代表思想，区别性原则和代议体制的人民特征的结合是在美国兴起的，并成为榜样。

另一方面，代表的宪法问题之外，领导者和被领导者之间的接近性和相似性思想在这之后显示出一种巨大的动员力量。19世纪相似性理想在西方社会到处成为一种显而易见的吸引力量，但首先提出这个理想类型的是美国的反联邦党人。从某种角度来看，西方世界的历史可以被视作劳动分工原则的逐步延伸。每次当这个原则被延展到具有多多少少的政治角色的组织中去时（从大众政党到工会和民间协会），相似性和接近性理想就会显示出它强大的吸引力。

▶▶ 代议制政府的原则

如果不宣称领导者应该和被领导者一样，分享他们的生活条件，尽可能地接近他们，任何政治组织都无力动员超大的社会能量，尽管一些实际需求迫使他们之间必须进行角色分工。基层和高层之间的相似性理想也许是调和劳动分工和民主之间关系的最令人鼓舞的方式。

最后，美国辩论的重要性还在于第三个要素。在美国，人们很快就意识到议员相对于选民的优越性在大部分时间可以通过简单的选举程序游戏得以实现，而无须任何法定的被选举资格条件规定。欧洲人几乎是在一个多世纪之后才注意到选举的这个属性，总之，或者说，才靠它来确保议员的优越性。确实，1787年辩论的主要参与者尤其是将杰出人物的选定归功于选区的规模。但反联邦党人认为即使在小选区，选民也会本能地选择那些在这个方面或者在那个方面比他们优秀的人。例如，当联邦农民要求选举更多数量的议员时，他说，这是"为了使有行业活动的每个群体，商人、批发商、农民、工人等等，都能够向立法议会派遣适当比例的**信息最全面的成员**"①。关于相似性理想和选举原则的选择，在反联邦党人的思想中存在着一种摇摆不定的张力，反联邦党人不是没有利用这个张力。在批准辩论过程中，反联邦党人的立场并非纯粹荒谬，因为他们接受议员和选民之间某种程度的不同，他们害怕的是大选区会过分扩大这种差距，某些社会群体被剥夺来自自我群体的代表，财富最终成为主导性或者唯一的区别标准。无论如何，反联邦党人注意到选举原则毫无例外地导致被其称为"贵族"的人当选。毫无疑问，联邦党人是赞同这个直觉的。他们的不一致之处是区别议员和选民的差异程度以及应选"贵族"的特殊构成。两个阵营无意间恢复了一个古老的学说，他们都意识到选举自身会导致贵族政治的后果。

---

① The Federal Farmer, Letter II, *Storing*, II, 8, 15. 强调格式是笔者做出的。

第四章 一种贵族民主制

在19世纪和20世纪，投票权逐渐在各代议体制中普及，甚至在一些国家，如英国和法国，早期所设定的被选举资格应纳税额条件限制也消失了。这两种变化，尤其是普选制度的轰轰烈烈确立，产生一种强大的信仰刺激，认为代议制政府正逐渐向民主制转变。在这种情况下，选举程序自身可能包含不平等及贵族制的一面就显得是不值得被进一步探究的命题了。所有人都有权自由地选择执政者，法律不对候选人的社会类别做出限制，这成为政治平等和民主制度一个如此显著的进步，以至于不平等和贵族政治现象的潜在性存续问题似乎没有必要再去调查。选举的贵族政治特征好像没有引起19世纪和20世纪的理论家和政治活动家们的任何严肃思考①。

1787年美国的制宪辩论应该是这一现象被审视被讨论的最后机会。事实上，关于政治理论上一些长期定论的理解，这场辩论既是一个转折点，也标志着一种进步。首先，尽管那些从亚里士多德到卢梭的哲学家都认为，和抽签制相比，选举制具有贵族政治特征，但无论是反联邦党人还是联邦党人都不认可抽签。双方都认为选举有利于挑选那些在某种形式上优越于其选民的公民。正是通过这种现象他们看到选举的贵族政治特征。不过，他们眼中选举制所具有

---

① 这其中的一个例外值得指出。卡尔·施密特也许是唯一一位对选举的贵族特征做出思考的当代作者。不过，如我们在稍后所看到的，施密特将这个特征归因于选举程序自身以外的外部原因。在某种程度上他的贡献尽管重要，但没有阐明选举的本质。

的贵族政治特征，并不是出于和抽签比较的结果，它是选举制本身所固有的特征。

另外，古典理论只笼统地指出选举制没有赋予所有人获得公共职位的平等机会，但它没有具体指出在公职分配问题上，选举办法对哪些人有利。相反，在美国的那场辩论过程中，选举制度的受益者得到辨识。辩论主要参与者认为选举对某些特定类型的公民有利。也许，选举程序所侧重的卓越性的本质并没有得到明确一致的定义。他们说选举有利于那些最为著名的人物，如从事最有声望或者最有影响力的职业的人、最富有的人或者仅仅是最有才华的人。但区别于哲学传统，美国人辨别或者尝试辨别哪些特殊群体享有从事代表职业的优先权。另一方面，社会地位和财富属性似乎被要求发挥主要作用。

另外，美国的那场辩论明确了圭恰迪尼和孟德斯鸠所没有言明的内容：选举所涉及的贵族类型和法定与世袭贵族没有任何联系。如果说选举确实有利于大人物，但这不是等级社会中的上等人物，而是在社会中享有卓越性地位的人物，这种卓越性可以以任何方式来定义。

最后，在对选举的贵族政治效应问题的理解上，1787 年的辩论可能标志着某种进步。通过强调选举是选定那些更有名、更引人注目（conspicuous）、更优秀或者比其他人更卓越（prominent）及更富有的人，反联邦党人开辟了解释选举制贵族政治效应的新路径①。

如果关于选举的贵族特征，古典理论及美国制宪辩论的直觉表述的是一种客观事实，无论是普选权还是被选举资格法定条件的废除都不能使两种重要的现象消失：在完全基于选举的政治体制中，全体公民获取公职的机会是不平等的；选民将代表职位赋予那些在

---

① 形容词 conspicuous 和 prominent 在英语里同时包含品性和认知两层含义。它们指那些品性卓越但又突出显眼、引人注目的人。这个双重特性在法语中用"remarquable"和"éminent"来表述，但认知维度在英语里的表述更为显著。

某种形式上优越于他们的人，尤其是社会上层成员。代议制政府在某些方面可能变得更民主了，但另一方面，它贵族政治的一面也得到保留，因为议员区别于选民，尽管所有的公民都是选民，但不是所有人都享有获取权力的平等机会，尽管法律没有禁止任何人获取权力。

现在是时候考虑选举是否确实表现出不平等和贵族政治的特征了。

一　选举制贵族特征的纯理论

这里的目标是确定选举方法的某些内在特征是否确实含有不平等的一面，导致选择出来的执政者比其选民更卓越。这个问题来自政治哲学传统。亚里士多德、孟德斯鸠和卢梭均表示选举在本质上是贵族政治。他们不认为贵族效应的产生原因来自选举方法使用时所处的社会背景和社会条件，而是来自选举的纯粹本质。

因此，我们来对选举制进行一次纯粹分析。关于选举制贵族特征的论点也许将经受实证考验。例如，我们可以对代议体制里议会成员的组成和选民的组成进行比较，看看议员相对于选民是否存在着一种一贯性的结构优势。但这种办法不仅需要大量数据以使其真正具有意义，更是将会遇到许多技术难题，并且其结果也不一定是让人信服的。假定根据这样或那样的标准选举出来的议员确实总是优于其选民，我们可以反对说这个不平等可能是选举进行期间其外部环境的影响结果。鉴于两个世纪以来实行代议政制的国家的社会不平等状况都比较突出，这个反对意见是非常有说服力的。

我们也可以借用另一种思路。可以尝试通过对选举的抽象分析来推论其不平等性和贵族效应。理想的做法是通过纯粹的先验性术语来进行推论，以便揭示选举行为所牵连的逻辑内容。然而，这种关于选举特征的超验推理方法很可能是不可行的。在推理过程中，我们可能不可避免地要引入一些建立在经验之上的假设。这些假设应该尽量简单，越少越好，尽量不引起争议。

有四个因素可以解释选举制的不平等特性和贵族特性：个人偏好作用、选择情势张力、认知约束以及信息传播成本。

个人偏好

为了理解选举的不平等特性和贵族特性，首先需要改变观察视角。我们一般认为选举制是这样的政治制度，在该制度下选民可以任意选举他们所喜欢的执政者。这个观点显然是有道理的，但它没有揭示出选举制的整体特征。更具体地说，这个描述是贴切的，但它也掩盖了从平常角度所看不到的特征。

假定在一个公民不能共同执政的体制里，所有公民都有权利在他们中间选举执行统治的人，被选举资格不受任何法定条件限制。在这种体制下，只要所有公民都享有平等自由地选举执政者的权利，他们在政治上就是平等的。可以说，作为政治选择主体（或参与者），他们是平等的。这是该体制民主性的一面。但将公民视作选择者只是一种关于公民权的特殊观点。公民也可能希望履行公职。我们也可以将获取公职的可能性视作公民权的核心组成部分之一，共和传统也强调了这一点。另外还需要注意，我们所讨论的这个体制是将公民视作公职的可能性候选人，或者说是政治选举的可能性对象。

从这种不同的视角看，代议体制呈现出不同的面貌。获取公职不受任何特定的法律条件约束，但公职的分配程序在根本上是不平等的：在公职候选人中，能够得偿所愿的，是那些和其他人比较在名义上和个人特征上更受其同胞欢迎的人。公职的分配并不是依据人人平等的原则所抽象界定的特征或行为，而是依据主权人民对这个或那个提名候选人的偏好。一般认为，当一项规则将获得好处（或受到惩罚）和一些以抽象和匿名的方式来界定的品质或行动联系在一起时，法律面前一律平等得到保障。但作为职位分配规则的选举制度并没有将公职分配给任何一个具有 X 特征或者完成 Y 行动的公民。通过偏好界定，选举程序使一些人得到偏袒。这个现象经常不被注意，因为注意力一般是选举的结果或者是它的另一面，即每个人选择他所期望的执政者的可能性。因为是公民间的偏好选择，我们无法发觉职位的分配程序充满了个性化和自由裁量特征。在秘密投票的情形下，投票公民甚至不必解释他的偏好。在这个至高无上的选择时刻，选民有权使用绝对君主的格言并且宣称："Sic volo, si (c) jubeo, stat pro ratione voluntas"［"我想如此，我便命令如此，我的意志无须理性"］。选举程序毫无疑问存在着极端性。

选举和体育竞赛经常被进行比较，但与通常的想法相反，选举程序不一定任人唯才，也不能保证我们今天一般所认为的机会均等。功绩制和机会均等的直觉含义尽管比较模糊，它们在过去二十几年得到了详尽而又复杂的哲学讨论。但好像有一种共识，一种程序如果在社会福利分配问题上所带来的不平等至少在部分程度上（有些人认为是"全部"）是由希望获取该福利的人的个人努力程度、行为和决定差异所带来的，它就可以被视作功绩制的，并保证了机会均等①。一种程序不会被认为是功绩制的，如果它所产生的分配不平等完全来源于个体间的出身不平等因素。因此选美大赛绝对不会被视作功绩制的。考试和学业竞赛相反则被视作功绩制的，尽管参与者的绩效差异在某种程度上和基因天分有关（不谈社会出身的不平等），它部分是归因于参与者的个人努力程度、他们的自主行为和抉择。要使机会均等得到保障，必须使结果差异反映的不仅仅是候选人是什么人，还应是他们做了什么。

在这个问题上，比较选举和考试招聘这两种执政者选拔方法不

---

① 关于当代正义哲学对机会均等概念的总结介绍，见 W. Kymlicka, *Contemporary Political Philosophy. An Introduction*, Oxford University Press, Oxford, 1990, pp. 55sqq。

无启发意义。另外，我们还可以指出通过考试来分配政治权威在古代中国实行了很长时间。和抽签、选举、世袭、在任领导任命一样，考试也是选拔执政者的一种可能性方式。我们只考虑考试制度的纯粹形式，将在现实中破坏其原则的所有外在影响放一边。如果执政者通过考试来选拔，候选人为获取某个职位而需要满足的条件被抽象和笼统定义，这些条件事先就被公布，所有的候选人都知情。候选人需要动用所有他们认为充分的能量和资源（其中一些资源可能涉及天赋）来试图满足这些标准要求。考试结束后，公职分配的不平等必然至少在部分程度上反映出个人的努力程度、行动和判断上的差异。

选举制度不一样。在这里，选择标准没有被事先抽象定义并公布。候选人可以尝试猜测选民的要求。假定通过投票情况可以笼统抽象地界定当选需要具备的资质，但这也是事后才能得知的。另外，没有什么能够保证选民在进行投票时考虑到——即使是部分程度地——候选人的努力、行动和决定。没有什么可以阻止选民仅仅是因为喜欢其皮肤颜色或者肩膀宽度而选择某一候选人。也许选民因受到教训而终将意识到这种标准的荒谬。并且，因为选举的重复性，他们可能会逐渐采用一些从他们自身利益出发没那么不理性的判断标准。但我们不能禁止选民在某个时刻完全是根据候选人是什么人而不是根据他们做了什么来决定选票。这也是投票自由不可避免的后果。

有人可以指出说候选人至少需要让选民了解自己，就这一点，选举是对竞选活动中所做努力的奖赏。但严格地说这个努力不是必需的。一个候选人可能在竞选活动开始前已广为人知，可能仅仅是因为他的名字，或者是因为他的社会地位，选民就可决定这已足以构成他们将选票投给他而不是其他人的理由。

在获取公职问题上，选举制度在某种程度上明显不能保证数学概率意义上的机会均等，这个事实不是没有任何后果影响。它也不保证现代意义上的功绩制机会均等，指出这一点也许并不见得就是啰唆。

这第一个论点说明选举是一种不平等的公职分配程序，但它没有揭示为什么选举方法必然导致选拔的议员在某种形式上比其选民卓越。

选择情势张力

选举就是选择。尽管选举并不总是以选择的形式被组织的（例如，我们看到，英国在光荣革命前通常只有一个候选人），并且当代为数众多的威权体制组织的是非竞争性选举，我们还是可以认为选择维度是选举概念的固有特征，正如今天代议制政府下对其的理解。在选择情况下，选民至少需要具备一个偏好某甲而不是某乙的理由。如果候选人之间相互没有区别，选民就会无动于衷，没法在他们之间做出选择。因此，要想当选，候选人至少需要呈现出一个优点，以作为其同胞的积极性评价对象，并且该优点是为其他人所不具备的，或者不是位于同一级别的。这个优点可能涉及不同程度的自然天分和个人行动。根据候选人纯粹的自然优点做选择不是没有可能，我们刚刚看到了。诸如诚实这种优点是另一个极端，它和天分的关系很小。能力和见识处于中间位置。但在特定的文化和背景下一个被支持被肯定而其他人又不具备的优点构成一种优势。要被选择，候选人必须按照这样那样的维度或者不同维度的组合被看作是高人一筹的。选举和精英两个术语具有同样的词源并不是没有原因，并且，在好几种语言中，这个形容词既指杰出的个体也指被选择的人。

可以观察到的是，一个候选人被判定应该比其他人杰出，这里的其他人并不是指特定人口中的所有人，而仅仅是指其他候选人。不过，在法定被选举资格向所有人开放的情形下，一个希望成为候选人的公民自己在申报竞选资格之前，并不知道其他候选人都是谁。从潜在候选人的角度来看，在候选人资格申报期限结束之前，任何人都可以决定参加竞选。因为竞选活动经常需要候选人付出成本，至少是精力成本，潜在候选人有必要评估他当选的可能性，以及预估在与其竞选对手针锋相对时可能会发生的情况。因此，希望获得公职的公民在申报候选人资格之前会自问他是否具有被其同胞积极评价的特征，并将自己和其他可能性竞争对手区别开来。如果他认为这种情况会发生的话，他就会参选。选举程序所施加的区别约束因此这样被潜在候选人所事先内化和预估（或者是推举和支持候选人的组织）。

任何人当然必定至少具备一个区别于其他所有人的特征①。因此可以认为任何想要获取公职的人都可以参选，只要他能够说服选民对其区别性优点予以积极评价（并将其作为选拔标准）。但归根结底，潜在候选人知道选民的评价和决定是难以预知的。他们清醒地知道选民的偏好最终由其自己自由决定。因此就潜在候选人而言，将选民的价值判断视为外生因素或者约束试图去预测它而不是改变它是理性的做法。

另一方面我们可以认为，鉴于每个选民可以自由地做出价值判断，潜在候选人对总体性区别约束进行预期是不可能的。在这种情况下，任何一个期望担任公职的人都会参加竞选，坚信（有依据的）他具备区别于其他所有候选人的特征，但完全不知选民对这个特征将持何种评价。但事实并非如此，因为选民的价值判断部分程度上由特定背景下的生活条件、道德习俗现状或主流价值判断模式所决定。这些集体现象是潜在候选人所知情的。例如，有理由认为，在一个经常发生战争的国家，体格、战略才能和军事实力很有可能得到选民的积极评价。因此潜在候选人知道在特定的文化背景

---

① 根据"不可分辨的"原则，由莱布尼茨首先做出阐述：世上不可能存在方方面面都完全一样的生命。

下，什么样的区别性特征会得到积极认可。

因此，那些最终参选的候选人是具有区别性特征的个体（也就是说其他候选人所不具备的），他们有理由相信在特定的情形下会得到积极评价。因此，候选人是那些自认为有可能被看作是比其同胞更杰出的人，他们的同胞即他们的选民，全体潜在候选人也是全体选民的一部分。很明显，选民选择他们认为比其他人杰出的候选人。

这个推理有意忽略了候选人所提出的竞选承诺和政纲。需要再次强调，选举实际上必将是选人。尽管选民也对不同候选人的建议进行比较，但他们的个人特质不可避免地会扮演一定的角色。另外，政纲和承诺在代议体制里享有特殊地位，他们不受到法定约束①。相反，人员一旦被任命，他们将实施统治。

因为选举是选择，它因此包含一种内部张力，阻碍选择和其他公民类似的人。在选举程序的核心地带，存在着一种阻碍力量，使执政者和公民之间的近似性愿望难以实现。

认知约束

选举在于挑选那些有名的人。要想当选，候选人必须吸引选民的注意力。他需要引人注目（或者出众），和其他所有公民比较起来具有某种突出之处。一个形象和其他人没有分别的人是不会引起其同胞注意的，也完全没有当选的机会。当然，潜在候选人的形象区别以特定文化里受到好评的某个或某些特征为标准。如果候选人具有某个显著的负面特质，他可能广为选民熟知，但后者会将其抛弃。要想当选，借用认知心理学上的一个词汇，可以说候选人在某种程度上必须"突出"（salient）。另外，一般说来，正是突出的刺

---

① 第五章会对这一点做出论述。

激物引起最激烈的判断（积极的或消极的）①。认知约束产生一种和选择情形约束类似的效应。就其自身而言，选举有利于那些某个方面受到积极评价的突出人物（因此是有区别的，不同的），也就是说被看作是比他人杰出的人物。

突出之处和鲜明之处并不被确定为普遍性特征。它们是背景性特征。就普遍性而言，任何一项特征都可以使某个人出众。突出之处取决于个人所处的环境以及他的区别性形象。因此，他是其所属人群的特征分布函数：只要在数学统计上，他自身的特征在其所属人群中是稀有的，这个人就是突出的。这个分布显然随着地点和时期而变化，使人突出的特征也随着地点和时间变化。但这并不意味着在特定背景下，任何人都可以是突出的。突出之处是一种相对的多变的特质，但在特殊情形下，它是选民和潜在候选人均须参考的外在数据。

另外，即使是特殊情形（并且将所属人群的特征分布视作数据），选民不可能对某个人的所有特征和其他人的所有特征都一一进行详尽的比较。要获取这样一个结果他需要处理的信息数量是巨大的；这要求选民付出大量的时间和精力，在知道他们的意见对集体选择的最终结果影响微乎其微的情况下，他们是不愿意付出这些时间和精力的。因此选民不会对其同胞个个进行详细的比较，他们的比较会建立在总体观察的基础上，其注意力会被形象区别于其他所有人的人物所吸引。

竞选运动的目的确实是为了吸引选民关注候选人那些通过其他

---

① 早期关于突出特点的效应的研究指出它会影响因果关系推断（人们倾向于将 X 的现象归因于 A 现象，而不是 B、C、D，如果 A 因为某种原因比 B、C、D 更突出、更明确、更知名）。但后来有研究指出突出特点的效应远远超出因果关系推断。Voir, S. E. Taylor et S. T. Fiske, "Salience, attention et [and] attribution: Top of the head phenomena", in Berkowitz (ed.), *Advances in Experimental Social Psychology*, Vol. II, New York, 1978; Voir aussi S. E. Taylor, J. Crocker, S. T. Fiske, M. Sprintzen, J. D. Winkler, "The Generalization of Salience Effets", *Journal of Personality and Social Psychology*, 1979, Vol. 37, pp. 357–368.

方式观察不到的区别性特征。所有期望参选的人都必须至少具备一个可以被突出的区别性特征。另外，竞选运动相关制度的建立（也有其他原因）是为了抵消选举程序授予社会名望的优势，因为社会名望自身已经构成杰出性的一种特殊形式，但它不能完全消除这种优势。可以说，那些日常社会关系中的明星人物处于无休无止的竞选运动，而聚光灯只有在竞选开始时才将镜头投向其他候选人的区别性特征。

信息传播成本

说到竞选运动，我们就触及选举程序所隐含的最后一个不平等因素。在某种程度上，候选人相关信息的刻意传播可以弥补其事先性优势局限，尤其是声望优势局限。但它的成本很高，并且有利于那些能够动员更多资源的人。候选人（至少他们中间的非社会名流显贵者）需要广为人知。没有任何理由可以假定这项活动成本是可以忽略不计的。

如果候选人必须使用自己的资金来资助竞选活动，富有社会群体的优势将以最明显最直接的形式得到展示：这一点会在大选后议会的社会构成中得到直接体现。即使在候选人得到公民资助的竞选活动中，富人的优势也不会消失。财政依赖于成员会费的组织的出现减少了财富对议员选拔过程的影响。另外，这也是19世纪后半期之所以建立大众政党的明确目的之一。

然而，即使是这样的组织也不能完全消除财富的特权。有理由推测公民（或企业）的政治捐献和其收入在某种形式上是成比例的。捐献数量可以弥补小额捐献的不足，但获得少数数目更为可观的捐献却要容易得多。因此，候选人更倾向于呼吁富人而不是穷人资助他们的选举经费。那么有理由推测，一旦当选，候选人会对那些对其选举做出财政贡献的人的利益予以特别关照。

就其本身而言，选举程序有利于人口中最有钱的群体。不过，

▶▶ 代议制政府的原则

区别于其他三个选举所涉及的不平等因素（个人偏好、选择张力和认知约束），这个问题也许是可以通过公共财政支持或者对竞选活动进行严格控制而被完全消除的。现实好像显示这种规制涉及的是技术困难，但从原则上不是不可能的。

但让人称奇的是直到20世纪的后几十年选举体制才尝试解决这个问题。这可能是因为，至少部分程度上，选民自己也倾向于低估竞选活动所需成本，并且他们一点也不愿意将大量的公共资源用在选举活动上。但即使人民不愿意承认其后果，事实是人民挑选执政者是种昂贵的活动。更让人吃惊的是政治理论对选举开支问题几乎没有加以注意。约翰-斯塔图特-密尔是少有的例外者之一，但他没有对这个问题做持续研究[①]。在这个问题上，人们的注意力被普选权的扩大所垄断了（需要再加上马克思主义对"资产阶级民主"之"表面性"特征的批评），以至于选举程序的多个维度特征本应该轻而易举就能观察到，人们却表现出视而不见。

选举贵族制的含义

因此，选择张力和认知约束经常导致选举出的议员看起来比他的选民更杰出。但这里涉及的杰出性是个特殊的概念，有必要对其做出详细定义。首先，当我们断言候选人必须被认定是杰出的才能当选，这涉及的不是对其个性特点的总体评价。要选举某个人，选民没有必要将其看作是在方方面面都是杰出的。他们可以鄙视候选人其中一个甚至大部分特点。前面的观点仅仅指出，选民如果需要选举一个候选人，他们需要基于候选人的某个品质或者全部品质判

---

① 面对19世纪英国选举活动的奇特特征（简单又纯粹的腐败以及候选人购买选票，候选人支付选民前去投票——见第三章），密尔对选举开支现象予以特别关注也许是完全有道理的。但他的思考超越了腐败问题和英国制度的自身特征。例如他写道"不仅仅候选人不应受到约束，他甚至不应该被允许超出固定的可忽略的费用开支"［Considerations on Representative Government (1861), in *Utilitarianism*, *Liberty*, *Representative Government*, ed., H. B. Action, Dent&Sons, Londres, 1972, p. 308］。密尔另外支持用公共财政赞助竞选活动。

第四章 一种贵族民主制

定他是杰出的,他的品质符合政治要求。

另一方面,认知约束和选择约束针对的只是看得见的杰出性(涉及财富问题,情形当然是不一样的)。候选人需要引人注目,但这并不意味着他们的卓越非凡必须符合理性和普遍性标准。面对同胞,他们必须被视作特定背景下主流性文化价值的示范者。以理性和普遍性规则为衡量标准,所谓最好的可能完全是错误的,不恰当的,因为认知受文化背景的约束。但问题不在这里。我们这里并不是说选举倾向于挑选那些"真正的"贵族。选举产生的代表必须被视作杰出的,也就是说他具有一种特质(或全部特质),一方面在特定的文化背景下受到好评,另一方面又是其他公民所不具备的或者是不在同一层次的。

这导致两种后果。选举程序并不保证真正优秀的政治家被挑选(再重复一次,如果"真正的"意指符合理性和普遍标准)。选举的运作是基于一种文化认知,即对好领导者的特征的认知。例如,如果公民认为口才是优秀政治品质的衡量标准,他们会基于这个信仰做出政治选择。很明显,什么也不能保证口才是政治才能恰当的衡量指标。选举的重复性特征也许引入了某种客观性元素:选民能够验证他们在上届选举过程中使用的标准导致选举出后来显示极端糟糕极端不称职的执政者。选举的重复性赋予他们基于经验修改选择标准的可能性。重复性使选举成为一个学习过程,选民逐渐学习到制定选择标准所需的客观性政治价值。然而,他们每次仍然选择他们当时认为政治上适当的杰出之处,尽管他们当时的看法是基于过去的经验。

其次,选举程序的本质一点也不能保证它促使挑选帕累托所定义的那种广义上的精英(不仅仅是政治意义上的)。尽管关于这一点帕累托的表述并不是十分的清晰和简洁,他对精英概念的定义好像确实涉及普遍性标准。在《普遍社会学》一书中,精英指那些在他们的活动领域具有最高"能力"的人。帕累托写道:"因此,假定在人类活动所有的分支里，分配给每个人一个显示其能力的指数，接近学校里给所授各门课程考试打分的方法。[……] 因此，让我们把这些在他们各自活动分支获得最高指数的学生组成一个班级，并给这个班级起名精英。"① 帕累托刻意使他的精英概念不涉及任何道德维度。例如，他解释道，一个偷盗成功而没有被抓的灵巧的小偷将获得一个高指数，因此是精英中的一员，而一个笨拙的被警察抓到的小偷得到的指数将会很低。把道德因素放一边，精英好像是根据普遍性标准被帕累托所定义的。在上文所引用的文段中（因此，假定……），定义谁是精英的排名和分数是由社会学家自己决定的，而他自己严格地说是一个外部观察者。帕累托所定义的精英不代表特定社会对每个活动领域里的成功或者杰出的定义，而是社会学家自己的知识这样认为的②。如果按照帕累托的定义来理解精英，认知约束和上文所提到的选择不能证明通过选举方法挑选的必定是精英。选民挑选他们自己感知的杰出之处，但如果和帕累托的标准做比较的话，在既定的文化背景下，他们的价值标准在所有领域都可能是错误的。再以口才为例，选民认为这是政治才能的一项指标不仅仅是错误的，并且也许他们眼中拥有好口才的人不会得到帕累托或者修辞专家的认可。上文论述观点的关键不在于区别道德价值和在某类社会活动中的成功，即使这种成功很不道德（但仍然有理由相信选民采用了道德标准），而在于区别认知杰出性和根据普遍性标准所定义的事实杰出性。选举原则自然而然地导致前者

---

① V. Pareto, *Oeuvres complètes*, publiées sous la direction de G. Busino, Droz, Genève, 1968, Vol. XII, *Traité de sociologie générale* [1916], chap. XI, § § 2027 – 2031, pp. 1296 – 1297.

② 帕累托的所有著述对精英的纯粹客观性和普遍性特征的定义都不是十分清楚。相关观点在《普遍社会学》中肯定有涉及，因为他在这本书对精英做了定义。然而，在前期的一本著作中，帕累托对精英的定义如下："这些阶级代表一种精英，一种贵族（基于词源学意义：贵族的 = 更好的）。只要社会平衡保持稳定，构成这些阶级的大部分人拥有某些突出品质，这些品质在这里是好的在它处可能是坏的，他们掌握权力。"（V. Pareto, *Oeuvres complètes*, *op. cit.*, Vol. V, *Les Systèmes socialistes* [1902 – 1903], p. 8）如果在特定社会里，精英按照"掌握权力"的品质来定义，定义的客观性和普遍性特征就消失了。

而不是后者被挑选。

最后,需要指出的是,在特定的情形下,造就选举预设杰出性认知的特征标准是很有可能客观存在的。选民的问题实际上是发现帮助他们区别候选人的标准。因此他们有可能会利用轻易可辨别的特征来做决定。如果不能确定这些特征是否确实存在,那么在选择过程中这些特征就是无用的,将不会被作为选择标准来使用。因此,例如,就算选民可以完全错误地认为口才是政治品质的良好指标体现,就算他们也可能在认知好口才者的构成条件问题上犯错,但在某人 X 在口才领域拥有其他人所不拥有的某些特征的认知问题上,他们不大可能弄错。这最后一个要素具有核心重要性,因为他导致以下结果:候选人想要当选,必须确确实实具备一些区别于其同胞的突出特征。候选人的杰出性仅仅是认知上的和主观的,但他们的差异性则必须是客观的。此时必须指出,选举挑选的是认知上的杰出性和事实上的差异性。

鉴于这些细节详情,有人可能会提出继续谈论选举的"贵族特征"具有误导性,至少是毫无意义的。这个术语确实很俗套,可以被任何其他术语取代(如"精英的"或者"寡头的"),但只要意识到它所揭示的具体现象就可以了:选择区别于选民并被视作杰出的代表。形容词"贵族的"在此处的使用主要是基于历史原因。

以上论述至少部分程度上是对雅典民主派、亚里士多德、圭恰迪尼、哈灵顿、孟德斯鸠和卢梭认为选举在本质上是贵族政治的现象解释。美国的反联邦党人也使用"贵族的"这个词语来指出选民和议会之间近似性的缺失。这是为什么保留使用这个词语的额外原因。但这里所阐述的唯一核心要点是:因为一些已经发现的可被理解的原因,选举从其本质上而言,不可能导致选择近似于选民的代表。

二　选举的两面性：模糊性的美德

只要所有的公民都拥有选举权，并且被选举资格不受任何法律条件限制，选举无可置疑地包含不平等特征和贵族特征，但其平等的和民主的维度也是不可否认的。在普选制度下，选举赋予每个公民在选择代表时平等的声音。在这个问题上，普通公民和穷人与最杰出、最富有的人的影响力是一样的。尤其是所有公民都有同等的权力在执政者任期结束后将其解职。没有人可以否定选择与否决这两种权力的存在，需要展示诡辩技巧才能得出结论说它们是可以忽略的。关于选举制度，一个基本的事实是，它既是平等的又是不平等的，既是贵族的又是民主的，并且它们共生共存、不可分离。贵族维度值得引起特别注意，因为今天我们倾向于忘记这一点或者将其归因于背景性原因。这是为什么行文至此，重点都被放在这个被遗忘、被忽略的维度。但在任何情况下这都不意味着选举的民主和平等特征没有其不平等和贵族特征重要或者真实。我们本能地倾向于在单一特征和属性中寻找政治现象的终极真相。然而，没有任何理由能够推定一项特定的制度只具有一种决定性特征。相反，大多数政治制度同时产生好几种效应，有时它们各不相同。这正是选举的情形。可以说，和亚努斯（Janus）一样，选举也有两张面孔。

在当代政治理论家中，好像只有卡尔·施密特指出了选举的双重性特征。他写道："和抽签比较，选举是一种贵族方法，正如柏拉图和亚里士多德所说的那样。但和上级机构任命或者通过世袭获取比较起来，这种方法可以显得是民主的。选举含有两种可能性 [*In der Wahl liegen beide Möglichkeiten*]：它可以具有贵族意义，如果是涉及选择最好的或是选择领导，它也可以具有民主意义，如果是涉及任命一个职员、办事员或者服务员；选民可以是议员的上级或下级；选举可以为代表原则所用也可以为身份认同原则所

第四章 一种贵族民主制

用。[……]需要弄清楚选举在具体情形下（*in der Wirlichkeit*）的意义。如果选举必须建立一种真实的代表制，它是贵族政治原则的工具；如果它仅仅意味着挑选非独立代理人［*eines abhängigen Beauftragten*］，我们可以将其视作一种具体的民主方法。"①

这段话只能被理解为施密特是在对身份认同和代表进行区分，这两个原则可以作为宪法政治内容的基础（选举可以为代表原则所用也可以为身份认同原则所用）。施密特将这两个原则描述为两个相互对立的概念两极，任何具体性宪法都介于两者之间。施密特断言，每一部宪法都以人民统一观念为前提。要被当作是有行动能力的对象，人民必须以这样或那样的方式被视作统一的。身份认同和代表构成两个能够使人民成为统一实体的极端观念。

身份认同原则以这样一个概念为基础，根据该概念，人民"基于一种强烈的和有意识的相似性［*Gleichartigkeit*］，又因为其自然边界非常清晰，或者因为其他任何原因——有能力通过其简单直接的存在而做出政治行动。它是一个政治统一体，是一种真实的权力，这个权力隐藏于它自身直接的身份认同之中"②。当一群人在他们认为特别重要的某个点上具有鲜明的相似感，这群人会立即自我形成一个具有政治行动能力的共同体。这个统一体是自发形成的，不是外部施加的。因为这些人认为他们相互之间从根本上具有相似性，他们建立以类似方式对待每个公民的制度。但尤其是，因为他们认为从根本上共享相同的本质，他们倾向于尽可能地废除执政者和公民之间的任何差异。在这个意义上，根据施密特，身份认同原则构成民主的基础，并且他在卢梭那里也找到了更深刻的解释。施

---

① C. Schmitt, *Verfassungslehre*, §19 Duncker Humblot, München, 1928, p. 257; traduction française *Théorie de la constitution*, P. U. F., Paris, 1993, p. 396.

② C. Schmitt, *Verfassungslehre*, §16, p. 205; *Théorie de la constitution*, op. cit., p. 342. 法语翻译使"*Gleichartigkeit*"一词具有"同质化"的含义。这个翻译不是很让人满意，因为施密特在其他情形下也使用"Homogenität"这个词，因此可以推测他对这两个概念做了区分。

▶▶ 代议制政府的原则

密特写道:"民主 [……] 是支配者和被支配者 [Herrscher und Beherrschten]、统治者和被统治者、指挥者和服从者之间的身份认同。"① 在其最纯粹的形式里,民主和代表是不相容的。不过,民主不一定排除执政者和公民之间的职能分工。但它排除"在一个民主国家内部,支配和被支配、统治和被统治表达和产生一种质的区别。在民主制度里,统治或者政府不能以不平等为基础,因此不能建立在统治者或者执政者的杰出性基础之上,或者执政者以这样那样的方式优于公民"②。执政者可以拥有区别于公民的特殊位置,但这个位置绝不应该是他天然优势的反映。如果他们被允许执政,是因为他们表达了人民的意志并且他们受到后者的委托。

"它的对立原则 [即代议原则] 来源于这样一个观点,即人民政治统一体自身永远不可能在其真实身份中得以呈现,因此需要具体的人来代表它。"③ 履行代表的人在某种意义上使事实上不能呈现的(即人民政治统一体)得以呈现。人民只有通过其自身以外的个人或机构中介才能得到统一。此处我们可以联想到霍布斯的利维坦,它从外部赋予那些就其直接存在状态只是一群原子化的人以政治统一体和行动能力。根据这样的理解,代表原则在施密特看来导致几种后果。这里只需指出代表——从定义上而言是不属于人民的——独立于人民且不受人民意志的约束④。

施密特注意到了选举的双重特性。但奇怪的是,他自己对民主下了这样的定义——一种建立在被统治者和统治者身份认同基础之上的体制——,他却没有看到,只要选举的结果不是在选择同类,它必定包含不民主的因素。施密特将选举的民主和贵族特质归因于规定选民与议员关系的法律和宪法形式。他断言,如果议员像对待

---

① C. Schmitt, *Verfassungslehre*, §17, p. 235; *Théorie de la constitution*, op. cit., p. 372.
② Ibid..
③ C. Schmitt, *Verfassungslehre*, §16, p. 205; *Théorie de la constitution*, op. cit., p. 342.
④ C. Schmitt, *Verfassungslehre*, §16, p. 212; *Théorie de la constitution*, op. cit., p. 350.

第四章 一种贵族民主制

一般职员、办事员或者服务员那样被对待，选举就可以是一种民主方法。但它也可能是贵族政治，如果议员是独立自主的。按照宪政理论赋予独立自主一词的意义来理解，也就是说他们不受训令和强制委任的约束。[abhängigen Beauftragten] 那一段话中所使用的术语是宪政理论里常见的词汇。对于施密特而言，选举潜在的是民主的或者是贵族的。在具体的情况下（[in der Wirklichkeit]），这样或那样的可能性被规制议员和选民关系的宪法条文实化了。施密特因此没有看到，无论议员和选民的宪法关系如何，选举在事实上既是贵族的又是民主的。即使议员不受强制委任的限制，选举也是民主的，因为它赋予选择或否决过程中每个公民平等的声音。相反，即使议员受训令或者强制委任的约束，选举也具有贵族特征，只要议员不可能近似于其选民。他们不能是人民的缩影，像他们一样本能地感觉、思考和行动。可能这正是最重视民主原则的代议制政府的支持者倡议强制委任和实行训令的原因。他们主张建立法定约束，因为他们清楚地知道议员是那些从素质上和社会地位上都比其选民更卓越的人。

不过，施密特的理论对于理解选举制度至关重要，因为它使议员和公民之间的身份认同和近似性成为民主的基本原则。施密特敏锐地观察到，民主最具有吸引力、最强大的力量之一是统治者和被统治者之间的相似性，即使他不明白选举程序使选举自身成为实现这种相似性的障碍。

选举贵族效应所呈现的特殊形式也许在很大程度上解释了这种执政者任命程序取得如此成功的原因。在获取公职问题上，选举有利于那些具有突出特征获得积极评价的人或者集团。但选举方法首先显示了一个重要的属性，即除财富因素以外，其他特征的具体内容是不确定的。假定人民清楚地知道这个贵族性特征，当某日情况发生了变化（或者是人民的特征分布，或者是文化和价值判断，或者两者同时出现），任何人都可以期望是受益者。

但尤其是，在特定的情形下（也就是说假定人民的特征分布和价值判断是固定的），程序的两面性是在选举中建立稳定性同意的有利因素。在任何社会中，大部分时间都存在着一些突出的集体，或者是因为财富，或者是因为他们具备其他集团所不具备的受到积极评价的特征。这些精英在所涉社会往往拥有和他们的数量不相称的影响力。因此，他们的同意和批准对制度的建立和稳定尤为重要。因为选举实际上倾向于将代表职能授予精英，一旦精英明白了程序的贵族特征，选举就尤其有可能获得他们的认可。我们看到，财富优势可能是有限的甚至会被排除。但即使财富影响被完全消除，选举程序总是有利于那些拥有获得积极评价特征的集团。这样或那样突出的特征在政治选择过程中必然会被使用，因为认知和选择局限无法消除。

另外，即使在既定的文化范围内，区别性约束尽管不可消除，但它具有一定的灵活性和不可确定性。道德和信仰现状不允许任何人都期待他的区别性品质会受到积极评价，但文化也不以明确的方式确定唯一那个得到积极感知的特征。不同的精英因此可以期待他们的区别性特征会得到积极评价（并且被作为政治选择的标准），无论如何，他们将致力于获得这一结果。因此选举方法可以同时引起多元不同精英的赞同。

另一方面（仍然撇开财富因素），即使那些在特定背景下认为自己不具备任何会受到积极评价的区别性特征的公民，也不可能不清楚（或者至少会被引导认知），他们和他人一样在选择和否定领导人问题上拥有平等的声音。他们可能也会觉察到，是他们在仲裁不同精英之间关于公职的竞争。鉴于选举的双重性质，它也为这些普通公民提供了充分的满意理由。

根据制度理论赋予平衡的含义，选举和普选权的组合甚至可以被称之为论证平衡点。想象这样一种情景，普通公民（按照上文的定义）感觉选举将公共职位授予那些比他们杰出的人，他们因此要

第四章　一种贵族民主制

求其他执政者选择方式以保证权力的平等获取权,他们也要求执政者和公民之间保持最大程度的相似性。面对这种要求,在普选条件下,被选举资格不受任何法定条件约束,总是可以给出这样的答复:如果选民决定主要选举精英,那么责任就在于选民自己,包括普通公民。选民不可能要求将选择执政者的权力交给人民以外的机构。另一方面,如果任何个别精英要求一个分配程序确保其承担比通过选举制度获得的更重要的职位,总是可以劝告他,求助于一个外部机构来在不同的精英之间分配职位是种比较谨慎的做法,因为他们中任何人都不能冒引起他人反对的风险来自我授予更重要的职位(或者强加一种导致这种结果的程序)。正如圭恰迪尼所指出的那样——他也许是这个观点的最早提出者——允许不能获取公职的人仲裁竞争精英对于精英自身而言构成一种可接受的解决办法,因为它避免使他们之间相互撕裂。因此,无论反对选举制度的是两种情况中的哪一种,总是可以使用一种强大的论据来恢复最初的制度。

这一点有混合政体的思想。我们看到,混合政体被定义为一系列包含君主元素、贵族(或寡头)元素和民主元素的制度组合,这种组合被认为具有稳定性①。撇开君主维度,我们可以通过类推法将选举制度定义为混合制度。

需要强调的是,选举的两个维度——贵族的和民主的——在客观上是真实的并且两者均产生重要影响。天真的民主人士,没有意识到选举的贵族特征,不停地寻找新的论据,以证明只有平等维度才是最重要的。但总是有经验研究指出,议员基本上全部来自公民中某些杰出的社会群体,并且这对他们的决策产生影响,这就否认了民主虔诚者所发现的新论据。反之,现实主义和反神秘化者,无论是批评还是赞成这一事实,一直都无法成功有说服力地证明平等

---

① 见第二章。

> 代议制政府的原则

维度只是一种假象。这场辩论也许将无休无止。

这两个维度不仅仅是真实的，并且两者也不能相互分割。区别于混合政体，它是个由不同机构组成的复杂结构，人民选举是个简单的不可分解的程序①。它的两种属性或者两个维度相互不可分割。无论是精英还是普通公民都不能够保留自己喜好的而剔除自己不喜好的那个属性，因为两个维度实在难以分开。另外，因为平等和不平等属性是不可分解的同一活动中的两个维度，选举程序可以被视作完全是民主的或者完全是贵族的，结论依观察角度而变。

在《政治学》一段可以有不同理解的表述中，亚里士多德写道："在一个混合得比较好的政体里，好像需要两种体制兼备［民主制和寡头制］并且任何一种［*dei d' en tè politeia tè memigmènè kalos amphotera dokein einai kai medeteron*］都不是非经外部大多数人的同意仅凭其自身就可存在的（因为这可能是坏政体下所出现的情形），但条件是城邦中的任何公民都不想要其他政体。"② 对这段复杂文段的一种可能性解释是，混合政体会是一种好的混合，如果它既是民主的又是寡头的，或者两者都不是，因为民主派和寡头派都可以在这里发现他们希望看到的东西，进而支持他们各自的制度。

选举也许是混合得最为完整的制度之一，因为精英和普通公民都找到了他们所要寻找的东西。选举的模糊性可能是其异常稳定性的关键之一。

三　选举与现代自然法原则

正如我们所看到的，历史上，选举作为执政者挑选方式的胜利

---

① 注意在混合政体模式里，这三种维度分别由不同的机构来代表：执政官（或者英国体制下的国王，该体制也被视作混合体制模式的一种）代表君主元素，议会（或贵族院）代表贵族元素，民会（或市镇议会）代表民主元素。

② Aristote, *Politique*, IV, 9, 1294 b 35–40.

第四章 一种贵族民主制

在很大程度上归功于现代自然法思想,它在格劳秀斯、霍布斯、普芬多夫、洛克和卢梭等人的影响下得到传播推广。然而,对照现代自然法的原则,这里所定义和解释的选举的贵族特征似乎引发了两个问题。

现代自然法思想基于这样一个观点,即人与人之间的共同本质特征是他们的平等性,可以将其称之为自由、理性或者道德良知。自然法的现代理论承认力量、才能、美德和财富的不平等将人类区别开来,但它的核心原则是这些不平等因素中的任何一种都不自我赋予统治他人、向他人强加自己意志的权力[①]。因为人人从根本上是平等的,统治权只能是来源于权力实施对象者的自由同意。但鉴于选举的内在属性,如果公民只能在某些社会类别中选择执政者,还能说他们的同意是自由做出的吗?另一方面,如果选举确实必定导致在某些方面具有卓越性的人当选,这不就是说在选举制度下是某些人出众的品质赋予了他们统治其他人的权力吗?

要回答第一个问题,需要注意的是,实际上区别性约束和认知约束并没有消除选民的自由。它们只不过是导致选民只能选择这些人:一是,拥有区别性特征,二是,这个特征得到积极性评价,三是,这个特征成为政治选择标准。不过,正如我们所指出的,只有第一个要素(区别性特征的存在)是个客观数据,由涉及人口特征的统计分布所决定。另外两个要素(涉及特征的积极评价和其作为选择标准)是由选民决定的。选民因此自由选择那些公民中拥有稀有品质能足够引人注目的人。选民的自由是有限的,但没有被完全

---

① 这里是古典正义理论——例如亚里士多德的相关论述——和自然权利现代理论的关键区别。对于亚里士多德而言,某些特征自我赋予或者自然赋予其统治他人、向他人施加意志的权力,尽管在一个城邦里,将权力职位毫无例外地授予具有这些特征的公民是不合理的也是不完全公正的。亚里士多德声称,某些人拥有统治他人的特殊资格,因为他们比其他人更多地实现了或者更接近于人性的卓越和蓬勃发展。亚里士多德和格劳秀斯、霍布斯、普芬多夫以及洛克的根本分歧在于这样一个问题,谁授予统治他人、向他人施加其意志的资格。现代自然权利理论家认为任何特殊品质都不授予个人统治他人的权力。这个权力必须是由外部授予的,来自他人的同意。

废除。在特定的背景下不是任何人都能够被挑选的（正是此处区别于抽签制），但在客观背景限定的范围内，在选举制度下任何人都有可能在某个方面比他人显得出众从而当选，只要其他人决定对其特殊特征做出积极评价并将其视作选择标准。因为选举方法并不对受到积极评价且成为选择标准的特征施加任何客观限制，因此它给选民留下了相当广泛的自由。

第二个问题的答案则有些不同。认可在选举制度下，只有那些客观上出众并被视作杰出的人才能获取公共职位，不就是等于说只有客观上杰出的人才能获得权力？在第二种情形下，个人的权力职位要归功于其客观杰出性。在第一种情形下，是别人对他们杰出性的认知——换句话说，是别人对他们品质的评价——使他们获得权力。在选举制度下，一个人在各方面都可以是客观非凡的，但如果他的品质没有被视作具有杰出性且获得同胞的积极评价，他也不会当选的。权力并不是杰出性自身赋予的，而是来自他人对这种杰出性的认可同意。

因此贵族特征能够与现代政治权利的基本原则相容。但这种兼容性只有在一个必不可少的条件得到满足的情况下才能得以实现：选民必须能够自由确定他们予以积极评价的品质，并且在其中选择他们认为可以作为恰当的政治选择标准的品质。需要对两对关系做出根本性区分，一是客观性区别的正式约束和认知杰出性，二是区别性特征的具体内容和评价该特征的价值标准。只要杰出性的特征由选民自由决定，正式约束就是和现代权利原则相兼容的。议员主要从属于比全体人民杰出的社会类别并不违背现代自然权利的原则，只要——这是个核心条件——这些社会类别并不是事先客观确定的，而是由选民全体自由决定的。

很明显关于杰出性内容的选择自由权在当代代议体制里只得到了部分程度上的实现。当然，它在过去也绝对没有得到过完全实现。在这个问题上，我们刚刚所阐释的观点不是对现状的辩护，相反，它们提出了代议制政府所需的变革方向，以使选举符合其在建立时的主导性规范原则。

首要的也是最重要的变化涉及财富的影响。如果说区别性和突出性约束没有违背现代权利规范，财富约束毫无疑问是与现代权利规范背道而驰的。但原因不是金钱的某些因素导致其不能作为执政者选择标准。财富约束和现代权利原则不兼容是因为，如果有钱候选人（或者候选人在筹集资金时将富有群体作为优先考虑对象）的优势来自信息传播成本，那么财富秩序上的优越性就赋予其自身获取权力的优势（或者与权力持有者的关系优势），而不是因为它是被选民作为恰当的选择标准而得到选择。我们完全可以想象公民对财富做出特别积极的评价并自由决定将其作为他们的选择标准的情形。他们可以认为有钱人比穷人更有可能显示是好的执政者，因为，例如财富常常和教育成正比。在这种情形下，财富被自由选择为恰当的杰出性，现代权利的原则没有被违背。因此所需的第一个变革是消除财富对选举的影响。确定选举开支上限、严格控制选举开支以及公共财政资助选举活动是迈向这个目标最显著的办法。但近期的经验显示这些办法安排似乎还不够。它们涉及众多的技术性困难，到目前为止好像没有哪个代议体制令人满意且成功地解决了这个问题。不过，即使很难完全清楚财富施加给选举程序的影响，必要性变革的大体方向则是相对清晰的。

还需要进行第二项变革，但其涉及的实践内容非常模糊。我们看到，选举方法自身在政治选择所要求的区别性特征变化问题上是开放的。历史证明近两个世纪来这些变化也确实发生了。不同类型的精英先后执掌了权力①。比照这里所阐释的规范性原则，对演变的开放性是选举的优点之一。它构成选民能够自由选择他们希望选择的杰出性类型的必要条件。然而，对演变的开放性不足以保证选

---

① 关于这个问题我们在第六章会进行论述。

代议制政府的原则

择自由。两个世纪以来由代议政体所选出的精英类型的变化主要是来源于社会、经济和技术的演变。但如果议员相对于选民的杰出性的特殊内容仅仅是由外部因素和外部情形所决定的,那么选择自由就没有得到保证。议员的区别性特征本来应该尽可能是选民有意识的刻意选择。

需要指出的是尽管这些变革得以实现,选举程序始终排除了一件事情:议员需要在特征上和选民类似。选举产生的议员必须因为一些受到积极评价的特征而有所不同,因此比其选民杰出。执政者和公民之间相似性的民主理想两个世纪以来已经产生了很大的影响,因此指出它和选举程序——尽管受到修改——的原则不兼容性不是无足轻重的。

在选举制度下,唯一的潜在问题是关于杰出性的类型。它决定应该由谁来执政。但当我们向它提出这样一个问题时:"谁是贵族,谁应该统治我们?"民主转向人民,让他来做决定。

第五章 公众评判

20世纪，有几位作者提出了后来被归类为精英主义的民主理论①。首个也是影响最大的精英民主理论是由约瑟夫－熊皮特提出的。通过民主这个术语，这些理论试图解读如英国、美国和法国这样的政治体制，也就是在本书中被称为代议制政府的体制。

这些理论被认为是精英主义的，不仅仅是因为它们强调议员在素质上比选民更卓越（关于卓越性的含义见本书第四章），并且也是因为它们强调了代议制政府和人民自治政府的另一个不同点，这个不同点被视作两者的核心区别。有人指出——这个观点不是没有道理——精英主义这个形容词没有很好地概括这些理论的特征，它错误地将这些理论与莫斯卡（Mosca）和帕累托（Pareto）的精英主义理论归为同一谱系，实际上这个形容词涉及更多的是政治论战而不是科学分析②。如果只讨论这些理论的源头著作，熊皮特确实没有使用精英这个概念。他对代表的特征不感兴趣，也完全没有参考莫斯卡或帕累托的理论。但是我们还是可以明白，以论战为动机

---

① 例如参见 P. Bachrach, *The Theory of Democratic Elitism*: *A Critique*, Boston, Little & Brown, 1967。Bachrach 将下列作者所捍卫的民主理论归类为精英主义民主类型：Joseph Schumpeter（*Capitalisme, socialism et démocratie* [1942], Paris, Payot, 1951, chap. XX – XXIII）, Robert Dahl（*A Preface to Democratic Theory*, Chicago, University of Chicago Press, 1956）, Giovanni Sartori（*Democratic Theory*, 1962；法语版, *Théorie de la démocratie*, Paris, Armand Colin, 1973）。

② 这一点在萨托利最近的著作里有着重论述，*The Theory of Democracy Revisited*, 2 Vol., Chatham, Chatham House Publishers, 1987, Vol. I, p. 157。

代议制政府的原则

的情形除外，为什么为数众多的作者认为将熊皮特对民主的定义方法视作精英主义是合理的。

区别于一般的或者说"传统的"民主观念，熊皮特确实强调指出，代议制民主可供观察到的事实真相是，选民并不是在做政策选择。熊皮特指出，选举和民意渴望实施的政策内容没有任何联系。在代议制民主体制下，他说，人民"选举公民组成议会来执行自己意志"的方法并不能使人民间接地制定政治决策[1]。人民只是在不同的竞选者中选择那个个人意志将变为公共决策的人。在一句后来变得著名的话中，熊皮特建议将民主（或者说代议制政府）定义为"一种为达成政治决策的制度系统，在该制度下一些人通过竞逐人民的选票而获得决策权力"[2]。在这种定义方法下，代表不是选举期间人民所表达的意志的执行者。正是因为这个定义将代议制民主看作人民间接统治政府的区别而被视为是精英主义的。这个形容词指明了人民自治政府的拥护者所认定的非民主制度，这样的定义方法将代议制民主的概念简化为选票竞争。

修饰语问题除外，熊皮特和其批评者的论战使人们对一个现实问题产生兴趣：在公共事务管理问题上，代议制政府在统治者决策与被统治者意志之间是否建立了某种联系？我们知道，建制之父们的目的不是建立一个民意统治体制。但他们也没有将代议制设计成一个议员决策和选民偏好没有任何联系的体制。我们记得，麦迪逊将共和政府或者说代议政府描述为一种应该"通过公民选举产生的中间机构"来"净化""扩大"和"过滤"人民意志的体制。因此人民偏好和议员决策之间是存在着一种既定的或者说预设的联系的。但麦迪逊使用的术语是隐喻，可能比较形象，但其具体含义不够明确。

---

[1] Joseph Schumpeter, *Capitalisme, socialisme et démocratie*, Paris, Payot, 1951, pp. 329 – 330.

[2] Joseph Schumpeter, *Capitalisme, socialisme et démocratie*, op. cit., p. 355

因此，需要对代议制政府下规制公共决策和选民意愿之间关系的制度安排做出分析。

一 执政者自主权的尺度

事实是，代议制政府的制度安排确实赋予了执政者某种独立于选民意愿的决策自主权。有两项剥夺议员自主权的制度没有得到代议体制的认可，甚至被明确禁止：强制委任和议员随时罢免制度。18世纪末以后建立的代议制政府没有一个承认强制委任制度并认可选民意见的司法效力，也没有一个政府长期实施了议员随时罢免制度。

在英国，18世纪时就要求国会议员代表全体国民而不仅仅是他们当选的个别选区：每个选区的选民不允许向在这个选区当选的国会议员发出"训令"[1]。19世纪初期，激进派试图引进一种类似于训令的做法，要求候选人给予"许诺"[*Pledges*]。《1832年改革法案》实施后，激进派要求法律强制规定议员遵守许诺。不过激进派的主要目标是缩短议会的任期时间（自1716年的《七年法案》以来，每届议会任期7年），"许诺"在他们眼里似乎只不过是在无法缩短议会任期的情况下的替代物或者说是权宜之计[2]。另外需要指出，边沁尤其否定选民训令的做法：选民针对议员的唯一行动手段应该在于他们使其不能再次当选的能力[3]。后来，在英国，遵守竞选"许诺"再未成为法律的强制要求。

---

① Cf. J. R. Pole, *The Gift of Government. Political Responsibility from the English Restoration to the American Independence*, The University of Georgia Press, Athens, 1983, p. 103.

② "在不能缩短议会任期的情况下，许诺是个替代物"[makeshift]，一本激进宣传册子这样写道，D. Wakefield,（"Pledges defended: a letter to the Lamberth electors"），[1832]，cité in N. Gash, *Politics in the Age of Peel*[1953]，Norton Library, New York, 1971, p. 30。

③ J. Bentham, *Constitutional Code*[1822 - 1834]，édition F. Rosen et J. H. Burns, Oxford, Clarendon Press, 1983, Vol. I, p. 26.

▶ 代议制政府的原则

在美国，大选时对代表授予训令曾经在殖民地时期和美国独立后的第一个十年非常普遍①。在一些州，尤其是新英格兰州，甚至将选民训令权写进了州宪法。在众议院（根据1787年宪法选举产生）对《权利法案》进行讨论时——它后来以修正案的形式写入宪法——一些议员提出将选民对代表的训令权写进修正案第一条（这条修正案保证思想和言论自由）。经过漫长的辩论②，这个建议被否定了。只要他们愿意，美国选民可以自由地发布训令，但它不具备法律强制力。

在法国，三级会议中的议员都有具体任期（陈情书）。国民会议最早的决策之一是自1789年7月开始废止强制委任。这个决定后来再也没有被修改过，无论是大革命时期还是大革命后。1793—1794年，一些无底裤党人施压要求下议院可以随时自由罢免议员。提交给国民议会的宪法草案含有这一罢免制度，但它最终没有被通过。

近一个世纪后，巴黎公社建立了公社委员会成员的随时罢免制度。另外需要指出的是，马克思认为这一实践是巴黎公社最了不起最有希望的政治创新。在指出通过普选产生的公社委员会成员可"随时接受问责，随时被罢免"后，马克思在卢梭式的一段话中这样赞扬这一制度："普选权不是为了每三年或六年决定一次由统治阶级中哪个成员在议会里'代表'和藐视人民，而是为了服务公社里的人民，它的作用正如任何一个为自己企业招聘工人、监管者和会计的雇主的个人选择权。众所周知的事实是，社会和个人一样，在现实事务问题上，一般知道各自的职责，一旦犯错，他们知道快

---

① Cf. J. P. Reid, *The Concept of Representation in the Age of the American Revolution*, The University of Chicago Press, Chicago, 1989, pp. 100 – 102.

② Cf. Debate in House of Representatives (15 août 1789), [*Annals of Congress. The Debates and Proceedings in the Congress of the United States*, vol I], reproduit in P. B. Kurland et R. Lerner (ed.), *The Founders' Constitution*, 5 Vol., The University of Chicago Press, Chicago, 1987, Vol. I, pp. 413 – 418.

第五章 公众评判

速将其矫正。"① 但马克思所称颂的制度实践和巴黎公社一样短命。

因此，我们看到，在代议制政府和民主作为人民自治政府之间出现了一个新的不同点。这个不同之处在 18 世纪末也被其他一些如卢梭一样批评代表制的人明显注意到了。因为大国规模而必须存在的中介问题本应该符合人民自治原则。为了实现这个目标需要在代表和选民意志之间建立联系。在《论波兰政府》一书中，鉴于务实因素，卢梭认可了某种形式的代表制。但忠实于自己的原则及其逻辑后果，他还是推荐强制委任实践②。代议制政府和人民自治政府的区别不仅仅在于代表机构的存在，也不仅仅在于代表比被代表者水平素质高，还在于代表们的相对自主权。

彻底废除议员自主权的一些制度或者做法在不同的历史时期都被建议过。它们甚至零星且短暂地被付诸实践。这些制度并不比抽签制更难以实施或完全不能实施③。我们也许可以指出，当政府活动范围超出一般性规则（规则相对稳定，允许个人自由相互共存、相互合作），公共权力需要做出一系列特殊决策以应对变化事件，强制委任制度在这种情况下是不可实施的。委任制度实际上假定选民提前知情执政者即将实施的决策④。但这个理由不能解释议员随时罢免制度的必要性。罢免制度给予议员在大选时应对不可预知情形的可能性。但它同时保证了选民意志和执政者决策的一致，因为选民可以立马对不赞成决策的执政者实施惩罚。不过，尽管可以实

---

① Marx, *La guerre civile en France* 1871〔1871〕, Paris, Editions sociales, pp. 63, 65. 马克思在这段话里因为两个动词"vertreten"（代表）和"Zertreten"（藐视）的近似发音而做了一个文字游戏。

② J.-J. Rousseau, *Considérations sur le gouvernement de Pologne*, in J.-J. Rousseau, *Oeuvres complètes*, Vol. III, Paris, Gallimard, 1964, p. 980.

③ 我们注意到，韦伯将下列制度视作直接民主的特征体现：议员随时罢免制度、公职轮替、抽签选择执政者、强制委任制度。Voir M. Weber, *Wirtschaft und Gesellschaft*〔1921〕, 1. Halbband, 1. Teil, Kap. III, §19, J. C. B. Mohr, Tübingen, 1972, p. 169.

④ 韦伯尤其同意这个理由。Voir M. Weber, *Wirtschaft und Gesellschaft*〔1921〕, 2. Halbband, Kap. IX, 5. Abschnitt, §2, *op. cit.*, p. 666.

施，但凡是实施的随时罢免制度从来都不曾持久。需要指出，它被否定的原因主要是基于原则问题而不是实用或技术问题。另外，不管是什么原因使强制委任和随时罢免制度被否定，最初的否决此后再也没有被长期推翻过，它奠定了代议制政府和旨在确保被统治者偏好和统治者决策一致的政体之间的根本性区别。

各种许诺和执政计划都可以被提出，但代表归根结底始终持有是否遵守这些许诺和计划的自由。也许，代表基于某种动机而遵守许诺。因为遵守许诺是一种根深蒂固的社会规范，信用的丧失总是和破坏许诺联系在一起的。对选民做出承诺的议员会想到如果他不实施这些承诺，下次就不会当选。但一方面，他可以自由地牺牲下次当选的前景，如果在特别的情形下，其他问题考虑则比他自己的政治生涯更重要。另一方面，尤其是他可以希望在再次面对选民时，说服后者他过去的作为是有道理的，他必须背叛承诺。选民意志和代表行为之间的必要联系并没有被严格地得到保证，代表总是持有一定程度的自主度。如果我们想要将代议制民主的特征概括为一种人民间接统治形式，那么至少需要承认它的含义不是指代理人必须遵守选民的训令。

二　公共舆论自由

从 18 世纪末开始，代表制和公民随时组织和表达自己政治意见而不受执政者控制的权利并驾齐行。代议制与公共政治舆论自由之间的联系在美国一开始就确立了，在英国是渐进的，在法国则经历了一个复杂缓慢的过程。

公共舆论自由需要具备两个条件。为了使被统治者就政治议题形成意见，他们需要能够获取政治信息，这要求政府决策在某种程度上保持透明。如果执政者进行秘密决策，公民所具备的就政治问题形成意见的条件就非常有限。从 18 世纪 60—90 年代开始，英国

第五章 公众评判

实施了议会辩论公开原则（从前，秘密辩论被视作议会的基本特权，这是为了避免皇室的干预[①]）。在美国，大陆会议和费城制宪会议是秘密进行的。根据新宪法选举产生的第一届参议院起初决定其辩论将不对外公开，但4年后这种做法被彻底放弃[②]。在法国，三级会议从最初的几届开始就实行公开原则，大革命期间议会所有的辩论都有公众的参加。听众席上的人民大众在多大程度上对议会的辩论施加了压力甚至威胁，我们是知道的。法国情形和美国情形的近似性表明，如果说为了知情公民，政治行为需要保持一定程度上的公开性，相反，没有必要将这种公开性应用到决策的所有阶段以便使公民能够形成自己的意见。有理由认为美国公众就全体意义上而言对宪法（从费城会议后期到宪法批准会议期间）的讨论比法国公众的讨论要多，在法国，公众在大革命期间对不同宪法的讨论程度不如美国。

公共舆论自由所需要的第二个条件是随时表达政治意见的自由，包括选举期间以外的任何时刻。不过言论自由和政府的代议特征之间的关系并不是那么明显。从理论上讲，好像是代议制政府认可了舆论自由，因为其自身就是建立在自由原则之上的，根据这一原则，公民生活中的部分内容应不受人民代表所做出的集体决策的干预。借用被以赛亚·柏林普及的经典的区别方法，我们确实可以说言论自由首先属于"消极自由"的范畴，它保护公民免受政府的欺压。如果这样理解的话，它和政府的代议特征就没有直接的联系了；至于代议制，它是一种公民参政方式，在这个意义上，属于"积极自由"的范畴。毫无疑问的是言论自由和宗教自由相关，它是为了保护信仰领域免遭公共权威的干预。但是，存在着某种核心关系，它将言论自由和公民在代议制政府下的政治角色联系在

[①] Cf. J. R. Pole, *The Gift of Government*, op. cit., pp. 87–116.

[②] Ibid., pp. 117–140.

一起。

　　这层关系在写入宪法的《权利法案》的第一条及其通过辩论的过程中表现得尤其明显。宪法第一条修正案这样表述："国会不得制定有关下列事项的法律：确立一种宗教或禁止信教自由；剥夺言论自由或出版自由；或剥夺人民和平集会及向政府请愿使其纠正错误的权利"。宗教自由和任何类型的言论表达自由，因此包括政治言论，就联系在一起了。另外需要指出的是，这种表述也涉及同一活动过程中的个体表达和集体意见表达（聚会与请愿自由）。不过，意见表达的集体特征影响到它的政治分量：政府可以在没有较大风险的情况下无视分散的个体意见表达，但当人们集体上街，无论是否以和平的方式，情况就不一样了，当一份请愿汇集了上千签名也是类似情形。最后，联系同一句话中的聚会自由与"向政府请愿以使其矫正错误"的自由，第一条修正案特别强调集体表达自由的保障涉及公民与其执政者的关系：它不仅涉及保护一般意义上的集体意见表达权利，同时，以一种特别的方式，它也保护为达到某种目的向执政者表达意见的权利。因为它同时保障了宗教自由、面向执政者的政治意见集体表达自由，第一条修正案不仅确立了一种个体"消极自由"，它也明确认可了公民针对执政者的行动手段。

　　另外，第一条修正案通过期间的辩论内容显示它和政治事务的积极关联已经出现在辩论者的意识中了。训令与强制委任问题在这个场合得到详细讨论，这从整体上证明这场辩论呈现出某种政治元素。通过对不同演讲的分析，尤其是对麦迪逊的演讲的分析，能够更好地阐明第一条修正案的政治意涵。

　　麦迪逊表示反对在该修正案中加入选民对代表施加训令的权利。提出和支持将"训令权"写进修正案的人指出，在共和政府下，人民应该有彰显其意志的权利。麦迪逊回答说这个原则"在某些方面"是有道理的，但在"另一些方面"未必如此。他接着说："就其有道理的一面，我们所做的事情已经对这个权利做了充分的肯定［修正案按照提出时的表述内容得到通过］；如果我们仅仅想说人民有表达权，有表达其情感和愿望的权利，我们已经具备了这样的制度安排。言论自由得到了保障；新闻自由明确不受政府干涉；人民因此可以公开地向代表表达意愿，他可以向他们提出个体性建议或者通过请愿的方式向议会全体表达情感；通过这些方式，他已经可以表达他的意志了。"①

因此公共舆论表达自由是在训令权缺失的情况下以替代物的形式出现的。公共舆论自由构成代议制政府的民主特征之一，但代表的自主性又是其不民主的一面。代表不必执行人民的意志，但他也不能无视它：公共舆论自由——如果其存在的话——保证代表对舆论知情。人民意志构成代表们决策环境的要素之一。由代表自主裁定对不同意见和不同目标的重视程度，但一种背景限制也就此建立：人民意志构成决策环境的已知影响因素。

意见的发表（或展示）构成决定性因素。它不仅使执政者了解公众意见，也确保了公民之间的横向沟通。横向沟通甚至影响纵向沟通的重要性：执政者了解公民的意见和公民之间相互了解彼此的意见是同等重要的。当一些人在同一时间聚众示威、表达同样的愿望或者谴责时，他们中的每个人都发现，不仅仅是自己单独一个人持有这种观点。表达同样观点的人意识到他们的意见认同，这赋予他们在同样意见不被其他人知情下所不具有的行动能力。个体越是不感到孤单，他们就越能够观察到自己的潜在力量，他们就越有可能组织起来形成集体行动者。意识到意见认同并不一定导致有组织性行动，但在大部分时间里它为组织行动提供了可能性条件。另外，同一意见的集体表达也具有训练功能。那些内心赞同表达人意见的人在知道不是他们自己一个人持有这种观点时会感到备受鼓

---

① 麦迪逊，《在代表会议上的演讲》，1789 年 8 月 15 日，［Annals of Congress. The Debates and Proceedings in the Congress of the United States, Vol. I］, in P. B. Kurland et R. Lerner (eds.), The Founders Constitution, op. cit., p. 415。

▶▶ **代议制政府的原则**

舞,因此他们更有可能去表达当他们认为自己孤立无援时所不敢表达的观点。

另外,专制政权的准则之一,即阻止臣民之间相互沟通。尽管独裁者经常希望一个个地了解被统治者的意见,从而形成一种整体性意见,但他们小心翼翼地把意见整合权力把持在自己手里①。相反,代议制政府的一个区别性特征是,公民可以在任何时候意识到自己独立于执政者的可能性意见认同。

同一种政治意见的表达从来不能召集公民全体,甚至他们中的绝大部分。全体人民很少在选举以外进行一致意见表达,甚至选举期间也难以出现这种情况。因此公共意见的表达在大部分时间里是片面的、地方性的:是那些或大或小、或强或弱的集团以强弱不同的方式表达他们的共同意见。和最传统的公共意见表达形式一样,近几十年来的民意调查也未能幸免这一规则。民意调查也是人民意见的片面性表达,不仅仅是因为少数公民在表达(因为那些代表性样本,如果被合理使用的话,能够保证样本中的意见分布大体等同于人民全体的意见分布情况),而是因为调查主题是由一些特殊社会主体决定的,即调查机构或者他们的委托顾客。就这一点,民意调查区别于选举,尽管在选举期间,公民也只能就事先确定的主题做出选择(参加竞选的候选人)。但选举过程中,最终提供给公民做出选择的主题是一个对所有人开放的程序结果(所有希望参加竞选的人),民意调查的情况则不同,提问的问题是由调查机构及其顾客所控制的。

同样,一致的政治意见表达很少情况是由表达者的纯粹自发性意见表达所引起的(这有可能发生)。在大部分时间,是某个集团中的少数公民发起,然后要求集团发出同样的但更广大的声音:少

---

① 例如,我们知道,共产主义国家的政府曾经也进行民意调查,甚至可能就这个问题咨询过西方专家的意见(就笔者所知,波兰和匈牙利曾经这样做过),这些调查结果当然没有被公布。

数活跃分子组织示威并邀请其他成员参与，一些有声望的人物发起签名活动，等等。不过，自发性元素在最终接受表达同样意见的人的行为中得到持续存在。他可以不去示威，不参与签名。这种拒绝行为不会受到任何惩罚。尤其是执政者既不阻止也不鼓励这些意见表达。在这里，民意调查并没有违背这一规则。也许，调查机构及其顾客没有鼓动接受访问的公民，就他们提供的意见，特别表达这一种而不是那一种。但他们设计问题，选择调查主题，并且要求被访问者以这样而不是那样的方式回答问题。民意调查中的意见表达并不比示威和请愿更具有自发性。直接民主典范（或意识形态）的再兴与民意调查的兴起和发展相伴随。似乎是归功于民意调查，我们得以绕过所有的中间渠道，最终了解到人民自发的想法和愿望。民意调查的反对者们回应指出这是操纵人民意见的一种形式，具体说来，因为他们提出的问题对公民而言也许是陌生的，因此他们的回答要么是为了讨好调查者，要么是不使自己显得愚蠢。民意调查的支持者和反对者之间的辩论有时甚至非常激烈，在法国尤其是这样。笔者想说，不必对民意调查赋予如此的荣誉或者愤慨。民意调查并不比示威或者请愿更能表达纯粹的民意，它没有对民意进行整合。民意整合者的社会身份、表达意见者的社会身份、请求民意表达的方式各不相同，然而，民意调查中的民意是被请求表达的民意，并不是纯粹的自发性表达。相反，民意调查是自发性的民意表达错觉一旦消失，和呼吁示威或者请愿比较起来，民意调查不见得就是一种民意操控。

无论是示威还是请愿和民意调查，公共舆论表达在大部分时间里是片面的，是在一些小团体请求鼓动的情况下的意见表达。但对于执政者而言，这些意见，无论如何有限，都值得在决策过程中予以考虑：一个团体在特定时间的意见表达可能会被扩散，这个团体的组织化程度可能足够强大到难以反对它的意见，或者，一系列的民意调查可以促使涌现影响下届选举的思潮。执政者应该考虑到这

> **代议制政府的原则**

些不同的可能性,并随之决定给予不同意见何种重视程度。

除非是被统治者对公共秩序产生威胁,以简单的力量较量方式胁迫统治者,否则公民唯一的强制性意志只有选票。不过,选举以外,公民总有使区别于执政者意志的集体意见得到表达的可能性。我们一般将人民的这种集体声音称作公共舆论,它不具有强制性,但总是可以不受执政者的控制并得到表达①。

公共舆论自由使代议制政府区别于所谓的"绝对代表",其相关表述以霍布斯的理论最为著名。我们知道,对于霍布斯而言,只有当个体间产生被授权和听从一个替他们行事的代表时,才能产生一个政治集体(当然,这个代表可以是议会)。在代表产生之前或者缺乏代表时,人民不构成一个集体,他只是一个个单独的个体。人民只有在代表人格中并且通过代表才能形成政治主体,才是一个具有意志和表达能力的实体。但一旦被授权,代表就完全取代了被代表者,后者不得持有不同的声音②。正是代表对被代表者的绝对取代阻止了公共舆论自由。作为具有某种集体程度(大部分时间里是部分的)的政治主体,人民可以在代表意志之外表达意见。当全部个体授予其代表同一训令,当一群人在街上示威或者签名请愿,当民意调查促使涌现出一种清晰的思潮,人民作为政治主体有能力在统治者意愿之外表达意见。公共舆论自由持久地保证在代表渠道之外,人民表达其意见的可能性,以及潜在地展示其力量的可能性。在这个意义上,代议制政府是一种代表永远不可能自信并绝对

---

① 这是一种习惯上的称谓。近年来围绕公共舆论的概念所产生的众多辩论经常是空洞的术语争论,尽管一些论据细节不失真实意义。相反,对这个词语从其在 18 世纪被发明以来所涵盖的不同含义(从卢梭,重农主义论者,内克尔到边沁,托克维尔,密尔,塔尔德到施密特,哈贝马斯、诺艾尔·诺依曼)进行历史研究是完全有必要的,但公共舆论这个术语本身已经可以构成一本书的写作对象了。

② Cf. Hobbes, *Léviathan*, Paris, Sirey, 1971, chap. XVI, p. 166, et XVIII, passim. H. Pitkin 对霍布斯眼中代表的绝对性特征做过显著的分析, H. Pitkin, *The Concept of Representation*, University of California Press, Berkeley, 1967, pp. 15 – 27。

肯定地说"我们就是人民"的体制。

绝对代表制如人民自治政府废除了执政者和人民之间的区别,有些这样的政府使人民成为执政者,有些则使代表取代了人民。代议制政府相反维持了这种区别,它的自我定义是通过对统治者和被统治者对立身份形式的双重否认来完成的。

三 选举的重复性

在现实中,授予选民影响议员决策内容的核心机制是重复性选举。实际上选举的重复性甚至是推动执政者在决策时不得不考虑公共舆论的决定性因素之一。议员关注人民街头声音的理由也许多种多样,但在众多的动机中,其中一个强烈的动机是公共舆论运动可以预示未来的选举结果。

确实,代议制政府并不仅仅是以执政者选举制为基础,并且也以选举的定期重复性为基础。我们经常忽略第二个特征或者倾向于认为后者是不言而喻、自然而然的事情。让人吃惊的是,熊皮特在其民主理论中对选举定期性特征的叙述也仅仅是一笔带过。如我们所见,熊皮特式的民主定义试图比"传统概念"更接近可供观察的现实。但它却忽略了代议制民主不可置疑的经验性特征之一:竞争性选举的定期性重复特征。在对民主做出定义后,熊皮特随后在文中稍远的地方补充写道,这个定义确实"暗自"承认了人民罢免执政者的职能[1]。不过,在人民通过竞争选举程序挑选执政者这一原则里,没有逻辑暗示人民可以定期罢免执政者。从18世纪末开始,这两个原则在现实中确实总是联系在一起的,但这并不足以说明第二个原则不管如何总是包含在第一个原则里的。

实际上我们完全可以想象这样一种情形,统治者的地位通过竞

---

[1] Joseph Schumpeter, *Capitalisme, socialisme et démocratie*, op. cit., pp. 358–359.

▶▶ **代议制政府的原则**

争程序由人民意志授予,但这个程序是终结性的,例如一劳永逸性选举。该机制不仅在逻辑上是可能的,在某些情况下它甚至被考虑到了,例如,在费城会议举行期间,汉密尔顿建议美国总统施行选举终身制[①]。需要明确的是,因为一些特殊原因,选举终身制原则被代议制政府的创始人刻意否决了。不过,终身选举制有一个非常显著的关键属性:选举人不具备任何有效的手段来约束当选领导人的行为。红衣主教选举教皇,后者在相关政策问题上是完全不受前者约束的。相反,当执政者定期由选举产生,如果他们的行为不合期望,他们就有可能被取代。因为有理由推测执政者地位所带来的真实性和象征性利益促使他们渴望再次当选,这一点好像鼓励他们在执政过程中考虑到被统治者的愿望。

定期更新的同意原则使代议制政府也区别于格劳秀斯、霍布斯或者普芬多夫所认为的合法政府形式。确实,在他们眼里,具有永久性效力的同意(或者是主权者有权指定他的继任者,或者是王朝通过世袭制维持其权力)已经足以可以建立一个合法政府。这些作者肯定地说,人民可以转让自我统治的权利,转让即是有效与充分合法性的来源,何况它是在自由同意的情况下产生的[②]。在现代自然法理论家中,只有洛克强调通过议会定期选举来重申同意的必要性。在现实中,要理解代议制政府的本质,就不能不参考它所建立的政治的特定时间性。

[①] Hamilton, discours du 18 juin 1787, in *The Records if the Federal Convention of* 1781, ed., By M. Farrand, Yale University Press, New Haven, 1966, 4 Vol., Vol. I, pp. 289–292.

[②] 格劳秀斯、霍布斯和普芬多夫明确地将公民以同意方式建立政府的行为视作一种权利"转让"。转让最初的司法含义指向他人永久性地移交一项权利。例如,我们说财产转让,我们出售财产因此丧失了对其所有的权利。那么在定期性选举制度下,个体只是在某个时间段内将统治权移交出去,它不是严格意义上的转让。因此定期性选举应该被视作主权不可转让性的标志。今天,在日常用语中,转让的含义比较模糊,也被弱化了。但在18世纪末,它仍然是指严格意义上的某项权利的永久性移交。我们有时错误地认为,当与法国大革命者颂扬主权的不可转让性时相比,他们表达了对代议制政府某种程度上的怀疑,在代议制政府体制下,执政者明确的是由重复性选举产生的。

第五章　公众评判

我们看到，选民对公共决策的影响力是非常有限的，很少情况下一项政策的实施是基于他们的愿望，他们选举一名候选人是希望他能够执行他的政纲，但什么也不能保证选举期间的许诺不会被背叛。不过，另一方面，被赋予的权力具有暂时性，议员需要定期面对再次选举，代议制政府赋予了选民在执政者任期结束后将其罢免的权利，如果他的执政政策不符合选民期望的话。选民不一定使用选票来表达他们对公共决策内容的偏好，他们也可以单单根据候选人的个人特征投其（或不投其）一票①。但他们至少有能力，如果他们愿意的话，使用选票来表达对已执行或建议中的政策内容的偏好。

在执政者需要面临再次选举的情形下，任何新的选举都同时引发两种类型的公共决策偏好表达。选民可以使用选票阻止执政者继续实施执行中的政策，或者，从积极的一面讲，引发由其他候选人所建议的政策的实施。这两种动机当然可能相互交织于不同的政策建议中。但强制委任制度的缺席导致两者之间的不平衡性。不选举现任执政者，选民可以以此阻止不受欢迎政策的继续推行，但因为候选人鼓吹某项政策而使其当选，这不一定就能导致该项政策的实施。我们可以说，在代议制政府里，否决权比认可权更强大：前者约束执政者，后者仅仅停留在愿望层面。

不过我们可以询问选民罢免执政者的权利在多大程度上可以影响最终的公共政策取向。确实，需要指出的是，因为公民没有能力强制他们选举的执政者实施某项政策，他们不能保证，通过罢免其行为在某个领域让他们不满的代表，新一届执政者在涉及问题领域的行为就区别于他们的前任。例如，假设这样一种情形，执政者因为失业率在其任期的增长而被赶走，其竞争者因为承诺了一些重建全民就业的措施而当选。但一旦当选，

---

① 关于这一点，参考本书第四章的相关论述。

他们拒绝执行承诺，这或者是因为一开始这些承诺就纯粹只是竞选空话；或者是因为，他们在接手政府后，发现了一些他们处于反对位置时不知道的信息，这些信息显示全民就业在现实中是不可能的。新政府知道失业问题导致上届政府败选，因此他们有理由认为他们也可能在下届选举中失利。不过，为了避免失利，他们可以决定向选民提供在其他领域让其满意的政策。例如，前所未有地严厉打击威胁社会安全的犯罪行为。因此，我们可以下结论说，罢免未执行承诺的执政者并不能真正地保证选民影响公共政策的走向。

直观上我们觉得选举的重复性赋予公民影响公共事务运行的权利，但导致这种情形的原因并不是很明显，如果我们考虑到强制委任和选举许诺约束同时缺位的后果影响的话。达尔等人的民主理论强调选举重复的重要性，论证说它督促执政者对选民的偏好负责，但这些理论未能够解释清楚选民通过什么具体渠道、按照什么方式来实施这种影响。

现实中公民影响执政者决策的核心机制如下：连选议员不得不预测选民对其所实施政策的回溯性评估。对可能性败选前景的预测时时刻刻都在对执政者当政时的行为施加影响。追求再次当选目标的执政者有必要避免因为当下政策而刺激选民在未来将其抛弃。因此他们需要尝试预测这些决策在选民中引发的反响，并在决策谋划过程中考虑到这个预测。换句话说，每时每刻，执政者都必须考虑到此刻的决策对选民未来的政策评估意味着什么。通过这个渠道，公民的意志进入到执政者的决策考量当中。在上文所举的例子中，新上任的执政者加强安全措施而不是执行选举时的承诺，即实施减少失业的政策，在执政者的政治考量中人民的意志得到重视。这一点导致现实中这样一个假设的出现：在未来的选举中，公民会改变偏好顺序，比以前更加关注公共安全问题。因为新一届执政者知道他们再次当选的机会取决于这个假设的准确性，强大的动机激励他

第五章 公众评判

们不对其施以任何轻视。

正是因为没有注意到这个关键现象,即议员对其政策未来反响的预测,熊皮特错误地认为可以将代议制民主简化为对执政者的竞争性选择,并且将选民对执政者的决策内容施加影响的想法视作神话或者是理想状态而加以否定。

但如果核心机制是领导者对选民反应的预测,这个机制所显示的一个特性值得被强调。执政者为避免败选而需要预测的内容,是选民对其政策的评估,评估在被表达时,政策已经实施。因此公民是通过回溯性政策评估而影响公共决策的,这正是议员们需要预测的内容。这并不意味着,在现实中选民的投票决定一般以回溯性评估为依据,尽管一些实证研究探讨了回溯性维度对事实选举行为的重要性①。它们的理由是,鉴于制度安排结构及其对议员们的动机激励,只有通过回溯性投票公民才最有可能对执政者的决策施加影响。但他们赋予执政者更大程度的行为自主性。换句话说,在代议制政府下,如果公民试图引领公共政策趋势,他们必须根据回溯性评估来投票②。

不过,我们还是可以质疑选民以回溯性评估为投票依据的假设是否成立,何况执政者选举被定义为一种对未来产生影响的行为。为何选民将会如上帝一样决定奖赏与惩罚?当选民进行投票

---

① 关于回溯性投票的经典性实证研究:M. Fiorina, *Retrospective Voting in American National Elections*, New Haven, Yale University Press, 1981。

② 近年有学者通过正式模型指出回溯性投票行为确实有助于公民影响执政者的行为;Voir J. Ferejohn, "Incumbent performance and electoral control", *Public Choice*, 50, 1986, pp. 5 – 25. 在 J. Ferejohn 所建立的数学模型中,公民对执政者实施制约需要两个条件:1. 公民投票需要绝对建立在回溯性评估基础之上,2. 他们能够根据综合性社会和经济数据(例如,执政者任期期间失业率的总体上升情况),而不是个人的境况(例如,他们自己在这段时期处于失业状态),来评估执政者的业绩。Ferejohn 在总结第二个条件时说,为了有效地约束执政者,选民需是"社会倾向者"(Sociotropiques)而不是纯粹的个人主义者。模型的另一个局限是选民的再次投票对象仅仅涉及一个执政者(或者政党)。好像用数学方法来处理分析卸任执政者和其他候选人的选举竞争情况非常困难。

> 代议制政府的原则

时，他们必定会想到未来。他们确实有充分的理由以过去的行为为标准来决定对未来产生影响的行为。他们确实知道（或者，至少，他们意识到这一点是合理的）选举期间的许诺不具有约束性，议员有时或者常常背叛许诺。因此对他们而言，有理由完全不关注竞选政纲，而是将候选人过去的行为而不是其当下的话语视作预测其未来行为的最好方法。另一方面，就算选民在决定投票的过程中考虑到了候选人的许诺，他们知道或者必须知道这些许诺的可信度是难以确定的。对他们而言，相信这些许诺必定会得到实施是不理性的。而候选人的过去行为是唯一能够评估能否对其承诺施以信任的可用信息。因此，从这两个方面来讲，选民以候选人过去的行为为依据来决定影响未来的行为（投票）是合理的。

确实，选民回溯性评估的能力和有效性是需要一些制度条件的，而这些制度条件在现实中很少能够被完全满足，现存的代议制政府满足这些条件的程度也不一样。有两个前提条件特别重要。一方面需要公民能够清楚地知道向谁问责。在这个问题上，联盟政府或者有利于联合执政倾向的制度安排（如比例代表制）妨碍回溯性问责原则的实施。实际上，当公民指责一项实施的政策时，联盟政府中的不同成员可能会相互推卸责任。如果一项政策是多方意志的产物，是多方复杂而又微妙谈判的结果，对于选民而言，他们很难知道当他们不赞成这项政策时，该去指责谁。另外，选民应该有能力赶走他们认为应该对某项错误政策负责的执政者。在这个问题上，比例代表制不利于回溯性惩罚的实施[①]。

---

① 就这几点，见 G. B. Powell, "Constitutional design and citizen electoral control", *Journal of Theoretical Politics*, I, 1989, pp. 107–130; G. B. Powell, "Holding governments accountable: how constitutional arrangements and party systems affect clarity of responsibility for policy in conemporary democracies", communication à l'assemblée générale de l'American Political Science Association, 1990。

同样，如果在任执政者在再次参加选举时能够获取其竞争对手不具备的资源（例如，借助政府职员进行竞选宣传），回溯性惩罚机制会受到束缚，因为从制度结构上对于选民而言，赶走执政者要远远难于再次选举他执政。

无论如何，鉴于代议制政府的制度安排（一个合理性假设是执政者总是受把持权力的欲望驱使），选民的回溯性问责很重要，并且进入了执政者的决策谋划过程。如果执政者认为在下届选举中，选民毫无例外地根据竞选政纲投票，他们就具有完全的行动自由。他们可以在当下实施任何他们想要实施的政策，同时自我安慰说在下届选举过程中，他们还是有时间提供一个有充分吸引力、足以保证他们当选的政纲计划。

最后需要指出回溯性惩罚机制的关键性特征。这个机制主要是赋予了执政者创议权。执政者也许不具有制定任何政策的绝对自由，因为他们的行为不能刺激选民最后抛弃他们。但议员在是否实施选民所期望的政策问题上拥有很大的自主权。例如，执政者可以单独决定甚至违背人民意志而实施一项政策，如果他们预测到这一政策一旦实施，将不会被否定。因此他们使选民发现一项他们想不到的政策，当该政策通过时他们是反对的，但后来他们反而对这项政策表示满意。

例如，让我们来假设一种特定类型的经济危机情形，失业率极高，公共财政赤字非常严重。如果上任的执政者分析诊断认为危机主要是因为企业投资不够，他们可以决定提高税收（我们可以想象这一政策完全不受选民欢迎）来减少财政赤字，这样，国库对资本市场的借款也将减少。如果这个分析诊断是正确的，利率将降低，企业有能力以最低的成本进行投资并开始雇用员工。执政者可以想象在下届选举举行时，选民会考虑到他们在任期间失业人数减少的事实。

根据人们对其短期影响、最终影响甚至仅仅是对其在执行前和

> 代议制政府的原则

执行后的影响的预估①，政策在不同时期会受到不同的评价。因为对执政者政策的回溯性评估是在特定时间段内发生的（每次选举期间），而不是在决策做出后立即进行，选民在大部分情况下不仅对决策提议做出评估，他们也对政策本身以及政策的效果进行评估。除非决策是在大选前夕做出的，公民因此一般是根据政策的后果来评估执政者的行为。如果人民实行自我统治，为了做出理性决策他需要预估政策的后果影响；在代议制政府下，来自人民的政策预期评估动力没那么强，因为当他们对政策做出评估时，政策的公共影响已经发生了，至少在部分程度上是这样。

因此代议制政府的制度安排在执政者和公民之间布置了一种特殊的关系格局，它和常识以及民主意识所想象认为的那种关系格局不同。它赋予了公民影响公共政策趋向的能力，这种影响力通过对政府行为及其后果的事后评估来实现，而不是通过公民对其预采取行动意志的事先表达来实现。在代议制政府下，人民事实上对执政者的相对自主性决策实行事后评估。通过回溯性问责，人民真正地掌握了国家权力。他对已经实施的政策的评估是不可更改的。正是此处显示了选举民主性的一面。但每次选举也必定是关于未来的一场抉择，因为它涉及指定明天的执政者。就其未来性的一面，选举是不民主的，因为公民不能强制执政者实施其在竞选期间许诺的政策。

因此，在公共事务的运作领域，民主层面和不民主层面以不同形式出现在同一政治行为中，如我们所见，这也是被用来挑选执政

---

① R. Fernandz 和 D. Rodrik 对本书此处所提到的第二种类型的政策给出过显著的例子，见 R. Fernandz et D. Rodrik, "Resistance to reforms: status quo bias in the presence of individual specific uncertainty", *American Economic Review*, 1991, Vol. 81。文章研究了一项实施后对大多数人带来细微收益却使少数人承担高成本的政策。人们事先不知道他们是受益者还是利益损失者。在这种情况下，大部分人眼中这项政策的预期值（收益乘以概率）是负的。因此，这项政策在事前是永远不可能被大多数人同意的。但它一旦得到实施，受益者和受损者的不确定性得到消除，它将受到大部分人的赞同，因为他们是受益者，这样政策在事后得到了绝大多数人的支持。

者的选举程序的特征。但此处显示一种悖论,如果说公民每次在进行重新选举时,他们确实对过去和未来都做了评估考量,但在现实中他们是通过对过去事实的评估而实现对未来政策走向的引导的。

四 公共审议

今天普遍认为代议制政府在创立时被视作并且被辩护为一种"商讨政府"。卡尔·施密特的相关分析对这一观点的传播似乎扮演了关键性角色①。但值得注意的是,为了支撑其观点,施密特所引用的文字主要写成于19世纪,也就是说,和十七八世纪代议制原则首次被阐述被实施时,在这个时期代议制政府已经远远不是一种新鲜事物了②。当然,我们发现孟德斯鸠、麦迪逊、西耶士以及伯克曾颂扬过商讨的美德,但和基佐、边沁及后来的约翰-斯图尔特-密尔比较起来,这些作者对商讨这个主题的思考不多。商讨的概念甚至在洛克的《政府论》下篇中没有被提及。无论是美国的制宪者还是法国1789—1791年的制宪者都没有将代议制政府定义为"商讨政府"。总之,"商讨政府"这个表述是混乱的。它完全没有指出商讨在政府中应该占据的位置。商讨被假定是贯穿整个决策过程还是仅仅涉及某些环节?这个表述是否意味着在代议制政府下,和德国浪漫主义者宝贵的"永恒交谈"一样,所有事物都是商讨的对象?

尽管商讨在18世纪的政治家和理论家眼里并没有获得其后来所获得的那种重要性,但毫无疑问的是自代议制政府创立之日起,

---

① 尤其参见 C. Schmitt, *Parlementarisme et Démocratie* [1923], Paris, Seuil, 1988, pp. 40–64;或者 *Verfassungslehre*, Duncker& Humblot, Munich, 1928, §24, pp. 315–316。

② 施密特的材料依据主要是基佐汇编在《代议制政府的历史起源》(布鲁塞尔,1951)一书中的文段内容。参见 C. Schmitt, *Parlementarisme et Démocratie*, op. cit., pp. 43–44。关于基佐对商讨的角色及"理性至上"相关内容的观点,见 P. Rosanvallon, *Le Moment Guizot*, Paris, Gallimard, pp. 55–63。施密特也引用过伯克、边沁和詹姆斯-布莱斯(James Bryce)的观点。

▶ 代议制政府的原则

代议是和商讨联系在一起的。这一点在英国、美国和法国的一项制度中得到体现：议会中的议员享有完全的言论自由。代议和商讨之间的联系只能通过第三个概念即议会来理解。代议制政府一直被视作并被辩护为是一种议会扮演决定性角色的政治体制，这个议会是一个由多元个体组成的机构。不过，我们当然可以想象，正如施密特所观察的那样，代表是由人民指定、授予某个独特公民的特权①。但一个不容置疑的事实是，代议制政府既没有被提议，也没有被建成是一种权力被委托给一个由人民选择的单一个人的体制，而是一种集体性机构占据核心位置的体制。但施密特及后来的作者并不满足于指出代议思想和议会角色之间的联系，他们将议会至高无上的地位解释为是出于对集体性机构商讨美德和真相统治原则②的先决性、根本性信仰。根据这种解释，信仰结构证明代议制政府为何被定义为议会体制的逻辑思路可以这样来理解：真相制法，商讨是凸显真相最纯粹的手段，核心政治机构即议会应该是个展开商讨的地方。

事实上，如果我们分析代议制政府创始人及其早期拥护者所发表的论证的话，我们发现他们的论证逻辑是大为不同的。对洛克、孟德斯鸠（当他分析英国的体制时）、伯克、麦迪逊或者西耶士而言，代议机构的集体性特征从来不是来源于对商讨益处的事先推理。在这些不同的作者那里，代议与议会的显著性从属关系是内生

---

① "如果是因为可操作性和技术性原因，一些可信赖的人代替人民进行决策，一个单独的可信赖的人也可以以这群同样的人民之名进行决策，而不失民主之实，这个理由可以用来辩护反对议会制的恺撒主义了。" C. Schmitt, *Parlementarisme et Démocratie*, op. cit., p. 41。

② C. Schmitt, *Parlementarisme et Démocratie*, op. cit., pp. 40–64. 这个观点被哈贝马斯详细分析过，见 J. Habermas, *L'Espace public* [1962], Paris, Payot, 1978。施密特认为对商讨的颂扬意味着是对议会制的赞同，其含义类似于对经济和市场竞争的颂扬。"因为这完全是一样的事情，无论是真相产生于自由的话语冲突还是和谐产生于经济竞争"（*Parlementarisme et Démocratie*, op. cit., p. 45）。商讨有利于凸显真相事实上是一种比较普遍的观点，西方哲学传统从柏拉图和亚里士多德开始就对其做出了各种丰富阐述。将其视作和市场相关的、狭义自由主义思想的独特信仰是站不住脚的。

的。事实上代议思想和议会思想的联系并不是现代政治思想无中生有的创造，它是一个历史遗产。现代议会实际上是从等级社会里一些已经呈现出代议特征的机构如"国家议会"那里，或逐步（英国），或突然（法国），或模仿（美国殖民地）演变而来的。现代代议制议会早期的拥护者特意详细指出了新制度区别于旧制度的地方，说明他们清楚知道两者之间的演变关系。代议机构的集体性特征是其继承性元素之一。在现代代议制创始人的著作和演说中，商讨是议会无可避免的某种程度上的自然属性。

另外，代议制政府的主旨一开始就显示出对社会多元性某种程度上的认可。代议制最初是被建议为一种技术性手段帮助人口多元众多的大国建立一个权力来源于人民的政府。麦迪逊和西耶士多次说直接民主在小规模且政治实体呈均质性的古代共和国里是可行的。他们一再强调说在劳动分工细化、商业发展和利益分化的现代世界，实施直接民主的条件再也不可能被满足了。反之，代议制最著名的反对者卢梭，是谴责"商业社会"、科学与艺术进步的思想家，他提倡建立同质性小规模的共同体，共同体内部运作透明。似乎一般认为，在18世纪，代议制议会不得不至少在某种程度上反映这种多元性。甚至对于那些最为强调议会的角色是制造统一的作者如西耶士和伯克，也提出议员应由地方上各色人民选举产生，因此，从一开始，时人就赋予议会是某种社会异质性反映的特色[①]。

[①] 关于这个问题，伯克最具意义的文章是他那篇著名的《致布里斯托尔选民的演讲》。他在这篇演讲中宣布："如果政府和你们双方是个意志的问题，那么你们的意志毫无疑问是高于政府的意志的。但政府和立法是与理性和评判有关的问题，而不是个愿望问题；但这个理性在哪里呢？如果决策在商讨之前做出，一群人协商而另一群人决策，做出结论的人离听其辩论的人远达300英里。[……]议会不是个由不同利益方和敌对利益方派出的使节大会，如代表或者发言人一样，各方捍卫各方的利益，反对其他代表、其他发言人；议会是单一国家的一个协商会议，只有一种利益，全体利益——即公共利益，由全体公共理性决定，它应该是个向导，而不应局限于地方目的、地方偏见。" E. Burke, "Speech to the electors of Bristol" (1774), in *Burke's Politics, Selected Writings and Speeches*, edited by R. J. S. Hoffmann and P. Levack, A. A. Knopf, New York, 1949, p. 115。

> **代议制政府的原则**

因此代议机构不仅仅被视作集体性的，并且也被视作多元性的。

正是从代议机构的集体性和多元性特征出发可以解释商讨被赋予的角色，而不是基于事先信仰和商讨的美德。一个集体性机构的成员一开始可能持有不同的观点，因为他们为数众多且是由各色人群选举产生的，问题在于生产共识、孕育意志趋同。不过，我们已经指出，代议制政府的发明者以意志平等这一根本性原则作为其政治构思的基石：任何个体都不拥有天生的优越性有权向他人施加自己的意志。因此，在议会里，如果需要在起初不同的立场间达成某种趋同，而强大者、有能力者及富人均不能将自己的意志强加给他人，那么解决之道是参与者尝试通过商讨相互说服以赢得共识。考虑到意志平等原则，这个解决办法在某种意义上是很明显的，这解释了为什么代议制政府的创始人极少对商讨进行明确深入的论述，它更多地被看作是代议制议会理所当然的程序。意志平等原则既是执政者选举程序的基石，也是执政者之间的商讨基石。

在一本宣传册子里，它可以被视作现代代议制政府的奠基性文本之一，早期代议制的拥护者关于商讨问题、其角色及相关辩护观点得到了特别清晰的表述。这本宣传册子是西耶士的《论 1789 年法国议员可持有的权力执行手段》（*Vues sur les moyens d'exécution dont les représentants de la France pourront disposer en 1789*）。西耶士关于商讨原则的论述实际上阐明了几个关键问题，因此值得使用较长篇幅来引用其原话。首先需要指出的是，西耶士在引入他对商讨问题的思考之前，首先解释了建立代议制政府的必要性，并对那些"反对大规模议会和言论自由"的意见做了回应。因此他一开始就没有进行过多论证，理所当然地指出代议是议会的一个事实要素，而议会当然要进行商讨。西耶士在回应反对意见时写道："首先，我不认为大规模协商议会里的事务运作显得复杂缓慢。这是因为在法国我们习惯于武断性决策，这些决策悄无声息地在内阁部门做出。一个问题被为数众多的人公开讨论，每个人都履行商讨权利，

第五章 公众评判

可以多多少少是冗长论述，可以是充满激情地用一种奇怪的响亮的社会声调表述自己的观点，这对于我们的好公民而言自然而然是一种可怕的制度，就像嘈杂的乐器演奏会肯定使医院病人虚弱的耳朵感到烦躁。我们想象不到一场自由激烈的辩论可以产生合理的意见；我们倾向于期望某个远远优越于全世界的人呼吁人们达成一致意见，没有这个人，我们会将所有的时间用于相互争吵中。"①

因此，对于西耶士而言，商讨作为问题解决办法基于两个因素的结合。议会里一开始就不可避免地充满了意见争端，但另一方面代议制政府拒绝接受其反对意见所建议的那种简单的解决办法，即通过一种高于其他所有人意志的干预来结束争端。在文中稍远的地方，西耶士继续论述说："在所有的协商程序里，有一个问题需要解决，即在特定的情形下，公共利益该怎么定义。商讨一旦开始，我们一点也不能断定它的发展方向必定是朝着公共利益演进的。**也许，如果公共利益不能给个人带来利益，它就毫无意义；它是最大数量选民所共有的特殊利益，正是因为如此，意见争锋就成为必要。**② 在你们看来这个用来遮蔽一切的混杂、混乱，却是光明来临之前必不可少的前期准备。需要让这些个体利益相互争锋、相互冲突，争先恐后地抓住问题，根据自己的能力将其推展到他所建议的目标。在这个考验过程中，那些有用的意见和有害的意见将相互分离；一些意见不再被提起，另一些被继续讨论，继续争辩，在交互性效用作用下被修改被提炼，直到唯一性意见的形成。"③

因此，在代议制政府的创始人那里，商讨承担了一项特别的职

---

① E. Sieyès, *Vues sur les moyens d'exécution dont les représentants de la France pourront disposer en* 1789, Paris, dans no, d'étideur, 1789, p. 92.

② 强调这些句子的重要性并不为过（强调格式是笔者做出的）。它们实际上明确显示对于西耶士而言，1. 商讨没有被假定为是一种无利益关系的活动，其唯一目标是寻找真相，它是一个寻找最大多数人共同利益的过程；2. 和卢梭的公共意志相反，公共利益并不高于个人利益或者其他利益。

③ E. Sieyès, *Vues sur les moyens d'exécution..., op. cit.*, pp. 93–94

> **代议制政府的原则**

责：它生产共识和同意。商讨自身并不构成决策原则。这就得出了一个命题，即决策的价值不在于它经过了讨论，而在于它获得了同意。不过，需要进一步指出的是，这个同意是大部分人的同意，而不是普遍性同意，更不一定就是真实性同意①。正如洛克所指出的，是多数决原则的核心职能使决策成为可能。他写道："一个组织的驱动力量只能是其构成人员的同意，一个机构得以存在的条件是它必须得朝同一个方向行事，必须朝使其产生最大力量的方向行动，也就是说大多数人的同意，否则这个机构不可能作为一个机构、一个组织而行动和存在，每个人只加入他所同意的机构。"② 值得注意的是，洛克这个关键文段没有以大多数人的素质或者品德——如表达真相或者公正的能力——来作为多数决原则的依据，而仅仅是必须以行动或决策这个简单的事实为依据。相反，商讨不能对行动或决策的必要性做出回答。就商讨自身而言，它不包含任何终止原则；我们至多可以承认，针对特定问题，当所有的参与者达成合意没有人再表达反对意见时，商讨将终止。多数人的同意构成一个决策原则，因为它和时间的有限性相契合，任何行为尤其是任何政治行为都是在有限的时间内展开的。可以在任何时间计算意见以确定哪个议案获得了最多数量的同意。学术辩论在商讨原则的约束之外，因为它不受任何时间限制。这个条件是政治辩论所不具备的。

---

① 笔者上文所引用的西耶士的文句，即解释商讨过程中所存在的各种意见"将最终形成唯一性意见"那句话，让人认为西耶士将一致同意视作决策的原则。实际上，正如上文引用的 *Vues sur les moyens d'exécution* 中的一段话所指出，他的这段话也不是毫无意义："不过对于未来而言，那就是放弃对于共同性的追求，那就是解散社会共同体，不苛求共同意志总是所有意志的精确加总。因此绝对有必要想办法认可在适当的多元化（如大多数）情形下共同意志的所有特征。"但他对商讨的思考的主要目的不在这里，因此他没有对这个已经做出分析的论证做进一步的强调。

② J. Locke, Second Treatise of Government, ch. VIII, §96, in J. Locke, Two Treatise of Government, ed., by P. Laslett, Cambridge University press, 1988, pp. 331 – 332. 关于这个问题，我们看到，洛克和西耶士的观点是很接近的。只不过洛克的表述可能有点直截了当，这是为什么此处对其做了引用。

代议制政府的创始人肯定不会将议会和学术世界混淆等同。

因此代议制政府的原则应该按照下述方式表述：任何措施如果没有获得经由商讨而形成的大多数人的同意便不具有决策性质。因此是多数人的同意而不是商讨本身构成决策程序。但这个原则也表现出另一显著特征：它不对提交给商讨的议案或者草案的来源做出任何形式的规定。在这个原则里，没有什么会去阻止脑海里已经拥有某个议案的商讨机构成员进入议会并向议会提交这个在院外和商讨外形成的议案。这并不意味着只有议会成员有权提出议案。代议制政府的原则因此没有对提交给议会商讨的议案的来源做出规定，任何人都有这个权利。议案是形成于议会商讨过程，还是来自议会中某个议员在其工作室单独的构思或院外某个公民的贡献，是没有任何区别的。我们可以简单地说，当准备议案的人事先知道议案将会进入商讨程序，他们便被鼓励预估议案将激起的赞成或反对意见，并在构思和表述议案的过程中对这些意见做出充分考虑。也许议会中有些议员能够在商讨过程中形成他们的议案，因为观点交锋给了他们启发，但这并无必要。又或许，议案在商讨过程中得到修订，在这种情况下，最终决策吸纳了产生于商讨过程的思想。但这也不是商讨原则的必要内容：一个最终获得大多数人的同意而因此变成决策的方案，可能在议会的商讨过程中自始至终保持原样不变。

决策经由集体性机构的商讨程序而做出，这确保了一件事情，唯一的一件事情：所有提案都需经过商讨的考验。无论提案来源如何，商讨就像是一个筛子或者过滤器。这一点已经足以保证它对决策的核心影响：不经大多数人的评判和交互辩论，任何决策都不会被通过。代议制政府不是一个商讨生产一切的体制，但是一个一切都必须经过商讨证明合理的体制。

像约翰－斯图尔特－密尔这样热情拥护商讨的人也认为在立法问题上（区别于行政和政府日常管理活动），议会不是个恰当的酝

代议制政府的原则

酿和形成立法草案的地方。他希望法律草案由一个王室任命的专家委员会起草,然后仅仅提交给议会讨论和通过。他甚至不赞同议会本身有权在商讨过程中修订法律草案。他写道:"[草案]一旦形成,议会不应当有权修订相关措施,而仅仅是通过或者不通过这个草案,或者,如果它只是在部分程度上否定这个草案,就将它退回给委员会让其做出修改。"① 根据密尔,商讨机构的主要职责应该是在通过公开交互辩论后"对民族同意做出赞成或否定的最终裁决",而不是酝酿或制定措施②。正如密尔所完全清楚看到的,如果法律草案是由院外非议员公民提出的,其准备过程无论是否经过讨论,实际上都没有违背代议制政府的原则。另外,这解释了为什么代议制政府和日益发展壮大的官僚制能够兼容并存。法律草案主要是由非议员官僚还是专家起草是无关紧要的,但如果它没有经过集体性代表机构的商讨,任何草案都不能变成法律。

将代议制政府简单地定义为商讨政府因此是不妥当的。它掩盖了这样一个事实,在这种政府模式下,说服性商讨承担了一项特殊职能,它既不产生决策,也不一定产生决策草案,它仅仅是产生同意,在商讨情形下,任何意志都没有凌驾于其他意志之上的资格。我们看到,评判的核心角色在此处再次出现:议案不一定来自商讨机构,但任何议案如果没有经过商讨机构的评判都不会被通过。

对代议制政府公共决策机制的分析显示,与常识和民主意识形态相反,代议制民主不是人民自治政府的间接或中介形式。但上述分析也显示了代议制民主的积极特征:集体评判所扮演的核心角色。人民成为执政者施政措施的裁判,通过对领导人相对自主性决

---

① J. S. Mill, *Considerations on Representative Government* [1861], ch. v, in J. S. Mill, *Utilitarianism. On Liberty and Considerations on Representative Government*, ed. by H. B. Acton, Dent&Sons, London, 1972, p. 237.

② J. S. Mill, *Considerations on Representative Government*, in J. S. Mill, *Utilitarianism*⋯*op. cit.*, p. 240.

策的回溯性评判来监督公共事务运作。另一方面，商讨性机构主要扮演的是评审员的角色，因为所有的提案都需经过它审核，尽管不是所有提案都由它提出。在两种情形下，基于不同的原因，是评判概念最好地概括了集体的角色作用，无论这个集体是人民自身，还是他的代表。代议制民主不是一个集体性自我统治体制，而是一个所有与政府相关的事务都需经过公共评判的体制。

第六章　代议制政府的变迁

人们有时认为，今天代议制在西方国家正经历一场危机。曾经好几十年间，代议制扎根于选民和政党之间高度和稳定的信任关系之中，绝大部分选民都有自己的政党认同，且对该政党保持一贯忠诚。今天，越来越多的选民在前后两届选举期间改变投票对象。民意调查显示，拒绝认同既有政党的选民数量在增加。政党分异本来应该是社会分层的结果和反映。相反，今天政党向社会展示的分异特征在某些观察者不无遗憾地看来是"人为加工的"。每个政党都向选民承诺一旦它执掌权力将会实施详细的施政计划。今天，参选政党和候选人的竞选策略更多地集中在模糊的形象营造上，政党领袖人格魅力的营造尤其占据重要地位，而不是对坚定的政策承诺的营造。最后，今天的政治人物主要是或者是那些来自特殊圈子的人，无论是他们的职业、文化还是生活方式都和其他民众有显著的区别。今天的政治舞台被记者、沟通专家和社会调查专家所占据，很难在这群人身上看到社会代表的影子。政治人物获取政权得益于他们的传播才能，而不是因为从社会特征上看他们是选民中的一员或者近似于后者。政府与社会、议员与选民的距离似乎在扩大。

两个世纪以来，尤其是自19世纪后半期以来，代议制政府经历了重要的变迁。最为显著的变化，总体来说最引人关注的问题是选举权边界的界定：普选制度的逐步确立，投票权已完全以个人和数字为基础（"财产"和"能力"已不再作为权力的获取标准）这个变迁同时与另一种现象相伴随，即大众政党的出现。现代代议制政府建立时有组织性政党是缺席的。代议制政府创始人中的大部分人——包括英国的和美国的——认为政党或者"帮派"的分化对他们即将建立的体制是一种威胁①。相反从19世纪后半期开始，旨在管理引导选民选票的政党成为代议体制的核心要素。另一方面，如上文所见，建制之父们排除了强制委任制度和对议员实施的"训令"制，议员们公开违背选举期间的承诺，甚至毫无约束。相反，大众政党则将竞选纲领和承诺作为选战的核心工具。

大众政党的存在和竞选政纲似乎改变了代议关系，即代表和选民的质性关系（如第四章所定义）与公民意志和政府决策的关系。首先，议员不是如建制之父们所期待的那样由掌握智慧和财富的精英所构成，而是由那些通过积极投身于政治生活和献身于某个特殊组织而最后成为政党领袖的普通公民所构成。另外，当选之后，因为议员始终受政党官僚及其积极分子的控制，鉴于党内纪律的影响，议员在任期享有自主权的初始原则就被破坏了。竞选政纲也遭遇到了同样的情况。

因此，19世纪末，一些分析者将政党所扮演的新角色和竞选政纲视作代议制危机的一种表现②。代议制政府模式当时被视作议

---

① 人们有时说对"党派"的敌意是18世纪末法国政治思想的独有特征，而英国人和美国人从一开始就是赞同政党制的。这种观点大为错误。实际上，可以指出，在同一时期，英美政治思想基本完全是反对政党制度的（cf. R. Hofstadter, *The Idea of a Party System*, *The Rise of Legitimate Opposition in the United States* 1780 – 1840, University of California Press, Berkeley, 1969, 尤其是第1章）。伯克对政党制度的颂扬是个例外；何况他眼中的政党也不同于从19世纪后半期开始主导政治舞台的政党。

② Cf. M. Ostrogorski, *La Démocratie et l'organisation des partis politiques*, 2 Vol., Paris, Calmann – Lévy, 1903, passim, 尤其是, Vol. I, p. 568。

> **代议制政府的原则**

会制或者自由议会制，1870年前的英国是这种模式的完美代表①。20世纪初，关于"议会制危机"的批评声音逐渐增多②。如果说大众政党的渐次出现确实导致了议会制原始模式的终结，但代议制政府也没有就此解体，尤其是它的初始原则，包括议员的独立性，始终保存了下来。

人们意识到代议制政府只是改变了存在形式。代议制政府的新形式并没有像从前的议会制那样在分析专家们那里获得一个一致的明确的概念。但是，对这种相对稳定并具备某种内在自洽性的新现象的察觉促使诞生了一些新概念，它们旨在定义代议制政府的新实践。盎格鲁-萨克松国家的分析谈论"政党政府"，德国的研究谈论"政党民主"。这两个概念都试图用一个关键词来总结因为大众政党的出现所赋予代议制政府区别于议会制形态下的新特征。

另一方面，尽管有些评论叹息议会制的衰落，代议制政府的新形态最终还是被看作是一种进步：它归根结底显示向民主又迈进了一步。不仅仅是因为选民群体的扩大，也是因为代议关系的新形态。政党和基层代表的关系日益拉近；在社会地位、生活条件和关注问题上接近政党积极分子的候选人成为可能。这些变化被视作执政者和公民之间在身份认同和民主近似性方面的一个进步③。另一方面，归功于选举政纲，公民能够选择他们所期待的甚至被执政者实施的政策总体导向，并且，政党组织对议员实施持续性监督，因此可以认为，"政党民主"提高了人民意志在公共事务管理中的影

---

① 成立于1870年左右的伯明翰的党团会议（Caucus）和国家自由联盟（National Liberal Federation）通常被认为是最早的大众政治组织。

② Cf. 只列举两个解释力最强最有影响的例子，C. Schmitt, Die geistgeschichtlicheLage des heutigenParlamentarismus [1923]（trad. fr., Parlementarisme et Démocratie, Paris, Le Seuil, 1988, et G. Leibholz, Das Wesen der Repräsentation [1929], Walter de Gruyter, Berlin, 1966）。

③ 关于身份认同和民主近似性的定义，见本书第三、第四章。

响比重①。一旦证实大众政党没有破坏代议制政府的核心制度，它原先看起来是代议制的威胁的那些新特征被视作走向代议关系民主化的一种进步。代议制政府好像在向一种情形靠近：统治者和被统治者并无太多二致，人民意志实施统治。制度分析者们不再关注代议制政府的变迁在多大程度上背离了其初始形态，他们把目光投向了未来。民主也许在代议制政府的初始形态里并不存在，但从此之后它成为代议制政府的愿景，成为历史所推动发展的方向。

19世纪末20世纪初的情形和今天的情形在某种程度上表现出惊奇的一致。此时彼时，关于代议制危机的观点都被大肆传播。这种近似表明一种可能性：我们今天见证的也许并不是一场代议制危机，而是代议制政府某种特殊形态的危机，该形态建立于19世纪末，深受大众政党政治的影响。我们可以探寻今天冲击代议制的各种变迁是否实际上意味着代议制政府第三种形态的出现，依然与代议制政府的初始原则相契合，依然和议会制及政党民主一样具备高度自洽性。

但让人惊奇的是今天将代议制的危机归因于政党民主某些特征的消失或者弱化，好像正是通过如此政党民主和议会民主决裂并向人民自治靠拢：议员与选民的靠拢和身份认同关系通过政党这个中介以及建立在明确政治纲领基础上的政府选举制度来实现。人们认为代议制政府原始形态下的代议关系模式完全过时并被取代了。大众政党及其政纲和普选权的扩大之间存在着本质性的联系，因为普选权的问题在未来不大可能被改变，看起来被修改的代议关系也就成为不可逆转的事实。今天所显示的种种变化却表明这种判断也许是不正确的。政党民主的变化也许不像人们认为的那样不可逆转。需要近距离分析政党民主的转折点并将其和今天正在经历的各种变

---

① 区别于盎格鲁-萨克松及日耳曼国家，法语国家没有采用特殊术语来定义因为大众政党的出现所带来的代议制政府的新实践，尽管这些分析也认可这种新现象的独特之处。本书使用"政党民主"一词来弥补这个缺陷。

> 代议制政府的原则

化做比较。代议制政府历史也许可以划分为三个阶段两个转折点。

下文将从前几章所述的代议制政府的四项原则出发对其变迁做出剖析，这四项原则是：执政者由公民定期选举产生，执政者拥有相对的自主权，公共舆论自由，公共决策经由公共商讨后产生。这些原则无时无刻不在。因此需要对它们在不同历史时期的实践形式进行分析和比较。

不过需要对第四项原则（公共商讨的检验）做出明确说明。通过研究代议制政府历史上公共商讨的变迁实际上可以发现一个特殊问题，而这个问题在其他三项原则中是不曾出现的。这些概念如执政者定期由选举产生、执政者的相对性行为自由和公共舆论表达自由涉及的现象相对来说比较容易定义和辨识。公共商论的概念则更为不可捉摸，它所涉及的现象也更难以辨识。使问题变得更为复杂的是，如上文所提及的，代议制政府的创始者们尽管使用了这个概念，却几乎没有对其做出定义。议会里关于商讨的思考好像并不是指任何类型的话语交换。例如，西耶士和伯克，强调指出了商讨的某些特殊特征：它旨在协调意见，通过"论据"和"理由"的交换商讨产生"出路"。但问题自此也转移到"出路"，"论据"和"理由"，它们明显包含多种释义。因此，如果我们想通过对商讨历史变迁的研究来具体地界定该概念，我们就不可避免地需要对其做出定义，尽管我们知道该尝试的风险。

因此下面几页所涉及的商讨是一种沟通情形，在该情形下：第一，至少有一个对话者在倾听了对方的观点（观点此处意指行动倾向）后尝试做出意见变化；第二，这些意见是客观的并且具有长远性。

第一个特征涉及代议制政府下政治商讨为履行其核心职能所必备的说服维度：制造同意尤其是大多数人的同意。唯有旨在改变他人观点的说服性意见发表才能在起初持有不同观点的大多数人中取得同意。商讨的第一个特征使其区别于其他沟通情形，如对话者只是相互交换意见并无意图相互说服，例如个体间相互交换信息，又例如法庭上的律师表面上相互间展开辩论，但他们实际上旨在说服第三方。

商讨的第二个特征（客观意见的表达且具有长远性）涉及其理性和辩论性维度。这将商讨和讨价还价或谈判区别开来，在后一种情形，对话者的话语充满奖赏或者威胁，且其后果影响到他们的直接个人利益①。因此，当对话者试图通过金钱、财产或者服务交换改变对方意见时，这并不涉及商讨，而是讨价还价。

商讨与讨价还价的概念区别有利于明确商讨的理性特征所涉及的内容，而无须借助过分考究的公正无私型商讨概念②。代议制政府对商讨的完全理性和辩论性维度赋予了核心角色，为了突出这个维度，我们确实首先可以想到商讨需要绝对的公正无私的话语交换，商讨过程中理性至上，对话者在试图说服对方时的唯一行为准则是保持真诚和遵守道德规范。从一般哲学意义上看，公正无私型商讨也许是一个恰当的极有解释力的概念，但从政治意义上而言它只涉及有限的案例且情形极端。在分析代议制政府的过程中，将公正无私型商讨视作其核心特征有陷入美化主义的风险。

从政治分析角度来看，在讨价还价概念与涉及对话者利益的说服性话语交换间画一条分界线是一种具有操作性的做法。以下两种情形确实存在着重要的区别：讨价还价情形下对话者示意对方如果其采取某一姿态立场，他将受到相应的奖赏或者惩罚；另一种话语

---

① 尽管它们之间存在着一定的近似性，此处使用的讨价还价（marchandage）概念和理性选择视角下"讨价还价"（bargaining）理论所定义的概念并不完全一致。该理论实际上将讨价还价仅仅定义为威胁和奖赏的使用（threats and rewards），而没有提及其个人化直接化特征。关于商讨和讨价还价的区别，见 J. Elster 的研究：" Argumenter et négocier dans deux assemblées constituantes", *Revue française de science politique*, Vol. 44, 2 avril 1994。

② 所有通情达理的沟通在某种意义上都需要借助于理性。但当代议制政府的创始人对这种类型的话语交换赋予核心角色时，商讨对于他们而言意指特别的完全的理性沟通。要分析代议制政府的不同形态，需要明确它们为什么特别强调理性的重要性，相关解释也需具有可操作性。

代议制政府的原则

交换也涉及对话对象的利益，但此时他告知对方，其采取的姿态立场将会影响到他所属的集体或阶级（逻辑意义上的集体或阶级）的利益或损失，从长远来看也会影响到他自己的利益或损失。第二种话语交换我们称之为商讨。

讨价还价中的谈话充满主观意见且是指名道姓地指向同时在场的对话者。相反，商讨过程中的谈话则以客观意见表达为特征，且一般是针对特定群体甚或是指向未来的意见①。为了表达此种类型的观点，发表意见的人需要做一项分类提炼工作。他需要根据他认为恰当的共同特征将个体归类而不是一一了解他们的具体特殊性。或者，他需要超越他们的短暂的变化的特征，形成一种具有长期性身份认同的代表关系。相应地，交谈对象在代表自己利益的同时也应该头脑灵活，他应该明白他自己并不是被具体指名道姓的那个个体（这是一种自我即时性本能性的认知），而是抽象阶级中的一员，或者，他需要剥离他此时的身份以便形成未来身份意识。这种类型的交谈要求对话各方具备超越特殊性、短期性指向一般性和长远性的能力，即理性能力。

另一方面，在讨价还价情境下，意见表达对于对话者来说意味着一种利益获取，它的语言特征和逻辑比较特殊：这是一种许诺、一种馈赠或者威胁。许诺内容的实现（收益还是损失）是肯定的，因为意见已经表达，或者无论如何它都仅仅取决于表达该意见的人的意愿。除非极其例外的情形，告知对话方收益或者损失的意见表

---

① 一般性和长远性这两种特征当然可以相互兼容。政客通常通过强调阶级或者群体的长远利益来赢取支持。在此处所描述的商讨中（客观或者长远性观点的表达），"或者"（le "ou"）不是一个排除词，它仅仅指商讨情形下的意见可以是针对社会阶级的，而不一定是具有长远性的意见。例如可以这样推论，当某些决策一旦做出，某个阶级获得了即时可见的利益。就讨价还价问题，相反，特殊性和即时性这两个特征好像很少能够分开。当人们主观地向某人许诺如果对方采取某项政治决策时可以获得相应奖赏时，许诺基本上都是涉及当下或者可见的将来。这是因为长远性奖赏很难成为严格意义上的许诺。讨价还价（主观意见的使用且具有即时性）与商讨（客观意见的使用甚或具有长远性）的区别此时也就得到了完全证明。

达不可能具有一般性、客观性甚或长远性特征。实际上，从严格意义上讲，通常对话者不可能向整个个体阶层许诺某种奖赏（或者惩罚），因为实现许诺需要承诺者具备大量的资源（例如经济资源），并且他话语中涉及的阶层越多，需要的资源也就越可观。在下面这种情形下，告知收益或者损失的意见表达只在部分程度上是一种预告或者预知，它的实现并不仅仅依赖于表达承诺的人，也依赖于其他客观的不在他控制范围的因素，如其他多方人员合作，或者更广泛一点，法律及其他约束所有社会主体包括政府的力量。这个推理适用于解释针对对话方的长远性收益许诺表达：表达的意见越具有长远性，它就越涉及预告而不是许诺，因为时间增加意见表达者所不能控制的其他干扰事件出现的可能性。当意见表达是针对整个社会阶层且具有长远性时它的预告性特征就更明显了。

不过，发表具有预测性特征的意见同时又不过分冒被事实否定之嫌，意见表达者需要分析并且试图了解现实及其规律。他被迫去了解这些内容，而不是仅凭主观意愿。因此在这个意义上，表达一般性长远性意见的对话者需要诉诸理性，此种行为此时被理解为知识能力，而不是一种意志。所有表达一般性甚或长远性利益的话语所具有的内在预测性维度导致此类话语同时具有深入性和坚决性特征：对话者展开充分论证，即他展示多项意见试图表明收益终将实现，因为对话者不可能仅凭一项论据就可馈赠这个收益。当对话者向某人提供某项好处以换得某物，或者对方接受这个提议，谈话也就终结了，因为交易达成了，或者如果对方拒绝了这个提议，那就需要开出另一个价格更高的提议，或者采取另一种话语表达。但在进行针对同一目标的话语表达时，对话者并不使用多种论据以促使对方接受特定提议。在讨价还价情形下，对话者通过谈判以在价格上达成一致，而并不展开论证辩论。

需要指出的是个人通过金钱、财产或者服务换取政治行为或者政治决策的情形是一种客观现实，它存在于各种各样的形式中，这完全得到证实。贪污或寻租等众所周知的现象都属这种情形。这里引入的讨价还价并不是为了为商讨提供一个对立物而做的知识建构概念，它涉及的是时常可见的现实现象。

将商讨定义为一种通过客观的长远性的意见表达以改变对话者观点的话语沟通方式，这里被定义的商讨仅仅是一种理想类型。有时很难精确判断某种具体的情形落在这个定义分界线两边中的哪边。因此，例如，有些信息的沟通是抱着改变对话者意见的意图，但很难判断此种情形是否涉及说服性沟通。同样，有时也很难断定一个观点是否客观。当对话者为了他的父母或者朋友试图通过报酬说服某人时，应该将这种情形视作商讨呢，还是讨价还价呢？短期性和长期性的区别有时也会引起类似问题。但商讨概念还是保留着其分析性工具价值，它有利于梳理话语沟通的具体情形是否更接近于商讨。

另一方面，笔者也不妄称这里所做的定义就是抓取了商讨的真实本质。本书并不认可一般情况下商讨之意必须是涉及一种对话者通过客观的甚或是长远的意见表达以相互说服的话语交换。本书仅仅是决定将这样一种现象称作商讨。这个定义的特征具有不完全约定性：当然可以另外定义商讨的边界。但鉴于我们的目标，商讨的约定性特征并不构成障碍：正是通过这个现象，此书将探讨以商讨为名的演化和变迁，无论这个特征是否得到认可。

这里将构建并比较三种代议制政府的理想类型：议会制、政党民主和以公众民主为名的第三种类型，为何以此命名，下文将有分析①。这些理想类型被刻意做了简化，它们并不试图对代议制政府的每种形态做详尽描述，只是有利于对每种形态下代议制的四项核心原则做出比较。这三种理想类型并不囊括代议制的所有可能性形态，甚至未必概况历史上它所出现的所有形态。这些不同的形态仅

---

① 见下文摘要表。

仅是从代议关系的视角做出分析，选民群体的界定被有意识地忽略不叙。另外，在大部分具体情形下，这里所区分的不同类型的代议形态相互共存、相互交织，不过因为地点或者时间的不同，其中的这种或者那种形态扮演了更为重要的角色。

一　议会制

执政者选举

选举是作为向政府输送享有公民信任的成员的手段而被发明的。不过，在很长一段时期里，这种信任的来源呈现出某些特殊特征。候选人是那些因为自己的地方关系、声望，甚至是因为德高望重而获得地方公民信任的人，或者是那些和地方公民具有相同利益的个体。

在议会制下，信任关系具有个人性：候选人的信任是基于其个人人格，而不是基于他和其他代表或者政治组织的关系。代表和选民维持着多种直接关系：他是由日常交往中的人选举出来的。政治秩序下的选举更多的是各种社会性而非直接政治性因素的一个折射。信任的产生主要是因为代表被视作和选民一样同属于某个社会共同体，无论这个共同体是地理意义上的（选区、市、县）还是更宽泛的"利益"意义上的（如伯克认为的"王国大利益""农业利益""商人利益"等等）。地方比邻关系或者同属某种"利益"关系是由社会生活规则自发建立的，而不是为了实现某些政治目标而刻意建立的关系。同时，代表是那些得益于其个性特点而在本共同体中享有一定财产或者社会地位优越性的公民。选举挑选的是一种特殊精英：那些名流显贵。代议制政府在最初时就是一种显贵统治。

执政者自主权的尺度

每个议员，就个人角度而言，在议会中可以自由支配他自己的

> **代议制政府的原则**

选票，他应该按照自己的个人意志和个人判断来投票。他的角色不是传递在议会围墙外事先形成的政治意愿。他不是选民的代言人，而是他们的亲信，他们的受托人。这是伯克在他著名的《致布里斯托尔选民的演讲》中所表达的关于代表的概念，他在演讲里对代表的定义在当时受到了最为广泛的接受①。这个定义在整个 19 世纪上半期占据主导地位。即从《第一次选举法修正法案》（1832）到《第二次选举法修正法案》（1867），甚至被称作是"议会私人会议的黄金年代"这一时期，也就是说议员仅仅根据个人意志进行投票而不受议会外的承诺约束②。介于拿破仑战争后期和《第二次选举法修正法案》之间的国会下议院也是议会主义的典范。每个议员个体角度的政治自主权是基于一项优势，因为他们的当选主要是建立在一些非政治性因素之上的，如他们的地方声望或者他们得到地方公民的尊重。

公共舆论自由

19 世纪上半期的英国充满了各种舆论运动（天主教徒维权运动、议会改革运动、"反玉米法"运动、宪章运动等）。很多民间协会组织了示威、请愿和媒体造势活动（反玉米法案联盟甚至出资成立了一家报社，即《经济学人》）③。这种情形的特殊之处在于，在政治分异所导致的选举结构（辉格党与托利党之间的竞争）和因公民观点差异所引发的上文称之为公共舆论表达（民间组织压力、

---

① Cf. Burke "Speech to the electors of Bristol" [1774], in *Burke's Politics*, *Selected Writings and Speeches*, op. cit., pp. 114 – 116. 关于伯克对该概念的定义在当时受到最为广泛的认可，见 J. R. Pole, *Political Representation in England and the Origins of the American Republic*, University of California Press, Berkeley, 1966, p. 441, 又见 pp. 412, 419, 432. Blackstone 在其 *Commentaries on the Laws of England*, Oxford, 1765 一书中持类似的观点。

② Cf. S. Beer, *British Modern Politics*, *Parties and Pressure Groups in the Collectivist Age* [1965], Faber & Faber, 1982, pp. 37 – 40.

③ Cf. S. Beer, *British Modern Politics*, op. cit., pp. 43 – 48.

示威、请愿、媒体）之间，不存在重叠或者吻合的地方。统治者的产生和公共舆论的表达不仅存在着形式上的区别（只有前者具有法律约束性），它们在内容和目标上也存在着差异。宗教自由、议会改革和自由贸易等这些具体的政治问题在选举期间没有被提及，选举结束后也没有得到处理，它们被相应的社会组织提上公众议程并在通过施加院外压力活动之后得以解决。议员们因政见不同而相互对立，但议会中的党派分异和围绕着这些具体问题所形成的社会利益分化群体并不重叠。

因目标和内容的不同而导致议员选举和公共舆论表达相分离的事实固然是由投票权范围狭窄所致，但也是由议会制的基本原则所导致。如果选举确实是一种以人格优点和非政治性社会关系而产生的信任为基础的个体挑选，那么被统治者关于统治者人格以外其他事务相应政治观点的表达也就只能通过其他渠道。被统治者确实不一定就持有一定的政见，这种现象甚至是例外情况，与当时的危机局势相关联，但它的可能性还是被写进了公共舆论自由原则，并且在现实中得到呈现（公共决策的透明性、媒体自由和集体意见表达自由）。

因此，在此种形态的代议制政府下，相对于统治者的公共舆论自由意味着公共舆论和议会机构之间存在着一种偏差。可以用一个空间画面来描述此时出现的一种可能性，该可能性在议会的上层意志和街头及报纸所表达的下层意志之间打开了一条垂直鸿沟。当大众直接走向议会门前表达意见，而议会里没有一种声音能够代表大众此时的意见时，这种政治格局的基本结构呈现出它的极端情形。最有卓见的分析家指出议会和街头公民意见的冲突的可能性对议会制而言是个根本性问题。以大众政党形成之前英国议会的运作为例，例如，奥斯妥高斯基（Ostrogorski）写道："［……］舆论被视作应该在选举期以外庄严存在，向议会成员和议会领袖提供源源不断的思想启发，同时对其实施长期监督。独立于所有的宪政系统，

▶▶ 代议制政府的原则

这个双重压力具有重要的影响和约束［……］。但因为其性质上的难以捉摸和本质上的犹豫不定，要使舆论的权力得以发挥，**需要各种各样形式的不定期的完全的舆论表达自由，且能够直接传递给议会**。"① 但当大众走向街头面对议会时，混乱和暴力的危险就增加了。这种形态的代议制政府呈现出以下特征，即公共舆论自由和某种程度的公共秩序危险相伴相生。

公共审议

议员和选民的具体意志没有关联，议会可以是一个完全意义上的协商机构，也就是说是一个个体通过商讨和交换论据形成意志的地方。商讨只有参与者在参与期间经过和他人话语交换改变主意时才有意义和合法性。当观点变化没有可能，那么商讨有没有发生都无关紧要，并且就算对话者交换了所有的意见，我们都不能肯定这涉及协商性谈话。观点改变的可能性是协商性谈话的必要条件（尽管它不是充分条件）。确切地说正是为了在议会中展开真实的协商性讨论，议会制下的议员和其选民意志没有一种事先性的联结关系。在19世纪上半期的英国，主流性理念是议员应该按照在经议会协商后所形成的自己个人的信念而不是议会外已经形成的决策或者商讨前的个人信念进行投票。尽管现实中事情并不是以这种方式发生，但至少这是大部分候选人和议员开展职业活动的原则。无论如何，议员的自由在可证明的经验事实中得到体现：议会中严格的投票纪律的缺位使党派分异和议员结团变得相对机动②。

---

① M. Ostrogorski, La Démocratie et l'organisation des partis politiques, op. cit., t. I, p. 573. 强调格式是由笔者做出的。

② 古典议会制的这个特征今天在美国议会中仍然可见。

二 政党民主

执政者选举

随着选民资格扩展所带来的选民规模的扩大,议员和其选民间的个人关系难以继续维持。选民投票给某人不是因为他认识这个人,而是这个人持有某党派的政见。大众政党伴随选举权资格的扩展而产生,其目的是通过他们的组织和活跃分子网络来引导和规范众多选民的选票。

大众政党一旦形成,以他们为中介,"人民"得以进入议会。政党作用的扩大好像不仅宣告了"显贵时代的终结",并且也宣告了议会制下精英主义的消失。在那些体现阶层分异的大众政党国家,人们预料工人阶级从此由其自己的成员所代表,即那些普通工人。但罗伯特-米歇关于德国社会民主党的研究很快就否定了这些预想和期望①。

米歇尔有力地揭露了在那些最著名最强大的大众和阶级政党里,政党领袖和基层之间存在着巨大的鸿沟。他指出,就算是那些工人出身领袖,他们实际上也过着小资产阶级而不是无产阶级的生活。米歇尔证实,不仅那些领袖一旦获得权力地位就发生变化,他并且强调,他们最初就是和其同伴不同的。米歇尔表明,政党为[工人阶级]里"最聪明的成员"提供了"进入社会上层的渠道";政党确保[无产阶级]中"最有能力最有才智的成员②"得到提升。在资本主义早期,这些"比其他工人更聪明更有抱负"的工人

---

① Robert Michels, *Les Partis politiques. Essai sur les tendances oligarchiques des démocraties* [1911], trad. S. Jankélévitch, Paris, Flammarion, 1914;尤其参考此著的第四部分,"Analyse sociale des chefs"。

② Robert Michels, *Les Partis politiques*, *op. cit.*, pp. 199 – 200.

> 代议制政府的原则

将成为小企业主，然后变为政党官僚①。政党因此被"去无产阶级化"了的精英所主宰，他们从根本上区别于工人阶级。不过，这些精英是凭借才华和特殊能力如政治活动能力和组织才能获取权力的。

米歇尔的分析可谓入木三分，这基于两点。米歇尔犀利地揭露了基层工人和他们的领袖在地位和生活条件上的差别是不民主的，是"贵族的"或者说是"寡头的"，该观点见证了美国联邦党人和反联邦党人论战的一个多世纪后，领导者和被领导者间的类同和比近关系仍然是一个极具吸引力的代表类型。在20世纪初，民主仍然被视作一种权力形式，尽管展开集体行动需要对公共职位进行划分，统治者在生活方式和个人特征上应该和被统治者一样。另外，米歇尔对近似性代表理想类型的强调也不是特例。几十年前，这种代表类型的强大吸引力在法国一些政治活动家所发表的一部宣言中已得到体现。该宣言在法国历史上发挥过主要作用，也就是"六十人宣言"。这个宣言与1864年由一群巴黎工人所发表，它批判了当时在反对党共和党中广泛流行的代表理念。这六十个工人谴责工人候选人的缺席。共和党对工人们表示了理解并承诺保护他们的利益，但六十个工人反驳说他们希望由"和他们一样的工人"在议会中直接代表他们②。

另一方面，回到米歇尔，他的研究表明，由大众政党所主导的代议制政府并没有去除精英主义的特征。被挑选的不过是一种新型精英罢了。区别代表和选民的不再是地方声望和社会地位，而是政治活动能力和组织才能。选民也许自己并不直接选择这些区别性特

---

① Robert Michels, *Les Partis politiques*, *op. cit.*, pp. 194–195.

② P. Rosanvallon, *La Question syndicale*, Paris Calmann–Lévy, 1988, p. 204. 普鲁东（Proudhon）在一本著作里就该宣言发表了一个长篇评论，*De la capacité politique des classes ouvrières*（Paris, Marcel Rivière, 1942）。宣言的内容以附录的形式出现在普鲁东这本著作的上述版本中。根据皮埃尔·洛桑洼龙，该宣言的"影响非常巨大，是法国政治和社会文化的转折点"（*La Question syndicale*, *ibid.*）。

征，选择是由政党机器做出的；但通过投票给政党指定的候选人，选民对政党决策做出批准和同意。政党民主是政党积极分子和政党官僚的统治。

在政党民主下，选民首先是把选票投给某个政党，而不是某个知名要人。这点可以通过一个重要的现象即选民稳定的投票行为得到观察。选民长期投票给同一个政党，尽管政党在不同时期向选民推出的候选人是不同的。不仅仅公民个体倾向于把选票投给同一个政党，并且投票偏好在家庭或地方社会化影响下代代相传：子辈像父辈一样投票，某个地区的居民沿袭该地区历史上的一贯投票倾向。安德烈·西格弗里德（André Siegfried）是最早揭示选民行为稳定性的学者之一，他指出了某些选区特定的"政见气候"。投票行为的稳定性特征是19世纪末20世纪初政治学最主要的发现之一。这个发现被所有民主国家关于选举的研究所证实，直到20世纪60—70年代以后才有所变化[1]。实际上它对传统议会制的基础提出质疑：选举的首要问题不再是挑选信得过的"名流显贵"。

选民投票行为的稳定性在很大程度上是因为其投票偏好由公民自己或者其父母的社会和经济地位所决定。选举期间的选票分配情况是政治秩序中社会阶层分异的反映。尽管在20世纪上半期，选票的社会性决定因素在所有的民主国家得到验证，它在那些大党建立的明确宗旨是为了工人阶级的专门性政治表达的国家表现得尤其明显。另外，一般认为，社会党或社会民主党是当代大众政党的典范代表，19世纪以来代议制民主的运作由这些政党组织[2]。因此，在那些社会民主国家以及社会党或者社会民主党可以找到这种代表

---

[1] 只列举几个最有深度、最有影响的著作，例如，参见 A. Siegfried, *Tableau politique de la France de l' Ouest sous la IIIe RéPublique*, Paris, Armand Colin, 1913; B. Berelson, P. Lazardfeld, W. Mac - Phee, *Voting*, The University of Chicago Press, Chicago, 1954; A. Campbell, P. E. Converse, W. E. Miller, D. E >. Stokes, *The American Voter*, J. Viley & Sons, New York, 1964。

[2] 自米歇尔关于德国社会民主党的著作出版以来，这个观点尤其流行。

> 代议制政府的原则

类型的最纯粹的形态，它能够生成折射社会阶层状况的稳定的党徒忠诚[1]。

曾经几十年间，在德国、英国、奥地利或者瑞典，选票是阶级认同的一种表达方式。对于大部分社会党或者社会—民主党选民而言，选票不是政治选择，而是政治归属和身份认同标签[2]。选民对"政党"提出的候选人表示信任是因为他们将其视作共同体中的一员，共同体中大家相互认识。起决定性影响作用的经济和文化分异将社会分成少数的几个阵营，通常是两个：围绕着基督教文化和社会传统价值而形成的保守党阵营，和根据其成员经济社会地位所形成的社会党[3]。每个选民根据自己的利益和信仰加入某一阵营，而该阵营则成为其真正的生活共同体。一种强大的身份认同关系将每个政治阵营内部上下团结在一起。

在这种情况下，代表主要是社会结构的反映。代表作为社会多元化的反映元素从此成为其主要特征。另外，选举所表达的社会力量间的政治分异是一种相互冲突性的分异。和议会制下的选举一样，它是先于政治而存在的社会现实产物。不过，议会制下地方共同体和利益共同体的政治表达未必是相互冲突的，政党民主下选举的冲突性维度在这里具有实质重要性。如果说代表制的创始者将多元性作为其必要特征之一，他们却从来没想到代表成为长期主要社会冲突的反映。代表的这种变化是工业化和阶级冲突的产物。

在这种新的代表制下，共同体归属感是投票偏好的影响因素，

---

[1] 某些民主国家如法国或意大利的共产党在某种意义上也属于这种代表类型。但它们在代议制民主的运作机制里的融入情况充满争议和复杂性，这些政党所衍生的代表形态没有那么纯粹。

[2] A. Pizzorno 关于投票作为身份认同表达的出色分析在笔者看来尤其符合政党民主体制下的情况。Cf. A. Pizzorno, "Sur la rationalité du choix démocratique", in J. Leca et P. Birnbaum, Sur l'individualisme, Paris, Presses de la F. N. S. P., 1989.

[3] 另外，在奥地利，人们使用"阵营思想形态"（Lagermentalität）一词来描述两次世界大战期间对选民政治身份认同起决定性影响作用的政治、文化思想状态。

远远超过选民对政党具体竞选政纲内容赞同感的影响力。19世纪末形成的大众政党在竞选期间当然会介绍他们的详细政纲。这将他们和从前的政党区别开来。但选民大众对政党提出的措施细节一无所知。就算有时公民知道政纲的存在，他们也只能记住少数几个模糊的标语或者引人注目的口号。因为各种各样的原因，大众政党选民对其投票政党所提议的政策细节的了解程度，并不高于议会制下选民对其所信任政客所提出的详细的政策计划的了解程度。比较起议会制，选民对未来政府政策的知情程度也许在进步，无论如何政党的竞选政纲使其成为可能。但选民的信任并不主要源于施政建议，而是源于归属感和身份认同感。竞选政纲的效果和目的在他处：他们能够动员政治活跃分子和政客的能量热情，这些人对政纲的了解相当精细。事实上，政党民主和议会制一样，选举始终是一种"信任"表达，而不是一种详细的政策措施选择。信任目标发生了变化：它不再涉及某个人，而是某个组织，即政党。

执政者自主权的尺度

议员在议会里不再是按照自我意志自由决策之人，他受助他当选的政党的限制。例如考茨基曾写道："社会民主党议员，就算是德国社会民主党最重要的领袖也不是自由人——尽管指出这一点很难——不过是其政党的代理人。"[①] 工人代表是作为政党代言人而出席议会的。该理念在所有社会民主国家的实际做法中得到体现，尽管其形式或程度有所差异：议会里严格的纪律性投票，政党领导议员的重要性。凯尔森关于政党民主原则的政治描述是最为全面的，他提出了多种措施以使政党对其议员实现有效控制（议员的"豁免

---

① K. Kautsky, *Parlementarisme et socialism*, trad. Fr., Paris, Librairie G. Jacques, 1900, p. 157. 关于马克思主义对代表制的批评及社会—民主党领袖对它的歪曲理解，参考 A. Bergounioux et B. Manin, *La Social-Démocratie ou le compromis*, P. U. F., 1979, chap. I et III.

>> **代议制政府的原则**

权"应有所限制，脱党议员应被解除职位，政党应有权力撤销议员①)。

从此议会成为一个主要反映和记录各种社会力量角力的地方。另外引人注目的是，英国除外，社会民主强大的国家（德国、奥地利、瑞典）一般实行比例代表投票制，也就是说选票能够具体反映选民内部力量对比状态的投票制度。凯尔森认为，"为了使真实的利益情势"在议会议员组成里"得到体现"，比例代表投票制是有必要的②。然而，在一个社会，如果核心政治机构毫不走样、一毫不差地反映相互对立但又各自深深团结的各种社会力量，一个重要的危险就出现了：暴力冲突③。因为个体是基于其所有利益和信仰而加入同一政党的，如果多数派阵营强制推行其意志，那么另一阵营的成员就遭遇全面失败并损害到他们生活的方方面面，他们可能会倾向于拿起武器。当选民行为如上文所见非常稳定，少数派改变形势的希望渺茫，这种危险就更为突出。在某种意义上，政党民主最大化了公开冲突和政府崩溃的危险，不过危险的增加本身也更加督促相关方尝试规避这个问题。并且，因为社会力量对比可以通过选举结果知晓，每个主要政党都不能小觑对手的力量。然而当事者更倾向于发起危险行动而无视他们可能要面临的对抗，并且他们通常倾向于低估这些对抗。政党民主使社会力量针锋相对，并且置每

---

① H. Kelsen, Vom Wesen und Wert der Demokratie（1929）, trad. fr. *La Démocratie*, Paris, Sirey, 1932, p. 54. 对于凯尔森而言，"认为民主没有政党也可运行的观点是一种幻想或者说是虚伪"，"民主有必要且不可避免的是政党民主"（*La Démocratie*, op. cit., pp. 20 – 21）。需要指出的是凯尔森支持奥地利社会党。他撰写了第一共和宪法中相当重要的一部分内容，尤其是关于宪法法院的那部分内容。他后来被任命为宪法法院的终身法官，但因为反犹太运动被迫离开奥地利。凯尔森对德国和奥地利的社会民主党党领袖产生了重大的影响。例如考茨基在其著作中经常引用他的观点。

② H. Kelsen, *La Démocratie*, op. cit., p. 71.

③ 对于凯尔森而言，两个"阵营"的对立是民主运作的必要条件。阵营间的对立冲散了每个阵营的内部对立，它因此是个团结因素（*La Démocratie*, op. cit., p. 66）。不过凯尔森认为极化对立是政治场域的本质特征。对于他而言这是由多数决原则所导致的。

第六章 代议制政府的变迁

一种力量于高度危险之中。

为了规避这种危险，多数派只有一个解决办法：和少数派达成妥协，也就是说放弃向后者无限度地强加其意志。政党民主只有当所涉利益各方有意接受正面政治妥协原则时才是一种可行的政府形式，因为社会空间里没有其他因素可以缓和这种利益对立。凯尔森甚至将妥协概念作为其民主理论的核心支柱，尽管他没有明确说明为什么主要政治力量间需要达成妥协[①]。在历史上，只有当社会—民主党派接受妥协原则时，他们才能获得权力并且能够成功长期执政。另外，一般情况下，他们以象征性的方式来表达这种认可，即通过采取联盟执政的策略来获取第一次执政机会。通过组建执政联盟，政党有意使自身置于不能完全实现其所有执政计划的情势，一开始就承认其意志之外的其他意志的合法性[②]。比例代表投票制另一方面也需要联盟策略，因为很少情况下在议会里能够形成绝对多数。

但如果说政党民主是建立在妥协原则基础之上的，该民主体制下选举一旦结束，政党可以自由地并不全面执行其竞选时提出的执政计划。为了达成妥协或者形成联盟，政党需要在选举结束后保留一定的自由行动余地。这种行动自由之所以可能，是因为选民在把选票投给某个政党的同时，就将其作为受托人赋予其信任。政党当然在部分程度上受竞选时提出的政纲的限制。该政纲曾公之于众，它因此具有承诺性意义，另外政党积极分子也是围绕着政纲进行行动动员的。政党因此在选举结束后被迫需要根据政纲及其方针路线展开行动。但考虑到政治力量对比，那些已经事先宣布了的盟友或

[①] H. Kelsen, *La Démocratie*, *op. cit.* 尤其是第27页和第65—73页。读者常常觉得，对于凯尔森而言，妥协受相关方意志的支配。

[②] 关于社会—民主，有意妥协原则和联盟策略，参考 B. Manin, "Démocratie, pluralisme, libéralisme", in A. Bergounioux et B. Manin, *Le Régime social-démocratie*, Paris, P.U.F., 1989, pp. 23–55。

> **代议制政府的原则**

者政敌，让他们也参与到公共意志的构建过程中去，执政党领袖需要单独决定政纲执行的程度：他们需要有能力不执行竞选政纲许诺的所有措施。

从这里可以看到为什么尽管政纲非常重要，政党民主并没有在事实上（不是法律上）废除代议制政府固有的统治者相对于被统治者的独立性①。在这个意义上，政党民主并不是人民自治政府的一种媒介形式。在最初的议会制下，议员个人自由做出政治判断和决策。这种个体性代表自由当然是被取消了，但可以这样说，统治者的自主性转移到了代议系统内部，它成了由议员组织的集团及其领袖的特权。另外，它的形式发生了变化：它不再意味着统治者在自我判断基础之上的纯粹的简单的行动自由，而是意味着对事先制订的施政计划的执行程度以及执行该计划中的哪些内容的自由。

这个事先界定的自由限度也存在于政党积极分子投票产生的决策与议员施政行为的关系之中。例如，一个引人注目的现象是，为了协调政党年度代表大会和院内党团间的关系，劳工党在1907年投票通过了以下提案："由决议产生的关于本党议员在下院活动的命令将视同为党代会意见，除非产生这些命令的时间和方式由院内党团会议和全国执行委员会决定。"按照哈迪的话（劳工党领袖之一）来说，这个决议授予议员和政党领导层关于"哪些问题将是**当务之急的**"②的决策权。鉴于政治行为在时间上的局限性，那些拥有裁决当务之急之决策权的政党及其领袖的自由裁量权是不容忽视的，但他们需要在一定的限度范围内自由行动，这个范围不是由他们自己所决定的。

---

① 凯尔森从来没有提及过妥协原则涉及政党相对于选民的自主性。这是因为他的妥协概念不够清晰。他尤其没有观察到妥协涉及竞选时意志表达和当选后执政行动之间的差距。

② 这两句话引自 S. Beer, in *British Modern Politics*, *op. cit*., p. 118. 强调格式是由笔者做出的。

第六章 代议制政府的变迁

公共舆论自由

政党组织竞争选举和公共舆论表达（示威、请愿、报纸）。因为有政党表达相互冲突的社会利益，任何与政见分异相关的意见表达就不存在了。民间协会、报刊机构总是与这个或那个政党相近。带有政党背景的报纸的存在具有一种特殊的重要性：消息最灵通的公民围绕着他们的生活半径散布意见，他们和为他们提供新闻信息的政党报刊也是相互熟悉的。他们的信息来源充满政治导向，他们也很少接触相反的观点。这有利于强化舆论的稳定性。由政党分异所形成的代表结构和所有社会领域的政见分异相互重合。因此，在选举表达和公共舆论之间就不存在实质上（或内容上）的差别，它们完完全全地相互吻合、相互重叠。奥斯特洛戈尔斯基指出当代大众政党的特点是成为"整体性协会"：当个体支持某个政党时，他"将他的全部交给了"这个党，也就是说，他接受采纳政党的所有立场，无论这个立场涉及什么领域[①]。卡尔·施密特在他分析魏玛共和国时将这种整体性逻辑描述到了极致："扩展到人类生活的所有领域，界线的取缔，不同领域诸如宗教、经济和文化领域相互中和，总之一句话，［……］部分公民的'总体性'过渡在很大程度上通过这些社会组织网络实现了。如此这般，可以肯定的是我们的国家不是总体性的，但那些社会政党组织具有总体性特征，他们成员的生活从最年少时就被规范着，每个人［……］都有一套'完整的文化生活规划'。"[②] 因为在每个阵营的内部，基层没有超越领袖控制的政治表达自由，人民不能在公共政治空间表达不同于议会意见的声音（政党领袖也左右议员的意见表达）。这一点严重区别于传统的议会制，好像与公共舆论独立于统治者的原则背道而驰。

---

① Cf. M. Ostrogorski, *La Démocratie et l'organisation des partis politiques*, op. cit., Vol. II, p. 621.

② C. Schmitt, *Der Hüter der Verfassung*, J. C. B. Mohr, Tübingen, 1931, pp. 83–84.

> **代议制政府的原则**

但这只不过是一种表面现象,尽管施密特的分析没有给出这种结论,但它有助于了解原因。每个阵营也许只有一种声音,组织外不能表达和组织声音不一样的内容,但多个阵营共存,没有哪个阵营占统治地位。不过,统治机构不再像议会制下那样是整个议会组织,而是多数派政党。我们进入"政党政府"时代。统治政党不能左右的,是敌对阵营的意见表达。在政党民主制下,公共舆论自由意味着反对声音的存在。和议会制相比,舆论独立在现实中发生转移。重新采用上文勾勒的空间画面,可以这么说,代表和公共舆论的横向偏差被多数派阵营和反对阵营的纵向偏差取代了。不同于统治者的声音是可以表达的,尽管,无论是在反对阵营还是在多数派阵营,个体成员不能表达和领袖精英不同的声音。

魏玛共和国详细说来并不构成一种可行的代议制政府类型。支持魏玛宪法的政治力量间没有能力及时达成妥协,这导致政体崩溃。但如果妥协得以达成,两个阵营几乎完全整合了各自阵营的声音,这能够产生一种稳定的代议制民主。战后的奥地利是再干脆不过的例子。

公共审议

议会全体会议不再是个展开商讨的地方。每个政党阵营内部都被一种严格的投票纪律所支配,议员所在政党和院内党团的立场一旦确定,议员个人不能因为议会里的集体讨论而改变意见。另外,关于不同问题的投票总是产生相同的政治分野。这使人推测议员每次并不是根据议会商讨过程中的实际论据交换情况进行投票,而是根据院外已经事先做出的决策进行投票。一般说来,每个阵营根据自己的立场对政府的态度是坚定的:多数派阵营自然而然支持政府,因为后者是由他产生的,少数派反对阵营则自然而然是反对政府的。

这种相对于初始议会制的变迁在 20 世纪初引发了为数众多的

分析和思考。一般认为，这意味着商讨政府时代的结束。实际上，商讨机会从议会全体会议转移到了其他地方。政党的立场一旦确定，议员确实不能改变意见，而这个立场一般是在议院外决定的。但在议会辩论之前政党领导圈子进行意见交换的过程中（议员一般属于这个圈子），参与者在他人论据影响之下能够改变主意。因此真实的商讨在每个阵营内部是有可能发生的。社会—民主党的历史确实证明，在议会展开辩论之前，政党领导层和院内党团内部存在着激烈的讨论，在商讨过程中政党立场发生变化。这种讨论也许不会使不同阵营相互对立，但反对阵营的领导层也有可能展开真实的商讨，并且这种商讨事实上也发生了。反对阵营里的商讨是为了确定一个最终决策，即少数派在采取抵制行动的同时，将在多大程度上执行多数派阵营的意志。妥协所能达成的精确点事实上不是事先确定的。如果是联盟执政，正如经常出现的情况，在政府组成时会有一场关键性的商讨，此时各个阵营的立场也不是事先就确定不能变化的。

最后，正如经常所观察到的，在大部分社会—民主国家，都建立了有组织性的利益商讨机构（尤其是劳资双方）。这些机构获得了准公共性身份并被纳入政治决策过程，尤其是在经济政策领域：也就是英美政治学所称的"新法团主义"。① 这些机构，起初的目的是为了不同利益立场间能够达成妥协，它们自身也构成协商机构（妥协条款在协商前没有确定，是在协商过程中形成的）。政党民主的分析者经常低估了这些不同类型的商讨的重要性，因为他们认为在这种代表形态下，不同阵营的代表（政党议员或工会领袖）受事先确立的计划的严格左右（在这种情况下，确实，任何立场的变化

---

① 如果看不到新法团主义是建立在对利益冲突的认可而不是像传统法团主义是建立在它们之间的相互补充关系之上，这个称谓会导致误解，在其他文献里笔者说明了具体的原因。Cf. B. Manin, B. Manin, "Démocratie, pluralisme, libéralisme", in A. Bergounioux et B. Manin, *Le Régime social-démocratie*, *op. cit.*, pp. 51–55.

都是不可能的,因此任何协商讨论也是不可能存在的了)。但事实上,正是这一点使政党民主得以稳定运作,它并不是建立在僵硬地执行政纲计划的基础之上的。

三 公众民主

执政者选举

一个重要的变化近几年来反复出现在关于选举结果的分析研究中。在 70 年代,大部分关于选举的研究还能够下结论说选举行为可以基本上在公民的社会、经济和文化特征那里找到解释。但众多研究指出今天的情况已不再如此。不同选举的投票结果大为不同,而同期选民的社会、经济和文化特征则基本保持不变[①]。

选举的个人化

候选人的个性特征成为这种变化的核心要素之一。在这届选举与那届选举之间,选民根据可供选择的候选人的个性特征而做出不同的投票。选民越来越将选票投给某个人,而不是投给某个政党或者政纲。这种现象和过去所认为的代议制民主下选民的正常行为比较起来意味着一种巨变。它因此制造一种代议制危机印象。实际上,如我们所看到的,政党标签对决定选票去向的主导性作用仅仅是某种特殊代表类型——政党民主的特征。我们也可以看到代议制

---

① 最早阐明选举供给单相关术语重要性的作者很可能是 V. O. Key;尤其参考他的著作 *Public Opinion and American Democracy*, A. A. Knopf, New York, 1963, 以及 *The Responsible Electorate*, Harvard University Press, Cambridge, Mass, 这个观点在 70 年代被众多的美国研究再次提及并得到确认和进一步的推进。在最有影响的著作 N. H. Nie, S. Verba, J. R. Petrocik, *The Changing American Voter*, Harvard University Press, Cambridge, Mass., 1976。近期一些法国研究也强调了"选举供给"的决定性作用;Cf. A Lancelot, "L'orientation du comportement politique", in J. Leca et M. Grawitz, (dir.), *Traité de science politique*, Vol. III, Paris, 1985; D. Gaxie (dir.), *Explication du vote*, Presses de la F. N. S. P., Paris, 1985 (Troisième partie: "Vote et configuration des marchés politiques")。

今天的变化和初期的议会制的某个特征有近似之处，即代议关系的个人化特征。

尽管代表个性化的重要性在议员和选区选民的关系中表现得越来越明显，不过，这一点尤其体现在国家层面，体现在行政权力和全体选民的关系中①。几十年来，分析者发现在所有的西方国家出现了权力"个人化"的趋势。在那些行政首脑由普选直接产生的国家，总统选举逐渐成为主要的选举活动，并且影响建构政治生活的方方面面。在行政首脑是议会多数党领袖的国家，立法选举是围绕着他本人组织进行的。政党继续扮演核心角色，因为能够通过关系网络和影响力网络动员一个有组织性的机构，他们筹集竞选资金和自愿者人工的能力在竞选活动中仍然是具有决定意义的王牌。但政党逐渐成为为某个领袖服务的工具。和传统议会制下的情况不同，政府首脑，而不是议员，此时成为绝佳的代表。而代表与选民的关系再次主要呈现出个人性特征。

代议关系的这个新特征可能主要源于两个因由，尽管它们相互独立，但产生了类似的结果影响。首先是沟通技术扮演了一个核心角色：电台和电视逐渐成为主要的沟通工具，为选民直接敏感地观察候选人和议员提供了便利。候选人能够再次不通过政治积极分子组织而被大众所熟知。政党积极分子和政党官僚的时代过时了。在某种意义上，电视再次实现代表—选民面对面，这是代议制政府初始形态下代表与选民关系的核心特征。但电视和大众传媒对参选人的优点和才华进行过滤：成功当选的不是地方名流，而是那些比其他人更精通沟通技巧的人，我们称之为"媒体明星"。我们今天所见证的并不是代议制政府的危机，而仅仅是所选择的精英类型的变化。选举的目的在于挑选那些拥有别人不具备的卓越特征的个体，

---

① 关于参选人的个性化特征在国会选举中的角色，见 B. Cair, J. Ferejohn, M. Fiorina, *The Personal Vote. Constituency Service and Electoral Independence*, Harvard University Press, Cambridge, 1987。

▶▶ 代议制政府的原则

选举仍然保留了它一直以来就具有的精英特征。但新型精英即沟通专家取代了政党积极分子和政党官僚。公众民主是"沟通专家"统治。

另一方面，候选人个性角色日益取缔竞选政纲，这是对政府施政活动新形势的一种回应。最近一个世纪，统治者的工作范围大为扩展：政府不仅仅管理社会生活中的总体事务，它还通过特殊的和短暂的决策对一系列的领域进行干预（尤其是经济领域）。一个政纲——除非是无比宏大、难以辨识，但这样对选民动员就毫无作用——不能包揽候选人所要采取的所有特殊性措施内容。但尤其是，不同国家在经济问题上越来越相互依赖，二战以来则尤其突出。这意味着决策者的范围越来越大，这是每个政府都面临的新环境。这个环境自然也变得越来越难以预测。在自荐成为统治者的同时，政客们知道他们将面临很多的不可预知，他们因此不会事先承诺一个详细的施政计划而自缚双手。

当代政府活动的性质及其活动展开背景越来越需要行使一种过去称之为"特权"的权力。我们知道，洛克将特权定义为法律缺席时的决策权。在《政府论》第二篇，洛克说此种权力之所以必要，是因为统治者在某些情况下需要做出一些特殊决策以应对意外事故。对于洛克，法律的规定是笼统的，且形成于执行之前。为了应对特殊和意外情形，有必要除了执法权力（确切地说是行政权力），在政府内部再成立一个法律缺位时有权决策的机构①。这里的当代政府特权并不是相对于法律，而是相对于竞选政纲而言的。但它的正式结构和洛克眼中的特权是近似的：它涉及一种不能事先陈述的一般行动规则之外的决策权。但如果必须向统治者赋予某种形式的自由裁量权，那么根据判断他们是否有采取恰当决策的能力而不是

---

① 洛克写道，"很多事情是法律无论如何不能事先处理的，它们有必要由掌握执行权的机构来自由裁决，行政机构根据公共财产和利益要求来做出裁决"，in J. Locke, *Second Treatise of Government*, chap. XIV, 159；也请参考第 14 章的全部内容。

根据已经形成的决策承诺来选择统治者，也就是合情合理的事情了。从选民的角度看，候选人释放出的个人信任度比对候选人的未来个人行动评估是更为恰当的选择标准。信任概念，在现代代议制政府建立之初时是如此重要，再次在公众民主政府体制下占据核心地位[①]。

针对大选期间的承诺，今天的选民需要赋予统治者一定的自由裁量权。实际上，强制委任制度始终被禁止，代议制政府下这个情况一直未变。当下的情形只不过是使代议制的这个恒定特征更为明显。但拥有部分自由裁量权的权力并不意味着是不负责的权力。如果执政者做出的决策不能让大部分人满意，当代选民拥有在任期结束后抛弃执政者的权力。详细政纲时代也许过时了，但施政效果的评估时代也许开启了。无论如何，正如自代议制政府创立以来的情形，评判统治者过去的施政行为仍旧是可能的。

选举供给的总体性角色

在选民社会、经济和文化特征之外，选举研究所强调的影响投票的诸多因素中，候选人的个性特征只是其中之一。我们注意到选举行为根据参选人名单结构发生变化（例如，只有两个竞选阵营，卸任执政党和反对党；或者相反，选民在每个阵营内部还有好几个党派可供选择）。同样，选民根据自己对体制在每次选举中的提供和安排的认知而做出不同的投票行为：根据是地方选举还是全国选举、总统选举还是立法选举、全体还是部分立法选举等的变化，选民的选票去向也随之发生变化。最后，好像选民的投票行为也随着大选期间的突出问题或者议题而变化。大选期间的核心议题使不同选举结果迥然不同，就算选举间隔时间很短的情况也不例外。选民

[①] 关于信任概念和它从洛克时代到今天在政治活动中的重要性，见 J. Dunn, *Interpreting Political Responsibility*, Polity Press, 1991（尤其参考论文"Trust and political agency"）。

▶▶ 代议制政府的原则

并不是在表达他们的社会或文化身份认同，而是好像在就政客提供的政治选项作答。今天政治偏好的形成似乎区别于政党民主时的情形。回应性投票维度更为突出①。

参加竞选总是涉及提出选民赞成或反对的政策。实际上，一方面，选举是在裁决和区分支持和反对候选人的选民。另一方面，当个人有了政敌并且了解到自己和对方的不同之处时，他能更好地实现动员和政治结盟。候选人需要进行自我定位并确定政敌。他并不仅仅是展示他自己，他也展示一种"不同"。他实际上提供一个政治分水岭。在所有的选举中，政治人物需要树立不同之处以裁定和区分他的支持者和反对者。在这个问题上，公民大众在大选期之外所形成的社会分异构成竞选者的核心政治资源。

在社会、经济和文化分异优先与其他分异现象且明显是主要结构分异的社会，政治人物事先知道并且相对确定他们最好以此为依据来动员和区分选民。从这一点出发，他们提出能够反映选民分异的施政纲领。政纲选择因此只是之前已经存在的选民分异的反映。但这是政党民主下的情况。在不少西方社会，今天的情况已经不同。任何社会、经济和文化分异都不比其他分异现象更为重要，也并不构成大选前显著的主要的选民分异。公民也许并不是一个同质的大众群体，任何竞选政纲都可以将其做出随意划分。但大选前就存在的选民分异是各种各样的，且并不相互重叠。另外，这些分异变化很快。从此，选民对多个政治党派持观望态度，这就包含了选

---

① 例如，在 *The Changing American Voter* 一书中，可以读到下面的句子："公众对向他提供的政治选项做出**回应**。选民的政治行为并不是仅仅由心理和社会因素决定，也受当时的社会问题和候选人介绍社会问题的方式所影响"，或者："我们的重要结论之一是美国公众对政治问题是**回应性的**"（N. H. Nie, S. Verba, J. R. Petrocik, *The Changing American Voter*, op. cit., pp. 319, 349；强调格式是笔者做出的）。至于 A. Lancelot，则写道，选民的选举行为"和其他政治行为比较起来并不是完全自主性的和表达性的。这是一种**被请求性**行为，被政治系统工具化了，可以将其视作一种受限制的行为"[A. Lancelot, "L'orientation du comportement politique", in J. Leca et M. Grawitz, (dir.), *Traité de science politique*, Vol. III, op. cit., p. 412，强调格式是由笔者做出的]。

民分异的多种可能性。选举供给可能会变现（或激活）其中的任何一种。因此提供政治承诺的党派（卸任党派及其反对党）在选择他们需要动员的选民群体和提供承诺以激活这个分化阵营问题上具有相对自主性。但他们事先不知道，在这些潜在的选民分化群体中，哪个群体是他们应该动员的。

在这种情形下，政治选择项的提供主动权由政治人物掌握，而不是选民。这解释了为什么在今天，投票主要是一种选民的回应性行为。实际上，在所有的代议制政府形态下，选票在部分程度上是选民对政治人物为其提供的政治选项的回应。但无论其形式是如何的不同，当这些选项本身就是先于政治人物的行动而存在的社会现实产物或反映时，正如议会制和政党民主下的情形，选民是选举期间其作答选项的主要和近乎排他性的来源。当一种行为在其做出者那里找到主要解释，我们一般将其视作行为者的意见表达，此时选民的回应性特征位居第二，并逐渐消失让位于其表达性特征。相反，当投票行为在很大程度上在相对独立于选民以外的因素那里找到解释，它当然仍然是一种意见表达，因为选民是按照他们自身特征而做出的反应，但其回应性维度变得更为重要也更为明显。选民此时主要是对公共舞台上向他们展示和提供的政治选项做出回应的公众。这是为什么这种形式的代表制此时被称为公众民主。

不过，选举供给自主性仅仅是相对的。政治人物并不能完全自由地发明及提议产生选民分异或支持的原则。他们的自主性实际上存在着双重限度。首先，我们看到，选民中不同的社会、经济和文化分异先于选举而存在，不是任何选民分化都是可能的。政治人物都拥有多种选择的可能性，但可能性范围不是无限的。另外，在这些限度的内部，选举供给自主性并不意味着政治人物可以完全自主地选择分异群体，并将其最终变现为可动员力量。每个政治人物实际上知道，在所有可能性不同选民支持群体中，对他而言不是所有的群体都具有相同的用处和价值：如果一个对他基本无效、基本不利的选民群体占主导地位，他将败选，甚至被踢出公共政治生活。政治人物首先提出这个而不是那个政治分异原则，接下来选举对这种以自主的方式提出的创议做出裁决。政治人物的自主权在根本上是不确定的：他们事先并不知道哪些分异原则最有效、最有利。但选举裁决的存在使每个政治人物都有必要去发现对他而言最有效、最有利的选民支持群体。

在政党民主下，主要选民分异不是由竞选者所决定的，这意味着他们面对选民分异几乎没有任何的自主性，他们也不需要去寻求能够动员的其他社会群体。相反，在公众民主下，候选人的自主性增加了，但他们需要不断地寻求他们能够依赖的不同选民群体。在候选人需要发掘最有效的分异群体的条件下，他们被迫提供符合选民期待的分异原则。这个过程因此有利于在选举选择项和选民期待之间产生趋同。在政党民主下，相反，两者之间可以有一种即时重叠，因为政治人物事先能够合理确切地知道选民间的根本性分异。因此此时和政党民主下的情况不同，公众民主下公共政治和公众之间的调和不是自发的、瞬间的，它是一系列工作和过程的结果。它只能在摸索、试验和错误的过程中建立：候选人主动提出分异原则，或在选举过程中，或者通过无风险的民意调查，公众接下来对这个分异原则做出回应，政治人物再接着根据公众的回应对其初始建议做出修正或者保留。候选人在选择尝试这种或那种分异原则问题上是自由的，但这种自由度是相对的或者说是有限的，因为它将经历现实考验裁决。

此外需要指出的是，相对于社会和文化分异，选举供给的相对自主性一点也不意味着这是自觉的有意识的计划产物。每个候选人提出他自己认为能够赢得对他最有效、最有利的议题或者政治承诺。但最终呈现给选民的供给以及它所激活的选民分异是所有所提供的政治选项间相互影响、相互对照的结果。因此最终的选举供给结构不是一种意志产物，它是多元行动的无意结果。

第六章 代议制政府的变迁

正如选举供给概念的使用，今天在政治学领域是个常见词汇，是关于当下经历的选举行为变迁的相关分析所采用的一个经济学借喻。所有借喻，就含义而言，部分程度上并不符合它的适用对象。借喻导致一些特殊困境，或者具体说来，在核心问题上引发误解。

市场确实是通过供求关系来定义的。然而，如果将政治人物比作是一种特殊类型的企业家——相互竞争以赢取选票和寻求利益最大化（物质满足与权力象征）——是经不起推敲的一种方法，将选民比作是市场需求方则大为不妥。政治需求方概念引发一种默示假定，即选民在政治问题上拥有确定性的独立于政治供给的偏好或效用函数。经济学理论假定市场上的消费者知道自己的效用函数，后者不受市场上供给的商品组合的影响。但这个假定在政治领域是得不到支撑的。当公民被呼吁投票，也就是说当他进入可以被称之为政治市场中时，如果这个借喻站得住脚的话，在很多时候他并没有事先已经形成的如经济学理论所假定的市场上的消费者所拥有的偏好或者效用函数。他的偏好和效用函数形成于提供给他的政治供给选项间的相互对照过程并受后者影响①。在现实政治秩序里，不存在独立与供给的需求。

熊皮特是最早使用经济学术语来描述民主运作的学者之一，他承认在政治领域不存在独立于供给的需求。他反复强调指出，在"国家事务和国际事务领域"，也就是说主要涉及政治事务的领域，假定公民个体的意志具有确定性且独立于政治人物的承诺是完全站不住脚的。在一些激进的表述中，熊皮特甚至否认选民关于公共事务的任何个人意志的存在。他论证说，一旦远离"家庭和职业等私人事务"而进入公共事务，公民的现实精神就变弱了，他们的政治意见"通常不构成我们所说的意志，也就是说伴有明确目的、指向

---

① 笔者在其他地方对这个观点做了更具体的论证，Cf. B. Manin " Volonté générale ou délibération: esquisse d'une théorie de la délibération politique ", in *Le Débat*, 33, janvier 1985。

责任行为的一种心理活动"。① 不过尤其是，在一条没有那么极端分析相对透彻的注释里，熊皮特做结论说选民通过自己不能形成政治意志：所谓之的他们的意志并不独立于政治人物的行为。他写道："我们在分析政治过程中所观察到的意志在很大程度上是**被制造**出来的而不是**自发**形成的。"②

如果在政治领域不存在独立于供给的需求，市场借喻就变得尤其成问题了，它遮蔽了政治领域里的一个根本性特征。严格说来，如果它的相对物从经济学理论所赋予该概念的含义判断不是一种需求，提供政治选项的行为本身就不能被视作一种市场供给。关于政治选择和市场选择的近似之处，实际上唯一真正有道理的是可供选择项的始创权掌握在供给者手中，他们相对独立于最终选择者且具有多元性。尽管存在着缺陷，用选举和公众借喻来描述现实和分析我们今天所看到的正在形成的新的选举过程模式还是显得恰当的。选举和公众借喻仅仅说明了选择项提供和做出选择两者之间的外在性和相对独立性。至少这里它被赋予的意义是这样的。

因此可以观察到一种新型的代表制形成了。代表是首先主动提出分异原则的行动者。他寻求挖掘选民分异并将其中部分呈现在公共舞台上。他呈现这样那样的社会分异并使公众意识了然于众：他在此时代表他使之呈现的不明显的社会分异。代表在这里并不是代言人。鉴于投票选择的个人化，他一方面是个受托人，另一方面他也是个相对自主的寻求和呈现社会分异的行动者。

执政者自主权的尺度

关于选举的研究意见一致认为，今天统治者是根据被称之为"形象"的东西而当选的，包括候选人的个人形象和他所属的运动

---

① J. Schumpeter, *Capitalisme, socialisme et démocratie*, Paris, Payot, 1983, p. 344.
② J. Schumpeter, *Capitalisme, socialisme et démocratie*, op. cit., p. 347. 强调格式是由笔者做出的。

或政党的形象（权力的个人化并没有使党派参考纯粹简单地消失）。但形象一词可能会引起混淆。它经常出现在新闻词汇中，用来指代区别于客观物质现实的事物。例如我们常常对根据形象投票和根据具体详细的竞选政纲投票做比较，进而常常不无遗憾地表示今天第一种情况越来越比第二种情况重要。正是这种将印象看作是简单外表且和物质现实相反的观念，助长了对"政治表演"的相关抨击。实际上，民调显示选民关于候选人和政党的形象并非缺乏政治内容。确实，仅举一例，1981年法国选民在将社会党推上执政地位的时候，他们并非坚定地支持后者所提出的具体的经济政策（国有化和刺激内需）。选民并不是将选票投给了一个已经确定的经济纲领。但可以指出的是社会党的当选归因于其代表性尽管相对模糊，但也不乏部分实际内容：危机是上任政府有限管理的结果，经济复苏和就业增加是可能的[①]。印象构成简化版概括性政治代表。

  尤其需要指出的是，如果使用司法语言，竞选活动被称之为一种矛盾程序。在这个过程中多种信息和形象相互冲突。每个形象单独来看几乎都可被任意解读。候选人的形象可和任何目标、价值相关联。但具体错误在于孤立地看待这些形象，因为它们不是以如此方式呈现给选民的。选民所看到的是多个相互竞争或者相互冲突的形象。就算每个形象的象征相对朦胧模糊，这个象征并非完全具有不确定性，因为选举活动创造了一种区分系统。如果某候选人或某政党所展示的形象可以和多种事物产生联系，但至少有些东西它是不能代表的：其他候选人的形象。选举期间所发出的符号可以和索绪尔（Sausure）所描述的语言相比较：所有形象共存于区分系统，每个形象的含义是这个系统的产物。

  这些代表尽管是笼统性的，但不是毫无意义，他们的重要性表

[①] Cf. E. Cohen, "Les socialistes et l'économie: de l'âge des mythes au déminage", in G. Grunberg et E. Dupoirier, *La Drôle de défaite de la gauche*, Paris, P.U.F., 1986, pp. 78–80.

现在两个方面。一方面，相当程度的选民不具备充分的文化水平来分析提供给他们的技术性措施细节，也不能分辨为这些措施辩护的理由是否合理。另一方面，简化版代表的使用对于即使文化水平较高的选民来说，也是一种减少信息成本的办法。实际上，政治信息对于选民而言是一种昂贵的财产。为了获得关于彼时政治问题的详细信息，从而根据他们的偏好投票给这个或那个施政建议，选民需要花费大量的时间来查找这些信息。然而，对于每个选民而言，信息成本和他个人投票所期待产生的结果是不成比例的。在几百万选民中，每个人都知道他们的选票的作用是微乎其微的。每个人都凭直觉模糊地看到对问题充分知情下所做投票的成本和其期待效用之间的差异。这正是那些大国人民政府运作过程中所遇到的重要问题之一。这个问题很早就被认识到了，它一点也没丧失时效性。形象，作为简化版代表，在某种程度上为选民在寻求昂贵信息的过程中提供了一道捷径。

但如果说执政者的当选依据——代表——具有概括性特征，那也就是说他们对选民的承诺也具有这个特征。相对模糊的承诺容易产生多种含义解读。执政者因此在执行其承诺的时候就具有一定程度的自主性。在公众民主下，经由法律保障的执政者的相对自主权，在实践中也遇到这样一个事实，即选举承诺通过相对模糊的形象来表达呈现。

公共舆论自由

一个具有决定性意义的事实是，在公众民主下，公共政治舆论的表达渠道和进行权力竞争的政党比较起来相对中立。这当然不是说这些信息渠道在反映现实时不会歪曲现实。他们也会导出失真信息和立场。他们也有政治偏好，但他们和那些整合选举投票的机构没有组织上的关系。经济和技术原因导致政党报刊和舆论报刊的衰落，政党一般不再拥有强大发行量的报纸。另一方面，电台和电视是建立在无党派立场的基础之上的，在这个问题上它们的身份从其出现以来就没有发生过变化。媒体面对政治分异的相对中立性的结果是，无论选民支持哪个政党，他们在表达政治意见时所汲取的信息来源是一样的。针对相同的政治问题，选民的意见可能有所区别，但简要说来，一个新的现象是，他们从今以后对基本上同样的问题表达意见或者说这些问题以一致的方式展现给所有人。对问题本身的感知也变得独立于选民的政治倾向：无论他们支持哪个政党，关于同一个问题，选民接收到的信息大致相同，因为他们再也不能根据自己的政治偏好选择信息来源。这并不意味着对问题的感知是客观的，没有任何来自信息源方面的歪曲，只不过是所有人对问题的感知相对一致。相反，当报纸基本控制在政党手中时（如政党民主下的情形），选民根据自己的政治归属选择信息来源，政党如何描述问题，他们对问题的感知就是如何。

例如，水门事件和德雷福斯事件的比较显示——两个事件中公共舆论都扮演了核心角色——美国人对事实的感知大体一致，无论他们的政治身份认同和他们最终对事件的价值判断如何。相反，在德雷福斯事件中，好像对事件的认知依据舆论阵营的不同而有所区别：法国人通过认为舆论倾向和自己立场相近的报刊机构来认知事件。① 再举一个例子，在 1986 年法国立法选举的过程中，一个突出的现象是选民眼中政党形象的同质化。好像无论其自身的政治偏好如何，选民对每个政党所捍卫的理念和他们对不同问题的立场的感知都一样。选民对这些政党的评价和判断当然是有区别的，但他们对被评论问题的感知在所有人那里基本一致，无论他们从属于哪种舆论倾向。②

---

① Cf. G. E. Lang et K. Lang, *The Battle for Public Opinion. The President, the Press and the Polls during Watergate*, Colombia University Press, New York, 1983, pp. 289–291.

② Cf. G. Grunberg, F. Haegel, B. Roy, "La bataille pour la crédibilité: partis et opinion", in G. Grunberg et E. Dupoirier, *La Drôle de défaite de la gauche*, op. cit., pp. 125–127.

> **代议制政府的原则**

　　如此一来，关于公共问题的观察（区别于对公共问题已有的观察和评价），今天不再像政党民主时的情况，它显得更为同质，也更加不受政治倾向的影响。对某个特定问题，选民的意见可能是有差异的（例如有的持支持意见，有的持反对意见）。针对所涉及问题会形成意见分异（意见一般是指关于某个问题的评价），但这种分异并不一定导致习惯性投票给这个政党或那个政党的选民间的党派分异。这种分异根据选民对某个问题的偏好而形成，而不是根据其党派政治偏好形成的。关于不同问题的公共舆论分异有可能和投票时的选民政治分水岭不一致。此时我们发现一种可能性，它在政党民主下几乎完全消失，即针对特定时间的不同问题，选票和公共舆论之间是相互脱钩的。

　　这种脱节在很大程度上是因为公共舆论形成渠道的相对中立性（如上文所定义）。但它也来源于公共舆论的表达渠道。示威和请愿除外，尽管它们仍然扮演重要的角色，一种新型的公共舆论表达形式开始占据核心位置，即民意调查。

　　民调根据代议制政府的正式结构展开，它被视作代议制政府新形态的典型特征，即场景与公众、创议与回应。设计调查问题给公民的人事先不知道哪个问题会带来最具有说明意义的结果。因此他以相对自主的方式主动设计这一系列而不是那一系列问题。我们已经指出，民意调查过程中人民意见的表达不是一种自发的本能行为。但这里存在着某种形式的制裁措施。如果问卷调查结果不明确、不明朗，或者如果调查结果没有有效预测顾客想要了解的公民行为，调查机构有必要修改调查问卷。如果调查机构间存在着充分的竞争，没有意义或者预测能力低的产品会导致顾客更换调查机构，他们自己也会开展反复实验和试错调查。

　　但尤其是，民意调查由独立于政党的机构组织。调查机构和媒体一样是政治相对中立的表达渠道。这当然并不意味着民意调查就不会失真，不具有任何政治偏好。但他们和整合投票的机构没有组织联系，他们的行为受不同的逻辑支配。政党需要使他们所代表的社会分异变成主要的社会分异，而它无所不在寻找艰难；而调查机构却可以毫无障碍地呈现有别于政党提出的政治分异。这些机构根据商业约束而展开行动，有异于选举竞争中的条件约束。民意调查也会促使投票和民意表达脱钩。另外，我们可以发现，和政党民主不同，公共舆论表达的组织者发生了变化，从前一般是由政党积极分子和政党领袖呼吁示威或者请愿。现在是由社会科学界或者是在商业公司工作的人来请求意见表达。

不过，如果说公共舆论表达渠道相对独立于政见分异，具有中立性，舆论和投票存在着脱节现象，这和议会制下的情况类似，民意调查赋予了公共舆论一些独有的特征。一方面，它降低了个人进行政治表达的成本。参加示威需要大量的精力和时间成本；请愿有时具有潜在风险。相反，回答调查者的问题的成本极低，匿名方法的使用也规避了所有的风险。和议会制下的情况不同，示威成本高，请愿是一种非制度化意见表达，一般是个人动机高的人才会采用，民意调查使那些参与积极性不高甚至政治冷漠的公民也能发表声音。另一方面，民意调查有利于绝对和平意见的表达，而示威总是伴随着暴力冲突的风险，尤其是当意见强烈对立时。因此，得益于民意调查，人民不通过代表的意见表达和议会制下的情形比较起来更为频繁了。它不仅仅在特殊的情形、威胁到公共秩序的情形下进行表达，它的表达也变得日常化了。代议制以外的声音表达成为一种常态，也变得和平了许多。

公共审议

除了美国国会这个显著例外，协商性讨论一般不在被投票纪律严格控制的议会展开。每个政党围绕着一个领袖（参见：投票的个人化）形成议会党团会议，政党的议会党团统一投票；他们的投票受对党魁忠诚度的影响。但从总体上而言统治者会见并咨询利益团

▶▶ 代议制政府的原则

体、民间组织和运动的意见。事先没有严格确定立场的协商性讨论在这些非正式性会面场合展开。

不过，近几十年来出现了一种新的现象，即选民群体的易变性或者说不稳定性。所有的研究都强调今天易变选民数量在显著增长，他们不再根据代代相传的政治偏好身份投票，而是根据每次选举期间的核心问题和主要议题而投票①。更为具体说来，这个新现象和选民特征相关。实际上，易变选民总是存在的，但从前主要涉及的是信息不灵通、对政治不感兴趣并且经常是文化程度不高的公民。今天不断增加的易变选民却是信息灵通、对政治很感兴趣且具有一定文化程度的公民。信息渠道的中立在这里毫无疑问扮演了一个决定性的角色：它增加了知情公民接触不同观点的概率。想获取信息的公民不再通过政党渠道获取信息，该信息获取方法受一经选择便不改变的政治立场的不断强化，他们拥有自己中立性的信息来源，这些信息渠道为了保持中立，在某种程度上不得不呈现不同的观点，当然，如果它们存在的话。

不过，知情与易变选民的存在激励政客向选民直接介绍他们的主张，因为后者会因为他们向其展示的信息和理由而改变投票。对一项政策的赞成或反对可以直接在选民群体中形成。特定问题的讨论因此就不局限于议会（如议会制下的情形），也不局限于政党与有组织性利益集团间的协商委员会（如政党民主下的情形），它在公众眼皮下展开。如此，今天代议制政府所呈现的形式特征是公共协商过程中出现了一个新的角色，即易变和知情选民，以及一个新的协商平台，即媒体。

如果我们注意到代议制政府是被作为民主体制即人民自我统治

---

① 关于"选民的多变性"的相关文献浩如烟海。几乎近十五年来所有发表的选举研究都指出了这一现象。G. Grunberg 关于这个主题的一篇法语文章总结了相关问题："L'instabilité du comportement électoral", in D. Gaxie (dir.), *Explication du vote*, Paris, Presse de la F. N. S. P., 1985。

的明显对立物而建立起来的,并且它的核心制度机构自建立以后就保持不变,那么,今天所宣称的代议制危机就应另当别论了。今天主导政治舞台的人(他们的影响或许会加强)也许确实并不是社会及其阶层构成的反映。政治与传播领域的人由一些具有区别性特征的精英构成,这些特征是社会上其他人所不具备的,并且在特定背景下这些特征得到了正面评价。这个有利评价并不来源于选民群体有意识的自觉的判断。不过,主导议会民主和政党民主的显贵和政党官僚的杰出特征也并不来自同胞公民自己有意识的认定。社会与经济背景是一方面,组织性局限是另一方面,但两者都至少部分程度上造就了他们的优越性。代议制政府始终保持自其建立之日时的特征:这是一个在社会地位、生活方式和文化方面都区别于人民大众的精英政府。今天我们所看到的情形不过是一种新精英类型的崛起和传统精英的相对衰落。

不过代表制危机印象更是来自代议制政府不同形态下精英的比较。当政治积极分子和政党官僚取代地方显贵时,我们觉得历史在朝着政府精英和被统治者关系逐步拉近的方向演进。米歇尔的分析可能指出了大众政党由区别于基层的精英主导,但认为政党官僚和普通公民的距离没有显贵和人民之间的距离那么大显然不是没有道理。并且,就算政党领袖和普通党员及选民在生活方式上确实存在着差距,大众政党还是成功地在基层和高层之间建立起了一种身份认同关系。事实是社会—民主政党领袖得到工人的认可并且被看作是"他们中"的一分子。实际上政党官僚对地方显贵的取代在统治者和被统治者之间身份认同问题上是一种真实的、可感知的进步。今天我们再不能有同样的感知了。精英和公民大众的社会和文化差距很难测量,但没有任何道理认为政治—媒体精英和选民的关系比政党官僚和选民的关系更亲近。也没有任何信号说明这些精英能够激起公众的身份认同情感。并不是一种类型的精英取代另一种类型的精英就能引起代议制危机感,而是被统治者和统治者精英之间的

▶▶ 代议制政府的原则

差距始终存在并且在不断扩大而引起的危机感。目前的演变揭露了代议关系中被统治者和统治者的身份认同关系在不断改进的信念是错误的。

同样,政党民主下,通过投票给具有详细施政计划的政党,选民对未来公共政策的发言权和从前投票给他们信任的名流显贵下的情形比较是扩大了。政党民主对于选民而言扩大了基于政纲投票的可能性。今天的政治变化使人很难期待和预言这种可能性会继续发展。当今天的候选人基于个人形象而当选,且致力于说服选民他比其他候选人更能娴熟驾驭未来所要面临的困难时,选民对未来政策的发言权和政党民主时代比较是在削弱。在这个意义上,代议体制好像停止迈向人民自治政府。

今天这种强烈的代议制危机感来源于我们对历史发展方向的误解。代议制政府毫无疑问是民主化了,如果考虑到政府的基础在扩大,被代表者全体的声音在极大程度上得到倾听。这个演变没有发生反转,历史也证明了我们的判断是正确的。相反,代议关系的民主化、代表者与被代表者关系的拉近、被统治者所期待的对统治者的决策拥有更大影响力等问题并非如我们所愿,在持续推展。在这个意义上,我们是不是可以说,民主确实扩大化了,但它是在朝纵深方向发展吗?最好不要轻易下结论。

不过,需要再次指出的是,在代表制最初的制度设计中,统治者与被统治者关系的民主维度既不是指两者间的近似性,也不是指前者执行后者的命令指示。代议制度旨在使统治者受到被统治者的监督。从最开始,是问责机制而不是其他别的东西构成代表关系之民主元素的基本内容。无论是在今天还是在过去,代表制都包含这一主权时刻,即人民对统治者过往行为的裁判。

这也不是说,代议制政府在其整个历史发展过程中保持原样,但其所经历的变化都是表层性质的。在某种程度上,政党民主和议会民主区别很大。由英国贵族、美国的种植园主和法国制宪派所发明的代议制度在一个世纪之后变成一个整合工人阶级、调和阶级冲突的机制。创制之父们绝对想不到这样一个结果，代议制在任何情况下都不是为了达成这样的目的而被建立的。18世纪所创造的这个体制表现出极大的灵活性。它有一种最初始料未及的能力，即随着情景的变化呈现出不同的形式。无论是其不同的表现形式，还是其永久不变的原则，都不单独构成代议制政府的真相。同样，代议制政府同时呈现出民主和不民主的特征，其中任何一个维度的特征都不比另一个维度的特征更为真实、更为核心，也同样，在历史上代议制政府可以呈现出极其不同的面貌，但各种面貌间又保持深深的一致。

四　摘要表

	议会制	政党民主	公众民主
执政者选举	·选择一个可信任的人 ·地方关系的表达 ·显贵名流	·忠诚于某一政党 ·阶级归属表达 ·活跃分子/政党官僚	·选择一个可信任的人 ·对选举供给做出回应 ·沟通专家
执政者的相对独立性	议员根据自己的意志投票	执政者自由地决定政纲中的优先项	选举以形象为基础
公共舆论自由	·公共舆论与选举表达脱节 ·院外抗议	·公共舆论与选举表达重合 ·政治反对自由	·公共舆论与选举表达脱节 ·民意调查
公共审议	·议会	·政党内协商 ·政党间的谈判 ·新法团主义	·政府与利益集团的讨价还价 ·媒体/易变选民相互间的讨论

结　　语

　　正如本书篇首所言，代议制政府是一种让人称奇的制度现象。但因其属于我们习以为常的世界，惯性导致我们自认为对其相当了解。该制度在创始之初被明确视作民主的对立物，今天却被视作民主的表现形式之一。人民这个概念在今天所涉及的范围和18世纪相比要明显广泛得多：普选制度的建立在很大程度上扩大了公民的整体范围。但另一方面，从代议制政府建立的那天起，关于代表如何由公民选派产生、人民意志如何影响政府决策的制度安排则没有改变。历史是否在朝着统治者与被统治者的关系拉近、后者对前者的监督逐步提高的方向迈进？答案是不确定的。人们毫不犹豫地将当代代议政制视为代议制民主。相反地，建国之父们对代议制政府和彼时民治政府之间的巨大差异则有无比清醒的认识。悖论因此也就产生了：代表和选民的关系并没有发生明显的不容置疑的变化，这种关系现在被视作民主的，而它在建立之初却被视作民主的对立面。

　　通过观察，代议制度的初始构思意图与当代认知之间的差异，至少从其中一个方面讲，是由制度的性质本身所导致的。代议制政府同时具有民主和非民主的特征。这种两面性不仅仅是观察者们的感知，它也和制度的本质共存。代议体制在某种程度上将政府交还到了人民手中的观念并不是如那些致力于破解今天所谓之"民主"神话的理论家——从马克思到熊皮特——所声称的那样，是一种简单的假象、一种耐人寻味的秘密。代议制政府事实上具备某些民主特征。但其寡头特征也是不容置疑的。代议制政府之谜的答案在于它是一种制衡或者说平衡性体制。这里的形容词完全不是一种价值判断，它们是代议制政府的事实属性。代议制政府的制度安排是民主属性和非民主属性的组合。

强制委任与对许诺进行法律课责的缺席以及议员资格并不是随时可以撤销的事实使代表们在某种程度上独立于他们的选民。这种独立性使代议体制和人民间接统治区别开来。但相反地，言论自由和政治观点的自由表达阻止当选的议员完全取代选民成为政治活动中的唯一主体。不同的人民组织，甚至人民全体可以随时警告议员们的非人民身份，后者需要慎重地对待政府机构以外的人民的声音。因此公共舆论自由成为执政者自主权的一种人民制衡力量。

议员并不受当初对选民所做的许诺的约束。如果选民投票给某个议员，是因为他们希望看到后者承诺的政策主张能够付诸实施，但这不过是选民们的愿望。就这一点，现代议员选举并不像我们认为的那样，它和旧制度下三级会议中旨在表达人民意愿的代表的选举有很大的区别。但另一方面，因为议员需要参加再次选举，他们知道需要做述职报告，而此时空有夸夸其谈是不够的。现代议员知道人民对他们过去的行为做出评判的那天他们有可能落选。因此对他们而言，理性的做法是从当选的那刻起就尝试预测下次投票时人民的评判。在代议体制下，选民的选前意志只是一种愿望，但一旦他们对当选政府的施政措施不满意，他们的事后评判则有决定性意义。每次的重新选举，选民很可能是同时根据他们对未来的期望和对过去的评价来做决定的。此时民主和非民主元素错综复杂地出现在这个独特而又简单的行为过程中。

统治者通过普选的方式产生，与此同时被选举资格不受限制的民主和非民主特征则更为显著。如果我们将任何公民看作是潜在的公职候选人，选举表现出一种不公平不民主的程序，因为它和抽签相反，并没有赋予任何期望担任公职的公民以平等机会。选举甚至是一种贵族或者说寡头程序，因为它导致公职的分配局限于那些比其同胞更为优秀的杰出个体。民主是统治者和其他公民个体一样，在社会特征、生活方式及所关心事务等方面均近似于被统治者，而选举程序显然是通往这种民主理想的障碍。但如果我们不把公民视作潜在的统治者和他人的可能性选择对象，而是将其视作选择主体及公职的合法委托者，选举的性质此时就不一样了。此时选举呈现出它的民主性特征，因为所有的公民拥有选择统治者（以及将其打发走）的平等机会。选举当然导致精英当选，但由普通公民决定什么是精英及谁算是精英。在统治者由选举产生的制度安排里，民主维度和非民主维度并不是隐藏在不同的制度元素里，而是在现实中在同一制度元素中同时呈现，正如投票期间选民们对议员事先期待与事后评价的交织混合。因此，简言之，根据我们所采取的观察视角，选举制度具有两面性。

哲学家写道，在一个达到完美混合的混合宪政体制下，应该看到其民主和寡头制的两面性而不仅仅是其中一面。代议制政府的历史展现的是现代人的混合宪政体制。

后记　公众民主再思考*

距离此书的法语版与英语版的出版已经十五年了。尽管我对此书进行了修订，但它的主要内容并没有发生变化。对代议制政府的演变进行重新思考并不是毫无意义的。本书论及"公众民主"的那一章的第三部分分析了20世纪后期代议制民主的变迁。不过，2000年左右，为数众多的国家也都有关于该变迁的系统性比较研究的著作出版①。在参考这些近期著作的基础上，这里想就我最初对公众民主的分析进行与时俱进的修订和梳理。

党派忠诚的销蚀

最近几十年的巨变之一是政党。可以说政党的发展并非欣欣向荣。政党的衰落成为公共演说中的老生常谈，人们询问这对代

---

* 以下内容复述了本书德语、俄语和意大利语版后记的部分内容。我向 Richard Robert 表达诚挚的感谢，他翻译了这篇最初用英文写成的后记。

① 这里仅列举几项最有意义的研究，Voirnotamment：Hans-Dieter Klingeman, Dieter Fuchs (éd.), *Citizens and the State*, Oxford, Oxford University Press, 1995; Pippa Norris (éd.), *Critical Citizens. Global Support for Democratic Governance*, Oxford, Oxford University Press, 1999; Susan Pharr, Robert Putmam (éd.), *Disaffected Democracies. What's Troubling the Trilateral Countries*, Princeton (NJ), Princeton University Press, 2000; Pippa Norris, *Democratic Pheonix. Reinventing Political Activism*, Cambridge, Cambridge University Press, 2002; Bruce E. Cain, Russell J. Dalton, Susan E. Scarrow (éd.), *Democracy Transformed? Expanding Political Opportunities in Advanced Industrial Democracies*, Oxford, Oxford University Press, 2003。

> 代议制政府的原则

议制政府的运作会有什么影响。但政党是一个多维度的实体。他们在不同领域履行多项职责。如,在选举期间他们负责公民动员,同时,他们集结具有共同信仰的政治积极分子,他们推荐选举候选人,另外,他们组织议会和政府的运作①。他们的影响在这其中的某个方面可能会削弱,但未必会涉及方方面面。就政党在某个方面职能衰退的探究实际上意义不大。仅仅因为观察到政党失去了在某个领域的影响是不足以推断说他们在总体上出现了衰落。

我最初对公众民主以及它与政党民主的差异性分析有时被理解为它指出了政党在今天是一种过时了的组织形式。但这并不是我的本意。如果当初的表达不够清晰,这里则对其做出特别澄清。同时也将对公众民主与另一个经常使用但却模糊不清的概念即"舆论民主"的区别做出详细分析,政党影响力在舆论民主里的衰落相当突出。

政党毫无疑问的衰退领域是选民的忠诚度。他们不能再激起投票给他们的公民的持久支持,或者更确切地说选民支持程度已不如从前。近十五年来越来越多的迹象反映党派忠诚的销蚀。这个趋势已被广泛证明。所有发达民主国家都遭遇这种情况②。因此这里我们讨论的既不是短暂的现象,也不是局限于某些类型政党特有的问题,也不是党派信徒的构成问题,而是涉及一种因社会巨变而产生的结构性变化问题,如职业环境的个体化,工业社会所特有的职业融入形式的碎片化,教育水平的提高和对政府及其发言人以及大众传播敬畏态度的逐步削弱。

举几个反映这种趋势的重要例子。发达民主国家的民意测验指出近四十年来党派认同的百分比在持续下降。这种衰落在青年群体

---

① 这里不在于列出一个全面的政党职能清单。另外,它也没有采用经常使用的传统的三分法(选举中的政党、政党作为社会组织、政府中的政党),因为这种方法不能很好地反映近几十年来政党的演变。这里列举的职能仅仅是表明政党活动的多样性,显示这些不同活动的演变方式会有所不同。

② Voirenparticulier Russell J. Dalton, Martin P. Wattenberg (éd.), *Parties without Partisans. Political Change in Advanced Industrial Democracies*, Oxford, Oxford University Press, 2000.

中的表现尤其明显①。至于那些实际行为,而不是民意测验时的意愿表达,其波动性在提高:不同选举期间政党赢取选票总数(在所有选票中所占的比例)的变化要远远大于半个世纪前②。如果我们来分析个体行为,我们发现越来越多的选民声称在上次选举中把选票投给了其他政党③。全国范围内关于从业个体行为的调查显示,很多或者说大部分主意未决的选民在投票与弃权以及将他们的选票投给同一阵线中的其他政党之间犹疑不决④。就这一点,需要指出的是,在发达民主国家参与竞争的政党数量也在增加,这也提高了在前后两次选举中选民将选票投给两个不同政党的可能性。党派依恋的降低还通过另外一种现象表现出来:在那些选民有在选举期间

---

① Voir Russell J. Dalton, "The decline of party identifications", dans Russell J. Dalton, Martin P. Wattenberg (éd.), *Parties without Partisans*, op. cit., pp. 19 – 36. 党派认同是政治学的一个讨论议题。本书这里仅仅指出,尽管该概念的贴切性最初在美国(概念的形成国)以外的国家受到质疑,但其他国家的研究者最终还是采用了近似的修订了的概念。这个概念和其他近似概念的共同核心含义包含两个元素:对某一特定政党心理导向上长期性(涉及个体身份认同表征,通过一些问题来展现,如"您觉得您和甲、乙、丙哪个政党近")和情感性(表现为和某个政党的积极情感而不是一种认知或者其立场的理性评估)共存。这两个元素在概念"党派依恋"中得到了很好的体现,西欧国家的研究一般都使用这个概念。要简要了解关于党派认同的争议,参考 Hermann Schmitt, Sören Holmberg, "Political parties in decline?", dans Hans-Dieter Klingeman, Dieter Fuchs, *Citizens and the State*, op. cit., pp. 94 – 99。

② Voir Russell J. Dalton, Ian McAllister, Martin P. Wattenberg, "The consequences of partisan dealignment", dans Russell J. Dalton, Martin P. Wattenberg (éd.) *Parties without Partisans*, op. cit., pp. 38 – 42.

③ Ibid., pp. 44 – 45.

④ 关于德国,见 Susan E. Scarrow, "Embracing Dealignment, Combating Realignment: German Parties Respond", dans Peter Mair, Wolfgang C. Müller, Fritz Plasser (éd.), *Political Parties and Electoral Change. Party Responses to Electoral Markets*, Londre, Sage Publications, 2004, p. 91。关于法国,不少研究已经指出"间断性投票"行为在增加,尤其是青年。见"Voter toujours, parfois…oujamais", dans Bruno Cautrès, Nonna Mayer (éd.), *Le Nouveau désordre electoral*, Paris, Presses de Sciences-po, 2004, p. 351 – 366。

▶▶ 代议制政府的原则

将选票投给好几个政党可能性的国家,"分裂投票"行为在增加①。最后,好像民意调查也反映越来越多的选民在竞选动员期间甚至在投票的那天才做出决定②。这些迟迟到来的选择很可能是因为选民对他们最终投票政党的信赖感并不是非常突出。

回顾最近的研究结果,一项研究指出:"在民主制度建立时间较长的国家,选民中党派认同的缓慢销蚀现象是不容置疑的……无论发生什么情况都无条件支持政党的选民比例在下降。"③

但选民中党派忠诚的削弱并不说明政党已经过时。首先要知道忠诚选民并没有消失。忠诚选民的总体数量确实不比从前,但他们始终是不容忽视的重要群体。除却这个简单但重要的观察,谨慎的分析表明政党并没有失去他们的影响力,在两个领域他们仍然扮演主要角色:议会和竞选运动。

政党在议会中一如既往毋庸置疑的支配地位是非常显著的。在发达民主国家,议会的运作并不是围绕着无党派议员间不稳定的结盟关系所展开的,而是围绕着稳定的党派结团关系而展开的。只有极少数没有党派关系或者没有重要党派支持的候选人能够当选为议员④。确实,今天政党组织的竞选运动主要围绕着候选人尤其是政党领导人的个性品格展开⑤。十五年前竞选的个人化就是可觉察的了。

---

① 在澳大利亚、德国、美国和瑞典,从不同形式、不同程度上是有这种可能性的。在所有这些国家,近几十年来"分裂投票"行为都在增加。见 Russell J. Dalton, Ian McAllister, Martin P. Wattenberg, "The consequences of partisan dealignment", dans Russell J. Dalton, Martin P. Wattenberg (éd.), *Parties without Partisans*, *op. cit.*, pp. 46 – 47。

② Ibid., pp. 48 – 49.

③ Pippa Norris, *Democratic Phoenix*, *op. cit.*, pp. 103 – 104.

④ KareStrØm, "Parties at the core of government", dans Russell J. Dalton, Martin P. Wattenberg (éd.), *Parties without Partisans*, *op. cit.*, p. 190 et 204. 不过作者指出独立候选人的数目有轻微增加的趋势。

⑤ Voir Peter Mair, Wolfgang C. Müller, Fritz Plasser (éd.), *Political Parties and Electoral Change. op. cit.*, pp. 11, 265 – 266 ("政党和党魁合为一体",第 265 页)。VoiraussiDavid M. Farrell, Paul Webb, "Political Parties as campaign organizations", dans Russell Russell J. Dalton, Martin P. Wattenberg (éd.), *Parties without Partisans*, *op. cit.*, pp. 102 – 128.

自此这种现象在逐步强化。不过，政党适应了这种趋势并且适应了助长这种趋势的媒体，后者的影响力在逐年增加。议会选举也个人化了，但政党在这个过程中仍起支配作用。选举个人化本来可以导致另一种可能性的出现：不具任何标签的名流候选人本应成为一种潮流。但这并没有发生。通过自我调适，政党成功地维持了他们在竞选过程中的优势地位。有人当然可以声称，在很多情况下，政党促使其候选人当选的能力在很大程度上要归功于选举法和其他各种给既存政党提供便利的条例诸如拨款与媒体曝光机会[1]。但这并不妨碍这些法令和规定继续被通过并且被实施。这些规则不应被视作简单的政治把戏，它们显示的是一种维护政党角色的有意的集体意志。这种有意的集体意志是一种既相当重要又引起一定后果的既定现实。

政党在议会选举中的优势尤其导致下述重要后果：政党继续是议会选举中选民可能选择的政策主张的主要提供者。就算他们的候选人在选举中失利，政党参与大部分选举（因为他们也赢得了大部分选举）的简单事实也促使独立候选人不得不以他们为坐标定位自己的政治倾向。当选民选举他们的代表时，他们的主要选择范围取决于参与竞选的政党格局。

如果我们观察议会内部运作，可以发现政党纪律没有任何松弛。以党派划分的议员群体就不同的法律草案总是进行一致投票[2]。大部分议员都是以某党徒身份当选的事实可能是导致这一现象的原因之一。另一个原因是议会规则设置赋予了正式组织很多程序上的优势（委员会组成、议事日程设定过程中的作用、资源分配等）[3]。另外，也需指出，党派凝聚力减少了议员间的交易成本：独立议员

---

[1] Richard S. Katz、Peter Mair 对竞选过程中政党所享有的方便做过清晰的分析介绍，"Changing models of party organization and party democracy: The emergence of the cartel party", *Party Politics*, 1995, Vol. 1, No. 1, pp. 5 – 28。

[2] Voir Shawn Bowler, " Parties in legislatures: Two competing explanations", dans Russell Russell J. Dalton, Martin P. Wattenberg (éd.), *Parties without Partisans*, *op. cit.*, pp. 157 – 179.

[3] 这是 Shawn Bowler 在对大量文献材料做出调查分析后的发现（见下文）。

> **代议制政府的原则**

想要使一项法案投票通过，在说服大部分议员的过程中需要花费巨大的时间和精力。最后，投票纪律也有助于克服集体行动中的一些内在问题。共享同一个目标的党派议员，因为实现这个目标所付出集体行动的后果对个体会产出较大的代价（如对受选民欢迎程度的影响），有可能会采取"搭便车"的行为，让他们的同事来承担投票责任；甚至，一些议员在不知道其他同事是否会采取合作行为的情况下会做出变节选择①。多种原因可以解释为什么要维持政党纪律。当然可以探寻不同原因所引起的不同影响，但毋庸置疑的是议会中的投票主要由党派分异决定的。

不仅仅是议会里的党派群体就不同法律草案问题上能够维持投票纪律，并且党派忠诚就时间维度来看是比较稳定的。当然可以认为议员们多多少少经常变换政党身份，但每个党派成员就提交议会讨论的法律草案总是进行一致投票。另外，研究表明变换政党身份的情况并不多见，无论是在立法选举过程中还是当选之后。大部分议员在议会任职期间基本上留在同一个议会党派群体中②。主要的原因可能是留在同一议会党派群体中再次被推选为候选人的机会最大。另外，在一些国家，变换政党身份无论如何是被禁止的。

---

① 关于议会中为什么要维持政党纪律的理由解释，可以参考 Gary Cox 的相关研究，尤其参考 Gary Cox et Matthew McCubbins, *Legislative Leviathan*, *Party Government in the House*, Berkeley, Los Angeles, University of California Press, 1993。Cox 和 McCubbins 将政党的选举声誉视作一种集体财产，可以为其所有议员所用，如果他们能够解决集体行动的困境的话。这是他们诉诸"利维坦"的原因，因为它可以强制他们进行一致行动。在近期的一项研究中，Michael Thies 建议将这个逻辑延伸到任何团体的议员所追求的公共财产，它们都是为了维护该团体全体议员在所有关键议题上的共同立场。Michael Thies, "On the primacy of party in government: "Why legislative parties can survive party decline in the electorate"", dans Russell J. Dalton, Martin P. Wattenberg (ed.), *Parties without Partisans*, *op. cit.*, pp. 238 – 257.

② Voir Shawn Bowler, " Parties in legislatures: Two competing explanations", dans Russell Russell J. Dalton, Martin P. Wattenberg (éd.), *Parties without Partisans*, *op. cit.*, pp. 175 – 179；作者在第 177 页中写道："然而，议会中的政党似乎非常稳定。"

最后,在议会制政体里(相对总统制而言),政府的组建和更替总是由政党决定的,而不是一种不同独立议员间的结盟方式。在这些政体中,行政机关的核心是掌握在政党手中的①。这主要是由法令和宪法条例决定的。

党派在议会和政府中的凝聚力使公共决策掌握在政党手中,至少是涉及由代议机构进行的决策②。这另外对代议制的运行产生了重要的影响:选民能够轻而易举地就决策责任进行问责。可以肯定的是在联盟政府下,还不说在总统或半总统制国家党派联合执政的情况,很难归咎决策责任。实际上,如果政党在议会中是统一的集体行动者,这和独立议员间不稳定的联盟下做出的决策情形相比较,要更容易进行责任归咎。一个事实是,政党与党魁的合体甚至强化了归责机制。如果某个特定政党和他的党魁有合体现象,那么将该政党视作一个统一的行动者也就是再自然不过的事情了。

政党第二个还没有失去实力的领域,甚至在某种程度上比过去更有生命力,涉及竞选运动。这种生命力最显著的表现信号是政党在竞选运动中投入的资源诸如组织、积极分子和财政。今天的竞选运动主要是围绕着政党行动展开的,与此同时,他们的协会活动却在减少。不少研究表明政党在选举过程中的财政支出大幅增加了。竞选运动的职业化也达到了让人叹为观止的地步,越来越多的职业专家、广告、媒体或者市场和民调专业人员加入其中。另外,专业

---

① KareStrØm, "Parties at the core of government", dans Russell J. Dalton, Martin P. Wattenberg (éd.), *Parties without Partisans*, op. cit., pp. 180 – 207, 尤其是 pp. 197 – 201。Voir aussi Shawn Bowler, " Parties in legislatures: Two competing explanations", art. cité., pp. 167 – 168.

② 也许可以指出说,今天的政党已失去对某些领域的控制,如管制政策和货币政策领域。但这些政策领域已经完全不属于代议机构的职能范围了;独立的监管机构和独立的中央银行不是代议机构。

> **代议制政府的原则**

人员的加入在很大程度上也解释了选举成本增加的原因①。这些变化一般情况下并不被视作政党生命力的表现，反而被视作政党衰落的迹象，如果和迪维尔热及其他人所描述的20世纪50年代的大众政党模式做比较的话。在这种政党模式下，活跃分子和基层党派成员被视作政党的主要力量，而不是被专家环绕的政党领袖。确实，在大部分发达工业国家，近几十年来政党成员的数量明显减少了②。但更大范围的国家比较表明不同国家的情况明显不同，一些新兴民主国家政党成员的数量甚至在增加（如西班牙、葡萄牙或者希腊），一些后共产主义国家也见证了同样的情况（如斯洛伐克和匈牙利）③。如果审视全世界民主国家，好像入党情况受社会经济发展状况影响，最富有国家的入党率是最低的。更确切地说，入党率和电视普及率之间好像有一定的关系：电视普及率最低的国家入党率一般都比较高④。这让人推断当政党需要直接和选民互动时他们的成员数量就比较多。成员数量的削减并不是因为政党吸引力的下降，而是沟通技术变化的表现：政党不过是改变了他们的选民动员方式

---

① Voir David M. Farell, Paul Webb, "Parties as campaign organizations", dans dans Russell J. Dalton, Martin P. Wattenberg (éd.), *Parties without Partisans*, *op. cit.*, pp. 102 – 128. 不少研究指出政党在竞选运动中的投入越来越大，并且越来越多地诉诸专业人士。例如，参见 Angelo Panebianco, *Political Parties. Organization and Power*, Cambridge, Cambridge University Press, 1988。在这本书里，作者说今天的政党的主要成员是竞选领域的专业人士（尤其参考第14章）。

② Voir Susan E. Scarrow, "Parties without members", dans Russell J. Dalton, Martin P. Wattenberg (éd.), *Parties without Partisans*, *op. cit.*, pp. 79 – 101. 不过，作者强调，需要慎重解释政党成员减少的现象。它涉及的主要是边缘性成员，没有深入参与政党的日常活动的人。根据好几项国家范围的研究，党徒定期参与政党地方分支活动的比例介于10%—45%（p.95）。

③ Voir Peter Mair, Ingrid van Biezen, "Party membership in twenty European democracies, 1980 – 2000", *Party Politics*, 2001, Vol. 7, No. 1, pp. 5 – 21.

④ Voir Pippa Norris, *Democratic Phoenix*, *op. cit.*, pp. 119 – 134.

罢了①。无论如何，政党的党徒和活跃分子仍然存在。尽管数量上比过去要少，但入党情况并没有消失。

矛盾的是，今天政党在竞选运动中投入的能量中的很大一部分正是源自削弱他们的东西：党派忠诚的销蚀。我们注意到，所有政党今天仍然拥有核心忠诚选民。但因为这个核心在削弱，他们需要从其他地方寻求支持。与此同时，核心忠诚选民的削减的事实对所有政党而言是可争取的选民数量增加了，每个政党都可以从这些选民中寻求支持。从此，对某个特定政党而言，问题是决定应该争取这个群体中的哪部分选民。然而，这个选民群体是不断变化的，他们的投票行为也很难辨识。因此政党求助于一些日臻完善的工具如民调、定性调查、座谈会或者其他手段来更好地辨识不断增加的可争取选民中不同群体所关心的问题。不过，这些研究只是政党做出战略决策时的参考内容之一。每个政党领袖都是根据政党自身特征、价值观、传统及过去行为来选择在他们看来最合适的选民群体。要做出这个选择，政党领袖更倾向于考虑具体的选民群体（如，是否及如何寻求年轻人、在职母亲的支持）而不是全体选民（如何赢取最可能多的选票）②。每个政党通过选择特定的选民群体而建立自己的目标公众。这部分公众的答案决定他在大选中的成功

---

① 政党成员数量的减少是否降低了"基层"对政党行为的影响力（党内民主）？相关研究得出的结论并不一致。实际上很难回答这个问题，因为当代政党和代议制政府一样，是个混合制度。今天的政党，因为其活动主要集中在竞选运动上，因此赋予了政党领袖更大的权力，过去的情况并非如此。但权力主要集中在政治和纲领策略的确定领域。相反，关于人员选择问题，政党领袖和选举候选人挑选程序已经民主化了，基层成员和党外人士也可以参与党内选举。这两个方向相反的趋势有一个共同点：它们都削弱了政党等级秩序中间层的影响力。关于这一点，见Susan E. Scarrow, Paul Webb, David M. Farell, "From social integration to electoral contestation. The changing distribution of power within political parties", dans Russell J. Dalton, Martin P. Wattenberg (éd.), *Parties without Partisans*, *op. cit.*, pp. 129–153。

② Voir Peter Mair, Wolfgang C. Müller, Fritz Plasser (ed.), *Political Parties and Electoral Change*, *op. cit.*, p. 12.

> 代议制政府的原则

或失败①。

就算政党达到了选举的目标，它的目标公众将选票投给了它，但也不能保证这个支持会在其法定任期期间持续保持，更不要说下届选举了。没有党派倾向的选民不会因为在议会选举中投了某政党一票而支持该政党的施政政策，也不会因为上届选举中投了该政党一票就再次把选票投给它。因此持续关注选民的需求就非常关键。此时，民调是一种宝贵的工具，因为它所需时间区间短却可以多次重复进行。为了达到这个目标，每个政党都需适应选民变化，对其目标公众组合做出调整，尽管考虑到政党的过往行为所带来的限制，这种调整是有限的。总体而言，每次选举政党都需要重新动员公民，形式上是让他们进行投票，但也是为了再次吸引他们的注意和兴趣。今天没有党派倾向的选民不会前后几次重复把选票投给同一个政党，如果没有特别的动机刺激，他们也不会前后几届连续参与投票。

好几项研究都指出，政党根本没有日趋衰落，而是在回应不确定性日益增强的周围环境的同时与过去相比变得更有活力、更为灵活，反应能力更强②。一些分析者甚至下结论说这种变化使政党"对公民的意见和期待更为敏感"③。也有人指出，在20世纪七八十年代的西欧，那时的政党已经在很大程度上演变为竞选运动组织了。这种变化好像并没有降低他们反映人民愿望并将其转换为政治

---

① 对公众、目标公众的组成与回答的研究所占据的主要地位解释了为什么将这种方式占主流的情形命名为"公众民主"的原因。

② 尤其参阅 Peter Mair, Wolfgang C. Müller, Fritz Plasser (ed.), *Political Parties and Electoral Change*, op. cit., 特别是 pp. 1 – 19, 265 – 268。例如，作者写道，"政党，至少是他们的领袖，学会变得更为灵活，更善于倾听"(p. 266)。

③ Voir David M. Farell, Paul Webb, "Parties as campaign organizations", dans Russell J. Dalton, Martin P. Wattenberg (éd.), *Parties without Partisans*, op. cit., p. 123.

议题的能力①。

上述分析表明政党的衰落并不是普遍的和平均的。他们仍然是议会生活和竞选运动中的主角。不过，公民与政党关系的变化：今天把选票一贯地投给同一个政党的忠诚选民比过去减少了。但持续性忠诚只是一种特殊的偶然的选民—政党关系形式。稳定的党派忠诚是特定历史条件下的产物。在遍布各地的政党分支机构为各种以明确到职业（工人或农民）或文化划分（如基督教）为基础的社会群体提供全方位的组织和集体活动时，党派忠诚是选民和政党关系的主要表现形式。群众政党和他的那些社会分支是与社会经济发展状态（工业社会的形成与成熟）及社会传播技术的特定状态相联系的一种组织形式。这种背景条件及它所助长的党派忠诚关系的消失催生了另一种公民政党关系，或者更概括地说，政治关系的产生。

也需指出，在发达工业国家，党派忠诚的削弱在关心政治及教育水平较高的人群中尤其突出②。这些公民不会根据自己的社会身份自然而然地靠拢某个政党，但他们并不会因此对政治问题和选举结果漠不关心。并且，那些没有党派偏好的选民，或者那些党派忠诚度较低的选民对每一次选举的特殊特征都尤为敏感。当选举结果在他们看来非同小可（如，当选举有可能导致政治前景发生显著变

---

① Voir Hans-Dieter Klingeman, "Party positions and voter orientations", dans Hans-Dieter Klingeman, Dieter Fuchs, *Citizens and the State*, op. cit., p. 182 – 205. 许多其他研究表明，竞选平台构成他们执掌政权后优先考虑项的指标。尤其参考 Hans-Dieter Klingeman, Richard Hofferbert, Ian Budge, *Parties, Policies and Democracy*, Boulder, Colorado, Westview Press, 1994。

② Russell J. Dalton, "The Decline of party identifications", dans Russell J. Dalton, Martin P. Wattenberg (éd.), *Parties without Partisans*, op. cit., p. 32 – 33. 有两点在这里值得强调。首先，党派忠诚的销蚀并不同时意味着政治冷漠的增加。不同的指标相反显示，公民对政治和选举结果的兴趣在提高（ibid., p. 56 – 57）。另外，一项欧洲比较研究显示，政党联系的削弱并不减少人们对民主的感情。Voir Hans-Dieter Klingeman, Dieter Fuchs, "Citizens and the State. A relationship transformed", dans Hans-Dieter Klingeman, Dieter Fuchs, *Citizens and the State*, op. cit., p. 428 – 435.

> **代议制政府的原则**

化时）或者选情紧张时他们就会去参与投票。而当这两种情况中的任何一种都不存在时，他们会倾向于弃权①。相反，党派的忠诚选民，无论选举结果如何，无论选情紧张与否，都会参加每一次投票②。正如我们所见，通常情况下都是政党在选举中获胜，而不是独立候选人。因此我们可以认为，在今天那些出现高参与率的选举活动中，为数众多的没有党派倾向的选民的选票还是投给了政党候选人。因此这些选民并不总是和政党保持距离的，他们有时也投票给政党。有时，在前后两次选举中，他们的选票投给了不同的政党。两种情况下，他们的选择都取决于一定的形势背景。正是这一点将他们和忠诚选民区别开来。后者在任何情况下都是投票给"他们"的政党。对于没有党派忠诚的选民而言，选票不是身份认同问题，而是时机局势问题：他们利用政党为自己服务，当这对他们有用时。

需要对这种工具性行为的观点做出进一步的解释。只有当投票与否会产生重要影响或者选情紧张时公民才会进行投票确实是一种工具性考虑。他们的投票行为应该是出于一种能导致某种后

---

① Voir Mark N. Franklin, *Voter Turnout and the Dynamics of Electoral Competition in Established Democracies Since* 1945, Cambridge, Cambridge University Press, 2004（尤其参考 p. 163 - 164）。Franklin 的一个核心观点是，每届选举的"特殊特征"对参与率有重要的影响。这个特殊特征取决于上文所述的两个标准（对议题重要性的感知和选情紧张情况）。我们注意到在其关于各国民主的研究中，Pippa Norris 也得出了类似的结论。见 Pippa Norris, *The Democratic Phoenix*, op. cit., pp. 69 - 72。

② 这一点值得强调。有几项研究认为党派忠诚的销蚀导致参与度降低，因为，在个体性行为分析中，党派依恋（换句话说，政党身份认同）和选举参与紧密相连。例如，Martin P. Wattenberg 持有这种观点 ["The Decline of party mobilization", dans Russell J. Dalton, Martin P. Wattenberg (éd.), *Parties without Partisans*, op. cit., pp. 64 - 76]。相反，Franklin 认为，"在将选举特征排除在外的个体性行为研究中，党派身份认同的功能被误解了。它一般被视作提高参与率的因素之一，但事实并非如此。在投票参与率低的情况下，它是阻止参与率继续下降的一个因素，但在投票率较高的情况下，党派身份认同并不能提高参与度。"（Mark N. Franklin, *Voter Turnout and the Dynamics of Electoral Competition*, op. cit., p. 164）换句话说，党派依恋的影响主要体现在选举议题不太重要、选情也不紧张的情况。

果或者产生某种影响的愿望，不然无法解释为什么当推测他们的参与能够改变选举结果时他们才去投票。这种动机并不在于他们认为投票行为具有某种内在价值（无论是作为纯粹的公民意见表达还是作为公民义务）。同样，偶然性的投票并不是一种简单的习惯性行为，也并不是所谓之稳定选民的一种行为倾向。可以说今天选民间歇性参与投票是一种工具性行为，只要他们的选票在总体上是为了产生某种影响或后果。但这并不是说选民对他们希望达到的结果有精准的认识，也不是说他们的投票是符合理性选择理论的计算性行为。这种以结果为导向的行为，尽管并不是经过严格计算，有句日常话语可以表达它的含义："投票是为了传递一种信息"。为"传递信息"而投票的公民对他们的行为后果可能有所考虑。他们履行投票行为是为了实现某种结果，就算这种结果并不是事先可以完全确定的[①]。

确实，现代政党的运作总是如水渠一样来传递选民的愿望[②]。他们总有为选民提供表达的方法。但群众政党和他们的分支也履行其他众多功能。给公共权力机构以及全社会传递信息并不是党员们唯一的也许甚至不是主要的目标。没有任何党派关系的选民，相反，好像利用政党仅仅是为了表达他们的愿望。议会和选举中的优势政党，根据具体的情形，可以为他们提供实现该目标的多元渠道。

党派民主和公众民主的区别在这个问题上并不在于政党在这方面的角色已经边缘化了，其他政治表达方式多多少少取代

---

① 在其选举参与理论中，Mark N. Franklin 坚持认为"传递信息"和"授予权力"的动机很重要。不过，它的观点和我们这里的观点并非完全一致。见 Mark N. Franklin, *Voter Turnout and the Dynamics of Electoral Competition*, op. cit., pp. 40–42。

② 例如，参考 Otto Kircheimer, "The transformation of European party system", dans Joseph Lapalombara, Myron Weiner (ed.), *Political Parties and Political Development*, Princeton, Princeton University Press, 1966, pp. 177–200。Otto Kircheimer 解释说，除却其他职能，政党也扮演"信息传送器"的角色。

了政党在这个问题上的角色（如民意调查）。政党在这两种情况下发挥的角色都很重要，只不过是性质不同罢了。在政党民主时代，政党反映社会经济和文化分层，每个政党都有一贯如一地投票给它的忠诚选民的支持。政党和它的选民因此构成统一的集体行动者（有时称之为"阵营"），在时间上其身份认同也比较稳定。在这种情形下，将政党视作民主政治的真正主体无可厚非。不同阵营党徒间的力量对比决定着政党何时是执政党何时是反对党，以及在一届议会任期期间他的权力比例（在比例代表制体制下）。

在公众民主时代，政党和它的选民不再在时间上构成稳定的统一的集体行动者。在议会里，在党派积极分子和在竞选活动中，政党继续构成有组织性的稳定集团。但选民群体就未必如此。政党再也不能依赖于选民的忠诚了。面对他们的是一个不断扩大的没有党派信仰的选民群体，他们有时会参与政治，但并不总是这样，他们的投票意向根据具体选情而变化。因此政党在每次选举时都需决定他应该把目标瞄准到那些可争取的选民群体那里。每次它都需构建它的目标群体，寻求这个群体的积极支持。正是这些无党派群体，或者至少是由相当大一部分没有党派背景的公民构成的选民群体的选票，从根本上决定着政党能否执政。在公众民主时代，政党因此不再是政治生活的核心主体：他们的成功或失败依赖于这些政党努力争取的异质的多变的选民群体。政党的身份认同随着时间的变迁也在淡化，因为他们需要调试他们的原则方向，以便于动员不断变化的公共选民群体。

在公众民主时代，可以说，政党不再是民主政治的主体，但他们是民主政治的必要组织：他们召集变动的公民群体并为他们提供表达诉求的渠道工具。

因此，公众民主的核心特征是公民根据情形参与选举。每个政党的选民群体构成也根据局势而有所不同。但公民根据背景参与政治的模式并不局限于选举,它也是选举之外公民参与的主要特征。

非制度化政治参与的扩大

在党派忠诚衰落的同时,近几十年来所发生的另外一个重要变化是非制度化政治参与的提高。好像越来越多的公民参与游行、请愿签名或者直接向决策施压。这些行为比投票更难以评估。并且,如何定义这些行为也不存在共识。有些研究使用"非选举参与"这个概念,有些使用"非制度化参与"或"非传统参与"的概念,而另外一些研究则倾向于使用"抗议"政治这个术语[①]。尽管概念上的犹豫,毫无疑问的是近几十年间公民参与方式发生了重要变化。那些对世界不同地区的调查(如欧洲晴雨表)和关于全球范围的调查(如世界价值观调查)都指出,至少参与了一项下列行动的公民的数量在显著提高:请愿签名、游行、抵制、野猫罢工、占领建筑物或者工作场地[②]。这些调查所提供的数据肯定有其局限性和缺陷。但它们所显示的趋势是如此稳定,尤其是超越了国家间的不同显得如此一致,就不能让人产生根本性的怀疑了。确实,比较起

---

① 关于这种现象(在西欧国家出现的)最深入的研究之一是 Richard Topf 以 "选举参与之外" 为题的这篇文章,刊于 Hans-Dieter Klingerman, Dieter Fuchs (ed.), *Citizens and the State*, *op. cit.*, pp. 51 – 95。主编这本著作的作者,至于他们,则使用了 "非制度化参与" 这种表达;Voir Hans-Dieter Klingerman, Dieter Fuchs, "Citizens and the State. A relationship transformed", dans-Hans-Dieter Klingerman, Dieter Fuchs, *Citizens and the State*, *op. cit.*, 尤其是 pp. 422 – 423, 428 – 432. 作者写道:"所观察到的非制度化参与在几乎所有国家的增长,在这本著作里得到了最清楚的确认。"(p. 431) 在世界民主比较研究中,Pippa Norris 使用了 "抗议政治" 这个术语,同时自问这个用法是否贴切当代现实。Voir Pippa Norris, *Democratic Phoenix*, *op. cit.*, chapitre x, pp. 188 – 212(尤其参考 pp. 190 – 191)。

② 关于西欧国家的情况尤其参考 Richard Topf, "Beyond electoral participation", dans Hans-Dieter Klingerman, Dieter Fuchs (ed.), *Citizens and the State*, *op. cit.*, pp. 51 – 95。关于世界范围内的民主情况参考 Pippa Norris, *Democratic Phoenix*, *op. cit.*, pp. 194 – 202。

实际行动，民意调查从总体上而言更易测量价值观和政治态度①。但是，国家范围内的关于参与行为的研究证实抗议行为如示威游行在增加②。总体上，民主国家的实证研究一致认为，近几十年来，在所有的集体行动中，非制度化政治参与在增加。20世纪60年代社会抗议运动中的行动方式和组织形式已成为今天的常态，融入了代议制度的日常运作中③。

各种非制度化政治参与形式好像呈现某些共同特征。一方面，这种类型的参与行为是间断性的，受特定情势所提供的机会影响。游行、占领行为和野猫罢工一般都由特定的事件或情势引发。公民和活跃分子参与这些行动不是出于对某个组织的忠诚，而是因为某个事件引起了他们的注意并且相关情势给他们提供了行动可能性④。另一方面，这些间断性非制度化参与都和某个特定问题相关。公民围绕着某个让他们特别关注的目标或者议题而不是某个涵盖所有政府行为领域的宽泛政策计划而展开行动。联合行动的公民类型根据涉及问题而有所不同。每个行动议题涉及的公众和积极分子都不同，至少部分上可以这么说⑤。也许存在着一些积极分子或活跃分

---

① 早期研究主要聚焦在被询问对象发起"抗议的潜在可能性"，如提出以下问题，"您是否有参与抗议的打算"？上文分析涉及的最近的研究则更多地对询问对象实际上已经参与的行动感兴趣。关于这个问题，见 Pippa Norris, *Democratic Phoenix*, *op. cit.*, p.194。

② 关于法国的情况，参见 Olivier Fillieule 的详细研究 *Strategies de la rue. Les manifestations dans la France des années* 1980, Paris, Preses de Sciences-po, 1996。

③ Voir Sydney Tarrow, "Mad cows and social activists. Contentious politics in the trilateral countries", dans Susan Pharr, Robert Putmann (éd.), Disaffected Democracies. What's Troubling the Trilateral Countries, Princeton, Princeton University Press, 2000, pp. 270 – 290. 关于政治参与新形式的大大增加，参见 Russell J. Dalton, Susan E. Scarrow, Bruce E. Cain, "New forms of democracy? Reform and transformation of democratic institutions", dans Bruce E. Cain, Russell J. Dalton, Susan E. Scarrow (éd.), *Democracy Transformed? op. cit.*, pp. 1 – 20。

④ Voir Pippa Norris, *Democratic Phoenix*, *op. cit.*, p. 194. 机会结构的重要性是社会运动分析的重点。

⑤ 尤其参见 Sydney Tarrow, "Mad cows and social activists. Contentious politics in the trilateral countries", *art. cité.*, p. 289。

子是被授意参与到不同诉求的集体行动中去。确实，参与这样或那样的非制度化集体行动是一种公民教育方式，为公民参与以后的集体行动做准备。但一个不变的事实是，参与公众的构成至少在部分程度上取决于动员议题。需要指出的是各种非制度化参与形式的间断性和多样化特征和上文分析的各种选举参与形式具有类似性。最后，非制度化集体行动的第三个共同特征是：参与公民旨在对公共决策或者决策者施加直接影响。此时，非制度化政治参与好像远离了代议民主的原则，甚至和其产生冲突。

但近期所发表的各种跨国研究却并没有做出如是判断。引人注目的是，无论各自的研究视角和目的如何不同，这些研究都强调非选举政治参与的激增使代议制民主发生了变化，但并没有对其做出挑战。在他们对西欧国家的分析中，克林格曼和福克斯指出非制度化参与的扩大并不意味着对代议民主不满的增加。如果公民和国家的关系发生了"变革"，他们指出，公民对代议制民主的基本制度安排的支持并没有明显降低。尤其是，这两个作者强调公民和公共权力关系的变化发生在"代议制民主的制度框架内[①]"。代议体制，他们总结道，表明有能力给予这些行动方式一席之地，后者原本被认为是违背它的总体逻辑的。

另一类跨国研究以民主国家用来提高公民对公共决策直接影响的各种机制为研究对象，如公投、公共决策机构对非政府组织或者其他倡议组织的开放、公共权威机构的透明化与公开化义务、调解员制度，又或者是行政诉讼制度等。这些和代表制迥然不同的实践的发展看起来是对代议制度不利的。但这种直观判断完全没有在相关研究中得到证实。相反，不同作者强调说民主国家的这种变革所

[①] Hans-Dieter Klingeman, Dieter Fuchs, "Citizen and the state. A relationship transformed", dans Hans-Dieter Klingerman, Dieter Fuchs (ed.), *Citizens and the State*, *op. cit.*, p. 437（引用部分）et 434.

> 代议制政府的原则

遵循的模式是"以代议制度为依托,是其补充而不是其替代"①。狭义上的代议制度和公民直接参与制度是相互并存、相互补充而不是相互竞争、相互冲突的关系似乎就这样建立了。

在其世界民主研究中,皮帕·诺里斯提出了略微不同的观点。她指出今天的公民并没有退出公共生活舞台,政治活跃主义没有消失,民主国家的公民并不仅仅是关注他们的私人生活。按照这种观点,积极行动主义所表现出的新形式甚至带来了代议制民主的复兴:"总之,她写道,和公认的看法相反,联结公民和国家的传统制度并没有死亡。而是浴火重生,公民活跃主义的革新使各种活动力在新旧参与渠道中同时得到发挥。②"各种选举参与和非选举政治参与活动的相互补充性再次明确得到确认。

本书的第一版没有分析近几十年来非制度化政治参与的发展。涉及公众民主下的公共舆论分析的那几页内容只是简单提及示威游行和请愿活动③。因此上述内容构成初始研究的补充。但这个补充并不危及本书的分析框架。著作中所阐述的代议制政府概念比起其他概念更符合上述分析现象:近几十年来代议制民主表明有能力容纳各种公民直接影响公共决策的参与形式。

就这个问题,需要对几个已经表述的观点加以强调。代议制政府在现实中是一种复杂的体制,由不同的要素构成。选举是该体制的核心要素,但不是唯一要素。代议制政府体制也包含有利于公共决策商讨的制度安排,尤其是(并且是重要的一环)保证在本书中被称之为"公共舆论自由"的制度安排,也就是说新闻自由和集体意见公开表达自由,包括面向官员的诉求请愿。正如所见,美国宪

---

① Russell J. Dalton, Bruce E. Cain, Susan E. Scarrow, "Democratic publics and democratic institutions", in Bruce E. Cain, Russell J. Dalton, Susan E. Scarrow (éd.), *Democracy Transformed? op. cit.*, p. 252.

② Pippa Norris, *Democratic Phoenix*, *op. cit.*, pp. 222 – 223.

③ Cf. supra, pp. 293 – 297.

法第一条修正案表明"人民和平聚会及和平请愿以求政府纠正其错误的权利"从代议制度产生之日起就是其一部分。这并不意味着"和平聚会"的含义就无须争议永远不可变更。显然相反，该权利的确切含义、适用范围和条件不断遭受激烈争论。但不变的事实是自代议制政府产生之日起，一些主要创制者就确立了该项原则即公民拥有选举以外直接表达意见和不满的权利①。

这个思想不为美国传统所独有。可以发现其他国家的一些主要历史人物和理论家也曾对其做过论述。在其关于现代自由的经典论述中，本杰明-贡斯当如此定义代议制政府下公民的权利："总之，这是一种每个人影响政府行政的权利；**或通过任命所有或者部分公务人员，或通过代表、请愿、权力机构多多少少必须加以考虑的请求。**"② 至于埃德蒙-伯克，尽管他特别强调议员相对于选民意愿的独立性，在一封信中他却写道："通过让人起敬的请愿，大众人民拥有向议会和国王表达意愿的机构安排，他们可以，当然不是一种绝对权威，但也不是无足轻重，对其代表施加指令。"③

今天通常认为代议制原则与公民直接影响公共决策不兼容。按照这个想法，代议民主授予非制度化政治参与一席之地而自身却没有被推翻，就显得奇怪了。不过，如果觉察到代议体制长期以来就是一种复杂的制度，它保证了公民在参与选举的同时也有随时直接表达意见的可能性，这种奇怪的感觉就消失了。

但这种可能性并不意味着公民会不断地进行非制度化政治参与。相反，我们看到非选举政治表达通常是间断性的。但不是说这

---

① 这一点上文有详细论述。Voir*supra*, 2ᵉ section du chapitrev, pp. 214 – 223.

② Benjamin Constant, "De la liberté des ancienscompareàcelle des modernes" [1819], dans Benjamin Constant, *Ecritspolitiques*, éd. MacelGauchet, Paris, Gallimard, "Folio", 1997, pp. 593 – 594. 强调格式是笔者添加的。

③ Edmund Burke, "Third Lettre on a Regicide Peace", [1797], dans*Select works of Edmund Burke. A New Imprint of the Payne Edition*, avant-propos et notice biographique par Francis Canavan, Indianapolis, Liberty Fund, 1999, (4 Vol.), Vol. 3, p. 238.

就是代议体制可以被忽略或者说残存的特征。它的重要性在于当公民对某个特定问题感兴趣或者被动员起来时，能够自由地进行政治意见表达。选举提供不了这种可能性，因为它们的日期是被严格固定的。选举有可能发生在公民恰好对公共事务不是特别感兴趣的时候。

将代议体制视作选举统治者也许是一种吸人眼球的定义：它既精简又绝对果断。本书所提出的定义不具有这些特征。不仅代议体制包含复合元素而不是单一元素，并且，它也不对规定该体制不同要素间关系的所有规则做出详细说明，尤其是关于公民选举性政治表达和非选举性政治表达之间的关系。贡斯当的观点是中肯的。在承认当选的统治者"多多少少需要考虑到"公民的非选举性政治表达的同时，他揭示了某种原则范围的不明确性和不确定性，该原则规定选举机构和直接表达的集体意志之间的关系。在代议体制下，需要承认的是，街巷舆论不具有法律效应，但它们也不是无足轻重的。在这两个极端之间，应该赋予公共舆论何种分量，边界是不清晰的。不是代议制政府所有的原则都具有这种不确定性。例如选举原则就不具有这个特征。当统治者在选举中落败，是否遵从选民的裁决就不是由他们自己来决定了。在这种情况下，确定性行为是由法律规定的。

将关注点仅仅放在选举问题上，导致当下各种关于代议体制的思考将它的一项突出性特征遗忘了，即其整体制度结构的部分不确定性。这种不确定性也许是其灵活性和适应各种不断变化情况的能力源泉之一。代议制政府的制度结构是实用主义逻辑驱动的结果，在政治秩序中，这个制度结构并不追求实现几何意义上的严密性和精确度。